Michael Billig

SCHWARZ. ROT. MÜLL.

W0171977

Michael Billig

SCHWARZ. ROT. MÜLL.

Die schmutzigen Deals der deutschen Müllmafia

HERDER

FREIBURG · BASEL · WIEN

© Verlag Herder GmbH, Freiburg im Breisgau 2019
Alle Rechte vorbehalten
www.herder.de

Herstellung: CPI books GmbH, Leck

Printed in Germany

ISBN Print: 978-3-451-39494-2
ISBN E-Book: 978-3-451-81590-4

Wichtige Vorbemerkung für die Leserin und den Leser
Zahlreiche Namen von Personen, Unternehmen und Orten werden in diesem Buch abgekürzt beziehungsweise verfremdet. Die verfremdeten Namen sind jeweils bei der ersten Nennung mit einem *
gekennzeichnet. Alle Klarnamen liegen dem Autor vor, alle Tatsachenbehauptungen im Buch sind belegbar und entsprechen der
– erschreckenden – Wirklichkeit.

INHALT

DER TEUERSTE ABFALL IM BILLIGSTEN LOCH

Müll ist nichts, was man in Deutschland einfach wegwirft. Müll wird gesammelt, gewogen, beprobt, sortiert und verwertet. Wie ein wertvoller Rohstoff. Die bunten Tonnen vor unseren Haustüren heißen Wertstofftonnen. Kein Volk trennt seinen Müll so akribisch wie wir Deutschen. Blaue Tonne, Gelber Sack, Biotonne, kommunale Recyclinghöfe, Schadstoffmobile und der Einzelhandel als Sammelstelle für ausgediente Glühbirnen, Altbatterien und Elektroschrott. Müll wird nicht weggeschmissen, Müll wird erfasst.

Erfassung und Verwertung sind gesetzlich streng geregelt. Für manche Sorten Müll gibt es eigene Gesetze und Verordnungen: Altautoverordnung, Altölverordnung, Batteriegesetz, Verpackungsgesetz, Altholzverordnung und so weiter. Die Regelwerke schreiben in einigen Fällen sogar Sammelquoten vor. Nichts wird dem Zufall überlassen. Alles hat seine Ordnung.

Müll ist der Grundstoff für eine boomende Branche. Die Abfallwirtschaft beschäftigt rund 270.000 Menschen. 11.000 staatliche, halbstaatliche und private Unternehmen in Deutschland setzen mit Müll insgesamt rund 70 Milliarden Euro jährlich um. Sie sammeln

Müll und befördern ihn. Sie schleusen ihn durch ihre Anlagen. Sie trennen ihn in seine Bestandteile, schreddern, mischen und befreien ihn von Schadstoffen. Sie ballieren, recyceln, verheizen und verfüllen. Nur, was gar nicht mehr zu gebrauchen ist oder gefährlich bleibt, wird deponiert.

Das Ergebnis sind traumhafte Verwertungsquoten, die in Europa und in der Welt ihresgleichen suchen: Der sogenannte Siedlungsmüll, der in unseren bunten Tonnen und anderen Erfassungssystemen landet, wird zu 95 Prozent verwertet. Bau- und Abbruchabfälle erhalten als Ersatzbaustoff im Wege- und Straßenbau eine neue Daseinsberechtigung; die offizielle Quote liegt hier bei 90 Prozent. Selbst für 80 Prozent des Industriemülls in Deutschland findet sich noch eine Verwendung.

Die Abfallbranche entsorgt keinen Müll, sie managt Ressourcen. Stolz nennt sie sich Kreislaufwirtschaft und Deutschland auch schon mal Recyclingweltmeister. Doch Verwerten ist nicht gleich Recyceln.

Der Plastikmüll aus dem Gelben Sack etwa wird größtenteils in Verbrennungsanlagen verfeuert. Der Wertstoff wird zum Ersatzbrennstoff – und vernichtet. Er ersetzt Kohle, Gas und Erdöl. Wie bei diesen fossilen Energieträgern wird auch die Energie des Mülls genutzt und in Strom, Wärme und Prozessdampf umgewandelt. Toxische Filterstäube, die bei diesen und anderen industriellen Verbrennungsprozessen anfallen, können ebenfalls »verwertet« werden, zum Beispiel in einem stillgelegten Bergwerksstollen. Als Füllmaterial, sogenannter Bergversatz, bewahrt der Müll den Stollen vor dem Einsturz. Faktisch wird er untertägig abgelagert. In der offiziellen Statistik zählt er aber als verwertet. Auf diese Weise lässt Deutschland jedes Jahr Zehntausende Tonnen teils hochgiftige Industrieabfälle verschwinden. Schutt und andere mineralische Abfälle können sogar auf einer Deponie enden und dennoch als verwertet gelten, etwa als oberste Abdeckung, genannt Rekultivierungsschicht.

Solche Verwertungswege zeigen es schon: Müll mag zwar ein Wertstoff sein, aber er muss vor allem immer noch eins: Müll muss weg. Andernfalls häuft er sich an, stinkt, lockt Ungeziefer an, verschmutzt die Umwelt. Niemand räumt ihn gern weg, niemand will ihn haben. Daran hat auch die Einführung von Wertstofftonnen nichts geändert. Zwar gibt es in Deutschland inzwischen eine hoch entwickelte Müllindustrie mit modernsten Sortier- und Verbrennungsanlagen. Sie warten nur auf den Müll, um ihn zu verwerten, zu versilbern. Denn wer seinen Müll loswerden will, muss dafür bezahlen. Die Entsorgung kostet Geld, viel Geld. Auch wenn verwertet wird.

Die hohen Kosten und der Entsorgungsdruck machen ihn schließlich auch für Leute zu einem begehrten Stoff, die in der Kreislaufwirtschaft eigentlich nicht vorgesehen sind – für Billig-Entsorger und Kriminelle. Diese bieten ihre Dienste zu Preisen an, die eine fachgerechte Entsorgung praktisch unmöglich machen. Wie und wo entsorgt wird, das will dann aber niemand so genau wissen. Hauptsache, der Müll ist weg. Tag für Tag fällt so viel davon an. Das enorme Abfallaufkommen ist ein nach wie vor ungelöstes Problem in Deutschland. Diese Anbieter haben Lösungen. Sie finden selbst für den teuersten Abfall noch ein billiges Loch – trotz stetig wachsender gesetzlicher Anforderungen an die Entsorgung und an ihre Überwachung durch Behörden. Es müssen trickreiche Billig-Entsorger sein.

Wenn sich mal zeigt, wie schmutzig ihre Tricks sind, wird dies zu »Einzelfällen« erklärt. Am liebsten aber wird geschwiegen, über Verstöße auch hinweggesehen. Hauptsache, der Müll kommt auch in Zukunft weg. Dabei ist doch klar: Die Sache stinkt zum Himmel. Zu viel ist schon passiert. Zu viel rottet auf illegalen Mülldeponien vor sich hin – ja, mitten in Deutschland, dem Musterland der modernen Abfallentsorgung. In der Statistik verwertet, in der Realität verklappt. Das Verklappen hat System. Das Risiko ist klein, die Gewinnspanne enorm. Größer als beim Drogenhandel. Auch Vertreter von Behörden sind in diese Machenschaften verwickelt. Die Kreislaufwirtschaft, sie läuft nicht nur unrund. Sie wird hintergangen. In ihrem Schatten hat sich eine Parallelwelt etabliert, gleichsam mafiöse Strukturen. Ein Netzwerk aus Firmen und Personen, die bei der Entsorgung von Müll ihren eigenen Regeln folgen – und damit Millionen scheffeln.

Wie gut vernetzt und organisiert die deutsche Müllmafia ist, zeigte sie ab Juni 2005 auf bislang eindrücklichste Weise. Das Deponieverbot war gerade in Kraft getreten. Selbst die Reste unseres Hausmülls aus den grauen Tonnen dürfen seitdem nicht mehr einfach deponiert, sondern müssen verwertet werden. Milliarden flossen in die Modernisierung von Anlagen. Deutschland war wieder mal Vorreiter. Und die Müllmafia bestens vorbereitet. Sie ließ Millionen Tonnen Müll in dunklen Kanälen verschwinden. Sie wird es wieder tun. Es wird Zeit, Licht in diese Schattenwelt zu bringen.

DIE ERSTE SPUR

Bereits seit zwei Stunden war der Polizist Ralf S. unterwegs, Bundes-autobahn 30. Bislang keine besonderen Vorkommnisse, kein spezi-eller Auftrag. Niemand bei den Ermittlungsbehörden ahnte etwas von der großen Schieberei, die auf Deutschlands Straßen im Gange war. Auch S. nicht, als er an diesem nasskalten Februartag im Jahr 2007 einen Lastwagen stoppte. Anfangs war es eine Kontrolle wie jede andere. Doch sie entwickelte sich bald schon zu etwas Größe-rem, so groß, dass sich schließlich das Bundeskriminalamt dafür in-teressieren sollte.

Ralf S., damals 41, fuhr Streife, wie fast jeden Tag auf der A30. Diese Autobahn ist Teil der West-Ost-Verbindung, die von der deutsch-niederländischen Grenze bis nach Berlin führt und noch darüber hinaus.

S. war auf der Fahrbahn Richtung Hannover unterwegs, als der Lastwagen einer Spedition aus dem Landkreis Vechta in sein Blick-feld geriet. Normale Zugmaschine, fester Auflieger. Mit einem »A« deutlich sichtbar als Abfalltransport gekennzeichnet. Keine frischen Unfallspuren am LKW, keine auffällige Fahrweise. Nichts, was ver-dächtig gewesen wäre. S. entschied sich dennoch dafür, das Fahrzeug anzuhalten. An der Abfahrt Natbergen war es so weit. Kontrolle des

Schwerlastverkehrs. Wie gesagt, nichts Besonderes. Dienst nach Vorschrift. Es war gegen acht Uhr morgens.

Als der Autobahnpolizist aus seinem Streifenwagen stieg und sich dem LKW näherte, roch es unangenehm. Erst jetzt sah er, dass von der Ladefläche eine dunkelbraune Flüssigkeit tropfte. Ralf S. verlangte nach den Papieren. Führerschein, Fahrzeugbrief. Die Frachtpapiere fehlten. Aber auf einem Wiegeschein stand, was der LKW angeblich geladen hatte: mineralische Abfälle. Das passte nicht zu dem fauligen Gestank, der von der Fracht ausging. Polizist S. ließ sich die Ladung zeigen. Der Fahrer öffnete die Plane, die über den Hänger gespannt war. Zum Vorschein kam ein bräunliches, feuchtes Gemisch mit hohen organischen Anteilen. S. erkannte auch jede Menge Plastikfetzen. Dass die Ladung als »mineralische Abfälle« deklariert war, machte ihn stutzig. Doch er war Polizist, kein Experte für Abfall. Den forderte er aber an. Spätestens jetzt war es keine gewöhnliche Kontrolle mehr.

Der Lastwagen musste Ralf S. zum nahe gelegenen Stützpunkt der Autobahnpolizei folgen, der im Wesentlichen aus einem flachen Klinkerbau und einer Fahrzeugwaage bestand. Kurz nach ihnen traf auch die angeforderte Verstärkung ein, eine Mitarbeiterin einer Abfallbehörde. Sie definierte die fragwürdige Fracht als »Rückstände aus der Abfallbehandlung«. Das hieß, dass der geladene Müll schon einmal über Förderbänder gelaufen war und höherwertige Materialien aussortiert worden waren. Dies war demzufolge der minderwertige Rest. Was es aus Sicht der Sachverständigen aber auf keinen Fall war: mineralischer Abfall.

Die Unstimmigkeit zwischen Wiegeschein und tatsächlichem Befund konnte auch mit einem Anruf bei der Spedition nicht beseitigt werden. 30 Minuten später klingelte Ralf S.s Telefon und es meldete sich ein Mitarbeiter der R. Abfallentsorgung GmbH*. Von dieser Firma, die im Münsterland mehrere genehmigte Abfallanlagen betrieb, stammte die Fracht. Bei ihr war sie geladen worden. Der Anrufer, der sich als Disponent des Unternehmens vorstellte, behauptete, es handele sich bei der Ladung um das ausgewiesene Transportgut. Was damit am Zielort passiere, könne er nicht sagen.

Empfänger der ominösen Fracht war laut Papierlage eine Recyclingfirma mit Sitz in Berlin. Das Unternehmen betrieb südlich der Hauptstadt, in der brandenburgischen Provinz, eine Sortieranlage für Haus- und Gewerbemüll, was in S. zusätzliches Misstrauen weckte. In seinem Einsatzbericht, den er zwei Tage nach der Kontrolle verfasste, äußerte er »erhebliche Zweifel, dass eine weitere Zwischenbehandlung wirtschaftlich gesehen vertretbar sein dürfte«.

Am Ende waren es zu viele Ungereimtheiten, die er auch nach Stunden nicht aufklären konnte. »Ob die Reststoffe einer ordnungsgemäßen Verwertung oder Beseitigung zugeführt werden sollten, muss aufgrund der Gesamtumstände bezweifelt werden«, schrieb der Polizist in seinen Bericht. Es bestehe der dringende Verdacht des verbotenen Umgangs mit gefährlichen Abfällen. Der LKW durfte nicht weiter. Der stinkende Müll musste dorthin zurück, wo er hergekommen war.

Auch wenn dieser eine Lastwagen sein Ziel nicht erreichte: Abertausende vor und nach ihm schafften es. Er war Teil der wohl größten Abfallverschiebung in der Geschichte des wiedervereinigten Deutschlands. Sie lief im Februar 2007 auf vollen Touren. Und sie lief vor allem in eine Richtung: von West nach Ost, von den alten in die neuen Bundesländer.

Szenenwechsel. Sechs Wochen später in einem Kiefernforst im Landkreis Teltow-Fläming, Brandenburg: Vom Rande einer Kiesgrube beobachteten zwei Mitarbeiter aus dem Umweltamt des Landkreises Teltow-Fläming Unglaubliches. Zu DDR-Zeiten hatten die umliegenden Dörfer das gewaltige Loch als Müllkippe genutzt. Nun sollte dieser Bereich gesichert und rekultiviert werden.

Der andere Teil des ehemaligen Tagebaus, wo nach der Wende noch Sand und Kies abgebaut worden waren, ein beachtlicher Krater, sollte wieder aufgefüllt werden. Zum Abdecken der DDR-Altlast und zum Befüllen der Grube waren mineralische Abfälle wie Schutt, Steine und Böden zugelassen. Diese Materialien, die größtenteils auf Baustellen anfielen, durften keine schädlichen Stoffe enthalten.

Was die Mitarbeiter der Umweltbehörde an diesem 23. März 2007 gegen 11.35 Uhr erspähten, war jedoch eine gänzlich andere Art von Müll: ein organisches Gemisch, gelbbraun, versetzt mit Kunststoffresten und Batterien. Für Altlast und Grube völlig ungeeignet. »Der Radladerfahrer begann dennoch damit, das frisch angelieferte Material mit Sand abzudecken und den Einbau abzuschließen«, wie die Behördenvertreter später in ihren amtlichen Unterlagen festhielten. Als sie sich zu der Stelle begaben und mit ihren Füßen im Sand scharrten, legten sie noch mehr von dem Gemisch frei. Den Fachmännern fiel auf, dass der Müll trotz der kalten Temperatur, die an diesem Tag herrschte, handwarm war und einen faulig-säuerlichen Geruch verströmte. Beides Hinweise auf Gärungsprozesse. Wie bei Hausmüll.

Das konnte eigentlich nicht sein, vor allem: Das durfte nicht sein. Denn seit dem 1. Juni 2005 gilt in Deutschland ein Deponieverbot. Seitdem müssen Hausmüll und ähnliche Abfälle verarbeitet werden. Sie dürfen nicht mehr direkt auf Mülldeponien landen, geschweige denn in ausgebeuteten Ton- oder Kiesgruben.

Verantwortlich für die Arbeiten in der verdächtigen Grube waren zwei Unternehmen. Das eine für die Altlast und das andere für den Tagebau. Das Sagen aber, das hatte nur ein Mann: Bernd C.*, Inhaber und Geschäftsführer beider Firmen.

Die Umweltkontrolleure stellten Bernd C. noch am Tag ihrer Entdeckung zur Rede. Bislang hatte C. mit den Behörden keine Probleme. Er galt als Vorzeigeunternehmer. Aber bislang hatten sich die Kontrolleure auch immer beim Grubenchef angemeldet. Nun waren sie ungekündigt da. Und was sie beobachtet und entdeckt hatten, ließ sich nicht leugnen.

Unternehmer C. zeigte sich reumütig und ließ den Müll gleich wieder ausgraben. Zugleich lenkte er den Verdacht – ob bewusst oder nicht – auf jemand anderen: Das »Material« sei als mineralischer Abfall angeliefert worden. Von einer Firma aus Nordrhein-Westfalen, der R. Abfallentsorgung GmbH im Münsterland, wie C. bereitwillig erzählte. Bei den Lieferungen habe es zuletzt »Qualitätsprobleme« gegeben. Er habe deswegen Kontakt zum Unternehmen aufgenommen.

Die Mitarbeiter der Umweltbehörde notierten offenbar eifrig mit, denn es ist alles in den Akten der Behörde nachzulesen. Beim Namen des Lieferanten müssen sie aufgehorcht haben. Es war dieselbe Firma, die der Autobahnpolizist Ralf S. einige Wochen zuvor in seinem Einsatzbericht erwähnt hatte.

Wegen S. waren die Kontrolleure überhaupt hier. Die Polizei hatte ihnen den Einsatzbericht geschickt. Sie kannten den Verdacht. Und sie kannten die Sortieranlage, die als Ziel des Abfalltransports angegeben war. Sie befand sich bei einem Dorf keine zehn Autominuten von der Kiesgrube entfernt. Chef dieser Anlage war – Bernd C. Mit damals erst Anfang 30 war der Unternehmer schon richtig gut im Geschäft. Die Frage, die sich den Mitarbeitern der Umweltbehörde nun aufdrängte: Waren diese Geschäfte auch sauber?

Bernd C. jedenfalls gab sich als Saubermann. Drei Tage nach dem unerwarteten und für ihn auch unangenehmen Besuch der Umweltkontrolleure teilte er ihnen schriftlich mit, dass das »Material« ausgebaut und ordnungsgemäß entsorgt worden sei. »Ein schädlicher Bodeneintrag konnte so verhindert werden«, schrieb er. Auch wenn es sich nur um 75 Tonnen Abfall, rund drei LKW-Ladungen, gehandelt haben soll und alles bereinigt schien, der Ermittlungseifer der Umweltkontrolleure war geweckt. Dieses Mal würden sie die Sache nicht auf sich beruhen lassen.

In den Vorjahren war es Bernd C. in solchen Fällen immer wieder gelungen, zu beschwichtigen. Zumeist war es mit einem Anruf getan, wenn nötig wurde ein Schreiben aufgesetzt. Als 2005 ein Lastwagen auf dem Weg zur Kiesgrube umstürzte und dabei seine Fracht verlor, zeigte sich, was der geladen hatte: Bauabfall, Holz und Folien, also auch Stoffe, die in der Grube nichts zu suchen hatten. Jemand hatte den Unfall offenbar beobachtet und gemeldet. Anonym, wie es hieß. Die Behörden verlangten von C. eine Erklärung zum Verbleib des Mülls. Schriftlich ließ er sie wissen: Die »Störstoffe« seien aussortiert und von der anliefernden Firma zurückgenommen worden. Die Umweltbehörde wollte das schwarz auf weiß haben und forderte einen Beleg des Lieferanten. Abfallkontrolle auf dem Papierweg. Die Behörde bekam ihren Zettel, ausgestellt von der F. Entsorgungs GmbH* aus Berlin. Damit war die Sache erledigt, so schien es.

Am 1. Februar 2006 um 14.45 Uhr klingelte in der Umweltbehörde in Luckenwalde das Telefon. Ein Mann, der seinen Namen nicht nennen wollte, meldete sich mit noch brisanteren Informationen. Der Anrufer behauptete, in der Grube von Bernd C. werde Müll verklappt. Containerfahrzeuge würden Holzabfälle und Plastikmüll anliefern. Auch anderes Zeug sei darunter. Das werde abgekippt und von einem Radlader mit Erde bedeckt. Es herrsche ein reges Kommen und Gehen.

Auch dieser Anruf blieb letztlich folgenlos. Das Verklappen, die illegale Abfallentsorgung im großen Stil, gilt als Spezialität italienischer Mafiosi. Eine Müllmafia in Brandenburg – das konnten oder wollten sich die Mitarbeiter der Umweltbehörde offenbar nicht vorstellen. Sie begnügten sich damit, das Landesamt für Bergbau in Cottbus über die Anschuldigungen zu informieren. Diese Behörde saß zwar 120 Kilometer weit weg, dennoch war es ihre Aufgabe, die Tätigkeiten im Tagebauloch zu kontrollieren.

Der zuständige Mitarbeiter beim Bergamt konfrontierte Bernd C. mit den Vorwürfen, der empört alles von sich wies und in einem Schreiben an das Bergamt über »versuchte Rufschädigung« klagte. Damit war auch diese pikante Geschichte vorerst wieder aus der Welt.

Ein gutes Jahr später ließen sich die Umweltkontrolleure nach ihren Beobachtungen in der Kiesgrube nicht mehr ins Bockshorn jagen und mit Papieren abspeisen. Sie informierten die Staatsanwaltschaft: »Mitteilung über den Verdacht auf eine Umweltstraftat«. Der förmliche Titel täuscht über den delikaten Inhalt hinweg. Sie vermuteten nicht nur ein Umweltdelikt. Hier ging es um mehr, wie diese Rechnung, die sie in ihrem Schreiben aufmachten, verdeutlicht: 100 Euro pro Tonne – das sei der bundesweite Durchschnittspreis für die gesetzeskonforme Entsorgung solcher Abfälle, wie sie sie in der Grube entdeckt hatten. So viel hätte demzufolge die R. Abfallentsorgung GmbH wohl oder übel bezahlen müssen. Das Entsorgungsunternehmen von Bernd C. bot seine Dienste für rund 20 Euro an. Das wollten die Kontrolleure von Mitarbeitern in C.s Sortieranlage erfahren haben. Die Differenz zwischen diesen beiden Beträgen ließ sie ahnen, »weshalb sich Abfalltransporte aus dem äußersten Westen der Bundesrepublik anscheinend lohnen«. Wenn das alles stimmte, dann sparte die Firma R. Abfallentsorgung mit jeder Tonne Müll, die sie aus dem Münsterland ins rund 500 Kilometer entfernte Brandenburg verfrachtete, 80 Euro. Bedenkt man, dass ein Lastwagen knapp 25 Tonnen transportierte, machte das bis zu 2.000 Euro pro Fahrt. Der Profit des Unternehmens allerdings hing noch von weiteren Faktoren ab. Abgesehen von den Kosten für Personal, Anlagenbetrieb und Fuhrpark selbstverständlich auch von Einnahmen.

Das Unternehmen R. Abfallentsorgung war bereits bezahlt worden, von denen, die den Abfall produziert und der Firma zur ordnungsgemäßen Aufbereitung und Entsorgung überlassen hatten.

Wie viel die R. Abfallentsorgung GmbH dafür kassiert hatte, blieb ihr Geheimnis. Vermutlich war es weniger als marktüblich und sie nahm deswegen den weiten Weg gen Osten auf sich. Doch das ist Spekulation. Sicher dagegen ist: Je mehr sie für die Annahme des Abfalls verlangt hatte, desto höher fiel nun ihr Gewinn aus.

Damit sich dieses Geschäft auch für Bernd C. lohnte, musste er die angelieferten Abfälle noch kostengünstiger wieder loswerden. War etwa die Grube, die nur zwei Dörfer weiter versteckt in dem Waldstück lag, diese preiswerte Lösung? Die Umweltkontrolleure entschlossen sich zu einem weiteren Besuch in C.s Kiesgrube. Sie wollten untersuchen, »ob tatsächlich nur geeignete Abfälle verbaut wurden«. Was sie dann mit einem Radlader zutage förderten, erhärtete ihren ungeheuren Verdacht: alte Feuerzeuge, ausgedientes Verpackungsmaterial und kleingehäckselter Plastikmüll. Bei ihren Grabungen stießen sie auch auf Überreste eines Abbeizmittels, das zum Entfernen von Lacken genutzt wird und wegen seiner krebserregenden chemischen Bestandteile als Sondermüll entsorgt werden muss. Die Umweltbehörde verhängte nach diesen Funden einen Stopp fürs Abdecken der Altlast. Das Bergamt stoppte seinerseits die Verfüllung des ausgebeuteten Restlochs. Bernd C. legte über seinen Anwalt Widerspruch gegen beide Anordnungen ein. Die Behörden wiesen die Widersprüche umgehend zurück. Der Anwalt klagte am Verwaltungsgericht.

Wegen der Altlast einigten sich die beiden Streitparteien im Jahr 2010 darauf, die Rekultivierung fortzusetzen. Seitdem darf C. nach mehrjähriger Pause auf diesem Teil des ehemaligen Tagebaus weiter ablagern. Aus dem Loch ist längst ein Berg erwachsen, der mittlerweile sogar die Baumwipfel überragt. Fertig rekultiviert ist der Ort (Stand Juni 2019) aber noch immer nicht. Der andere Teil der Grube liegt still. Ihn durfte C. seit dem verordneten Stopp nicht mehr anfassen. Hier wachsen Kiefern über den Dreck.

Im Juli 2007, ein Vierteljahr nach den Kontrollen kam es unweit von Bernd C.s Grube zu einer Razzia. Hinter der Kleinstadt Jüterbog, kurz vor dem Ortsteil Markendorf, entdeckten Polizei und Staatsanwaltschaft eine illegale Mülldeponie. Ein Gericht stellte später fest, dass dort rund 70.000 Kubikmeter Abfall, umgerechnet rund 2.500 LKW-Ladungen, verklappt worden waren. Mindestens. Das ganze Ausmaß ließ sich nicht ermitteln. Der Dreck liegt viele Meter tief im märkischen Sand vergraben.

Eine illegale Mülldeponie mitten im Sauberland Deutschland. Der »Markendorf-Komplex« ließ die Behörden langsam aufwachen. Ans Licht kam der Fall aber nur, weil einer der Beteiligten nicht länger mitmachen wollte und auspackte. Betreiber der schwarzen Deponie waren vier Männer: Ein mehrfach vorbestrafter und gewaltbereiter Hehler, der, je länger das Geschäft andauerte, immer mehr vom Gewinn für sich abzweigte. Ein Immobilienentwickler, der sich von diesem, seinem ehemaligen Kompagnon betrogen und später auch bedroht fühlte. Er war es, der das schmutzig-lukrative Geschäft schließlich an die Behörden verriet. Die beiden anderen waren die, die die Grube Markendorf als Müllversteck auserkoren hatten, und vor allem waren sie diejenigen, die den Dreck besorgen konnten: ein Müllmakler und ein Entsorgungsunternehmer.

Der Entsorger war Jan F.* aus Berlin. Niemand anderes als der, der Bernd C. im Jahr 2005 einen Beleg für die Rücknahme von Abfällen ausgestellt und dem Grubenbesitzer damit aus der Bredouille geholfen hatte. Jan F. wusste, wie es lief. Er war schon einmal aufgeflogen, durfte aber weitermachen und machte weiter. Ein Tatort: seine Betriebstätte in Berlin-Köpenick, wo sich wenige hundert Meter entfernt zeitweise auch der Geschäftssitz der Firma von Bernd C. befand. Jan F. gehörte wie die R. Abfallentsorgung GmbH aus dem Münsterland zu Bernd C.s Lieferanten. Zwischenzeitlich soll er mehr Müll zu C. nach Brandenburg transportiert haben als in die eigene Grube, was bei seinen Komplizen in Markendorf wohl für Zwist sorgte.

Obwohl es mehr als genug von dem Dreck gab, war es ein Kampf um jede Fracht. Die einen wollten den Müll unbedingt loswerden.

Andere gierten danach. Wie im Rausch. Der Müll war ihr Gold. Sie konnten damit reich werden, insbesondere in diesen Jahren. Das stellten auch Beamte von Polizei und Staatsanwaltschaft fest, die am 27. September 2007, fast acht Monate nach der Kontrolle des Abfalltransports auf der Autobahn in Niedersachsen, bei Bernd C. anrückten und die Grube, sein Privathaus und Geschäftsräume durchsuchten. Zu dieser Zeit waren Ermittlern zufolge bereits mehr als 300.000 Tonnen Abfall in der Kiesgrube von C. vergraben worden. Diese Menge entspricht dem jährlichen Müllaufkommen einer Großstadt wie Hannover. Rund 7.200 Tonnen des verklappten Mülls kamen laut Staatsanwaltschaft von der R. Abfallentsorgung GmbH aus dem Münsterland. Mehr als doppelt so viel von Jan F. aus Berlin.

C. soll ein weites Netz aus Lieferanten gespannt haben. Dazu gehörten eine Entsorgungsfirma aus Sachsen-Anhalt und eine aus Brandenburg. Auch sein Schwiegervater, ein Holländer, belieferte ihn. Dieser betrieb einen Schrottplatz. Speditionen schafften aus Niedersachsen Müll heran, etwa von einer Firma aus dem Landkreis Nienburg. Bernd C. schickte offenbar auch die firmeneigenen Lastwagen zu den Abfallproduzenten, um den Müll selbst abzuholen.

Mit dem Dreck kam auch das Geld. 6.580.000 Euro soll Bernd C. den Ermittlungen zufolge eingenommen haben. »Die von ihm erzielten Einnahmen dienten dabei nicht der ordnungsgemäßen Entsorgung des von ihm angenommenen Abfalls, sondern ausschließlich der persönlichen Gewinnmaximierung, also einem Erwerbsstreben, welches ein ungewöhnliches, sittlich besonders anstößiges Maß aufwies«, wie es die Staatsanwaltschaft Potsdam in ihrer Anklageschrift gegen ihn formulierte. Doch Bernd C. war nicht der Einzige, der an diesem Geschäft verdiente. Die Kette der Profiteure ist lang. Auch Müllmakler und Lieferanten machten ihren Schnitt. Während C. ins Visier der Ermittler geriet, suchten sie bereits nach neuen Löchern für ihren Dreck.

Illegale Mülldeponien in Deutschland im Jahr 2007. Wie war das möglich, nachdem man schon 15 Jahre zuvor beschlossen hatte, Müll nicht mehr zu deponieren?

SAUBERLAND

Es war lange geplant, schon unter der Regierung von Helmut Kohl, dem Kanzler der Einheit: Drei Jahre nach der politischen Wende sollte nun die Müllentsorgung in Deutschland revolutioniert werden. Im Mai 1993 erfolgte der erste Vorstoß, die Technische Anleitung Siedlungsabfall, kurz Tasi. Ihr großes Ziel: das Ende der klassischen Mülldeponie. Schluss sollte sein mit dem Abkippen und Vergraben. Müll sollte künftig verarbeitet und verwertet werden wie ein Rohstoff. Es war der Einstieg in die Kreislaufwirtschaft. Fortschrittlich, aber auch dringend notwendig, denn die bloße Ablagerung von Müll birgt Gefahren. Das wusste man damals schon.

Ein Merkblatt über »die geordnete Ablagerung von Abfällen« hatte bereits im Jahr 1979 vor Deponiegas und Sickerwasser gewarnt. Das eine kann die Luft verschmutzen, das andere Boden und Grundwasser verseuchen.

Beides fiel auf den alten Müllkippen an, Gas durch biologische Abbauprozesse in ihrem Innern. Gestank, Brände, Explosionen und Erstickungsgefahr zählte das Merkblatt als mögliche Folgen der Gasbildung auf. Der Hauptbestandteil von Deponiegas ist Methan. Ein Klimakiller, wie man mittlerweile auch weiß. Schädlicher als Kohlendioxid.

Die zweite Gefahrenquelle, die daran erinnert, dass der Müll zwar aus den Augen der Menschen verschwand, aber nicht aus der Welt, entsteht durch Wasser, das durch den Deponiekörper sickert, Schadstoffe auslaugt und diese zu einem mitunter giftigen Cocktail verrührt. »Das Sickerwasser muss aufgefangen werden«, hieß es im Merkblatt von 1979. Mehr als Empfehlungscharakter hatte das immerhin 41 Seiten umfassende Papier aber nicht. Dabei sind die Anforderungen an eine Deponie, die darin formuliert wurden, in großen Teilen heute noch gültig.

Bis weit in die zweite Hälfte des 20. Jahrhunderts hinein hatte man in Deutschland Abfall einfach im nächstbesten Loch versenkt. Mancherorts Produktionsabfälle der Chemieindustrie in der gleichen Grube wie Hausmüll. Ganz legal. In West- genauso wie in Ostdeutschland. Rund 66.000 sanierungsbedürftige Müllkippen überziehen heute die wiedervereinigte Republik und belasten die Umwelt. Teure Altlasten, aufgebürdet heutigen und künftigen Generationen.

Die Anfang der 1990er-Jahre eingeleitete Abfallrevolution sollte dafür sorgen, dass nicht noch mehr Sanierungsfälle hinzukommen. Die Gefahr war da, schließlich wurden die Müllberge nicht kleiner. Das Abfallaufkommen in Deutschland nahm schier unaufhaltsam zu. Wenigstens sollte nichts mehr davon direkt auf die Deponie. Geleerte Flaschen und Glaskonserven, Altpapier und Verpackungsmüll wurden bereits separat gesammelt. Nun sollte auch der Restmüll eine Sonderbehandlung erfahren, sprich: in geeigneten industriellen Anlagen sortiert, kompostiert oder verbrannt werden. Nur was dann noch übrig blieb und gar nicht zu gebrauchen war, sollte noch deponiert werden dürfen.

Die rund 80 Millionen Deutschen verbrauchen jährlich rund 120 Millionen Tonnen Erdöl, verbrennen 170 Millionen Tonnen Braunkohle, verbauen 250 Millionen Tonnen Sand und Kies und sie produzieren mehr als 400 Millionen Tonnen Müll. Der größte

Batzen fällt Jahr für Jahr auf den Baustellen der Republik an, 200 Millionen Tonnen und mehr. 55 bis 60 Millionen Tonnen stammen aus der Industrie, rund 45 Millionen aus den deutschen Haushalten. Die von Industrie und Bürgern verursachten Abfallströme haben seit der Jahrtausendwende deutlich zugelegt.

Im Jahr 2000 hat jeder Deutsche durchschnittlich 458 Kilogramm Hausmüll produziert, 2016 waren es rund 100 Kilo mehr. Dazu kommt in Städten und Gemeinden noch Gewerbemüll wie etwa Überreste vom Wochenmarkt, Speisereste aus Kantinen, der tägliche Papier- und Verpackungskram aus Arztpraxen und Geschäften. Alles zusammengenommen auch ein paar Millionen Tonnen.

Weniger sind eigentlich nur die Abfälle geworden, die bei der Gewinnung und Verarbeitung von Bodenschätzen entstehen. Ihre Menge hat sich in den vergangenen 20 Jahren fast halbiert. Zuletzt waren es dennoch stattliche 28 Millionen Tonnen.

Um die Massen an Müll zu beherrschen und ihre Entsorgung zu überwachen, existiert eine Reihe von Gesetzen und Verordnungen. Diese Regeln sind ungefähr so leicht zu durchschauen wie das deutsche Steuerrecht. Das fängt schon mit der Identifikation des Mülls an. Abfall ist nicht gleich Abfall. Die sogenannte Abfallverzeichnisverordnung, kurz AVV, kennt aktuell 842 Arten von Unrat. Das Spektrum reicht von Straßenkehricht und Plastikmüll über Schutt und Schrott bis zu Schlämmen, Filterstäuben und Säuren.

Knapp die Hälfte der Abfallarten ist als gefährlich eingestuft. Jede Art ist in der AVV mit einer sechsstelligen Ziffer geschlüsselt, gefährliche sind zusätzlich mit einem Sternchen (*) versehen. Diese Schlüssel sind Bestandteil von Planunterlagen und amtlichen Genehmigungen, von Wiegescheinen und Lieferpapieren. Auf diese Weise ist geregelt, welche Stoffe transportiert, angenommen, deponiert oder verwertet werden dürfen.

Gesetze, Verordnungen und Betriebsgenehmigungen füllen unzählige Seiten Papier und bieten dennoch viele Schlupflöcher. So gab es schon bei der Tasi Ausnahmeregeln und Übergangsfristen, von denen rege Gebrauch gemacht wurde. Die Abfallwende verzögerte sich. Nicht wenige Deponiebetreiber hatten noch ein großes Loch zu füllen und lagerten weiterhin unbehandelten Hausmüll ab.

Sonderabfall hingegen war ein Fall für den Export. Auch so kämpfte Deutschland in den 1990er-Jahren gegen wachsende Müllberge im eigenen Land. Mittlerweile hat sich das umgekehrt. Deutschland ist heute ein Importland für gefährlichen Abfall, es kommt deutlich mehr herein als hinausgeht. Damals aber verschifften Müllhändler den Wohlstandsdreck in die ärmsten Regionen, in den Süden Italiens, nach Osteuropa und nach Afrika. Anfang der 1990er-Jahre beispielsweise wurden unter dem Deckmantel »Wirtschaftsgut« Zehntausende Fässer mit überlagerten und in Deutschland verbotenen Pestiziden aus DDR-Produktion nach Rumänien exportiert, wo man sie auf Feldern und Höfen entsorgte.

1995 ratifizierte Deutschland das wichtigste internationale Müll-Regelwerk: die Basler Konvention. Dieses Abkommen regelt den grenzüberschreitenden Handel mit gefährlichen Abfällen. Es verpflichtet beispielsweise den Exporteur, einen Abfalltransport in einem sogenannten Notifizierungsverfahren genehmigen zu lassen, und zwar sowohl im Absender- als auch im Empfängerstaat. Die Ausfuhr in Länder, die über keine geeigneten Anlagen zur Abfallverwertung verfügen, ist grundsätzlich untersagt.

Was verwertet und was einfach nur beseitigt wird, lässt sich jedoch nicht so einfach feststellen und wird auch kaum kontrolliert. Beispielsweise geht Interpol davon aus, dass jedes Jahr rund 4,5 Millionen Tonnen Elektroschrott innerhalb der EU verschoben werden. Weitere 400.000 Tonnen solchen Schrotts verlassen Europa auf Schiffen illegal nach Asien und Afrika.

Auch schon vor dem Fall der Mauer hatte die Bundesrepublik ihren Sondermüll bevorzugt auf die andere Seite der Grenze geschafft. Rund die Hälfte wurde auf der im Jahr 1979 im Bezirk Rostock errichteten Deponie Schönberg (heute Ihlenberg) entsorgt. Die Wiedervereinigung bedeutete auch eine Wiedervereinigung mit diesem Dreck. Hinzu kamen neue Altlasten, die der DDR. Umso dringender war die Abfallwende, zumal nach den Exporteinschränkungen.

Doch die alten Strukturen waren nicht so einfach zu überwinden. Verschoben wurde jetzt innerhalb der neuen Grenzen. Die Ermittlungsgruppe »Schredder« in der Kriminalpolizeidirektion Nürnberg hatte alle Hände voll zu tun. Dabei beschäftigte sie sich nur mit einer Sorte Abfall: Reste aus der Verschrottung von Autos. Dreck, den Schrotthändler nicht zu Geld machen konnten, der nur Kosten verursachte. Ein Gemisch aus kleingehäckselten Metall- und Plastikteilen, denen Lösungsmittel, Fette und Altöle anhaften – PCB-haltige Giftstoffe, die Krebs erregen. Von diesen gefährlichen Autoresten wurden Anfang der 1990er-Jahre Zehntausende Tonnen durch die Republik verschoben und auf dafür ungeeigneten Deponien in Ostdeutschland verscharrt. Ein Verklappungsgeschäft, das, rückblickend betrachtet, wie der Testlauf wirkt für das, was noch kommen sollte.

Einer der größten Fälle von Wirtschaftskriminalität in den 1990er-Jahren hatte ebenfalls mit Müll und Verquickungen zwischen West und Ost zu tun: Die Entsorgungsunternehmer Johannes und Dieter Löbbert aus dem münsterländischen Dülmen hatten Banken und Anleger um sehr viel Geld betrogen.

Sie hatten klein angefangen, als Müllsammler in ihrer Heimatstadt. »Sie hatten sich nicht weniger zum Ziel gesetzt als den europaweit größten Entsorgungskonzern aufzubauen«, hieß es Jahre später in einem Gerichtsurteil gegen sie. Um ihr Ziel zu erreichen, verfolgten die Löbbert-Brüder eine Strategie so simpel wie gerissen. Sie lautete: Expansion.

Durch Gründung neuer Firmen und durch Zukäufe weiteten sie ihren Einflussbereich immer mehr aus. Nach der Wende erwarben sie unter anderem die Sero AG, eine Holding, die aus dem Sammelsystem der DDR hervorgegangen war. Gegen Ende gehörten ihrem

Firmenimperium rund 300 Unternehmen und Aktiengesellschaften im In- und Ausland an.

Manch einer in der Branche rieb sich verwundert die Augen und fragte sich, wie die beiden Brüder aus der Provinz ihren Expansionskurs finanzierten. Johannes Löbbert hatte ein neuartiges Behältersystem für Müll, den sogenannten Deckelsack, entwickelt und patentieren lassen. Doch das konnte es nicht sein. Der Deckelsack war ein Verlustgeschäft, seine Vermarktung verschlang Geld und brachte kaum etwas, seine Verbreitung blieb überschaubar.

Ihren Aufstieg hatten die Löbberts einzig ihrer Skrupellosigkeit zu verdanken. Mit Luftrechnungen und frisierten Bilanzen hatten sie umsatzstarke Geschäfte vorgetäuscht und sich Hunderte Millionen DM an Krediten und Anlagekapital erschlichen. Sie hatten Entsorgungs-, Bau- und Sanierungsdienste abgerechnet, die in Wahrheit nie erfolgt waren. Weil diese Scheingeschäfte größtenteils zwischen ihren Firmen abliefen, war der Betrug im Verborgenen geblieben.

Wie Generäle führten die Löbberts ihr Firmenreich. Von ihren Mitarbeitern verlangten sie absoluten Gehorsam. Die Brüder rekrutierten Ex-Militärs, wie dem Gerichtsurteil zu entnehmen ist. So stellten sie als Geschäftsführer und Vorstände für ihre Unternehmen in den neuen Bundesländern bevorzugt ehemalige Offiziere der Nationalen Volksarmee (NVA) der DDR ein: »Das Personalwesen leitete Johannes Löbbert persönlich. [...] Er ging zutreffend davon aus, dass solche Ex-Offiziere es nach Auflösung der NVA aufgrund der Situation in der ehemaligen DDR schwer haben würden, wieder beruflich angemessen Fuß zu fassen, und deshalb bereit sein würden, sich aus Sorge um den neuen Arbeitsplatz allen Anweisungen zu fügen, zumal sie es aus ihrer Zeit als Offiziere gewohnt waren, Befehle auszuführen.«

Es waren Steuerfahnder, die dem System aus Befehl und Betrug schließlich auf die Spur kamen. Anfangs hatten sie nur einen Fall von Subventionsbetrug vermutet. Denn auffällig viele Löbbert-Firmen hatten Investitionszulagen beantragt, wie die Fahnder bei Betriebsprüfungen im Jahr 1997 feststellten. Doch dann bemerkten sie, dass sich hinter den Rechnungen dieser Firmen ein noch viel größerer Schwindel verbarg. Am 30. November 1998 wurden Johannes und Dieter Löbbert, beide damals um die 50 Jahre alt, verhaftet. Die Reaktionen der Banken und der Börse folgten prompt. Die Kurse der Löbbert-Aktien fielen, Kredite für ihre Unternehmen wurden eingefroren. Bereits ausgezahltes Geld jedoch war verloren. So erging es auch den meisten Löbbert-Firmen. Sie waren von heute auf morgen zahlungsunfähig und nicht mehr vor dem Bankrott zu retten.

Die Brüder hielten sich noch eine ganze Weile über Wasser. Gegen Kaution in Höhe von vier beziehungsweise sechs Millionen DM kamen Johannes und Dieter Löbbert nach sieben Monaten Untersuchungshaft wieder auf freien Fuß. Offiziell waren sie mittellos, hatten im Jahr 2000 Privatinsolvenz angemeldet. Doch Geld für eine Armada von Anwälten, darunter Professoren, Revisionsspezialisten und Wirtschaftsprüfer, war da. »Erfahrungsgemäß arbeiten Personen aus diesem Metier für hohe Honorare«, merkten die Richter in ihrem Urteil an. So habe eine Verteidigerin, die 1999 »kurze Zeit« für Dieter Löbbert tätig war, ein Honorar in Höhe von 500.000 DM erhalten. Vor dem Gefängnis konnten die teuren Anwälte ihre Mandanten aber nicht bewahren. Durch eine »systematisch betriebene Prozessverschleppung«, wie es im Urteil weiter hieß, wurde die Verhandlung zwar um Jahre hinausgezögert – auch war die Revision der Löbberts gegen das erste Urteil erfolgreich gewesen; wegen eines Verfahrensfehlers musste noch ein zweites Mal verhandelt werden –, doch am Strafmaß änderte sich nichts. Am 4. Februar 2011 wurden die Brüder Johannes und Dieter Löbbert vom Landgericht Münster wegen Kreditbetruges für jeweils siebeneinhalb Jahre hinter Gitter geschickt.

Als Reaktion auf die umweltgefährdenden und illegalen Entsorgungspraktiken in der ersten Hälfte des Jahrzehnts verabschiedete die Bundesregierung 1996 die sogenannte Entsorgungsfachbetriebeverordnung (EfbV), um seriöse von unseriösen Firmen zu unterscheiden. Wer seinen Betrieb der jährlichen Prüfung einer technischen Überwachungsorganisation wie TÜV oder Dekra erfolgreich unterzieht, darf sich Entsorgungsfachbetrieb nennen. Damit verbunden ist ein Vertrauensvorschuss bei Behörden und Geschäftspartnern. Doch längst nicht alle Firmen, die dieses Prädikat bekamen, hielten sich an die Gesetze, wie sich nach 2005 zeigen sollte.

Parallel zu steigenden Auflagen für die Entsorgung von Müll wurden auch die Umweltgesetze verschärft. So trat 1999 das Gesetz zum Schutz vor schädlichen Bodenveränderungen in Kraft. Seitdem ist es eigentlich verboten, in Gruben zu entsorgen. Doch es gab rechtliche Grauzonen, die Grubenbetreiber auszunutzen versuchten. Spätestens das Bundesverfassungsgericht stellte mit dem sogenannten Tongruben-Urteil vom 14. April 2005 aber klar, dass die Vorgaben des Bodenschutzes auch für die Verfüllung von ausgebeuteten Tagebauen gelten.

Für Deponiebetreiber war es mit den Ausnahmen ebenfalls bald vorbei. Die Abfallwende war nicht mehr aufzuhalten, sie war mittlerweile von oben verordnet worden: mit der sogenannten Abfallablagerungsverordnung, erlassen am 20. Februar 2001 – und mit einer letzten Schonfrist. Die lief am 30. Mai 2005 ab. Das noch einmal zu betonen, sah sich ein halbes Jahr zuvor das Bundesumweltministerium genötigt. Für neuerliche Ausnahmen gebe es keinen Anlass, teilte es der Öffentlichkeit in einer Pressemitteilung mit. Ausreichende Kapazitäten zur Müllverbrennung oder Vorbehandlung von Restmüll stünden rechtzeitig bereit, insgesamt 138 Anlagen. Am 1. Juni 2005 trat die Verordnung, das Ablagerungsverbot für unbehandelten Hausmüll, wie geplant in Kraft.

Es war das Aus für fast 200 Hausmülldeponien in Deutschland. Für den Müll, den sie bis dato aufgenommen hatten, waren nun andere Entsorgungswege vorgeschrieben. Dabei ging es nicht nur um den Schutz der Umwelt, sondern auch um Profite. Jetzt sollten und wollten die profitieren, die in den Jahren zuvor Milliardensummen in neue, moderne Entsorgungs- und Verwertungsanlagen investiert hatten.

Besonders viel Geld war in Müllverbrennungsanlagen (MVAs) geflossen – und in die Taschen korrupter Politiker. Für Schlagzeilen sorgte 2002 die sogenannte Kölner Spendenaffäre. Es ging um eine schwarze Kasse bei der Kölner SPD, um Konten in der Schweiz und um Schmiergelder in Millionenhöhe, die zwischen 1994 und 1996 beim Bau der MVA im Kölner Stadtteil Niehl geflossen waren.

Köln war kein Einzelfall. Bei der Errichtung von Müllverbrennungsanlagen in Nordrhein-Westfalen hatte sich ein landesweites Netzwerk der Korruption gebildet, wie damals Landesinnenminister Fritz Behrens (SPD) beklagte. Im Zentrum der Verstrickungen: der Müllmogul Hellmut Trienekens. Der Rheinländer hatte es zur Nummer eins auf dem deutschen Entsorgungsmarkt gebracht. Anfang der 1980er-Jahre hatte er in Neuss die erste Rohstoff-Rückgewinnungsanlage der Republik in Betrieb genommen. Während seine Konkurrenten den Müll achtlos auf die Deponie warfen, ließ Trienekens bereits Eisen und Kunststoffe aussortieren und machte sie zu Geld. Im darauffolgenden Jahrzehnt war er über die Trienekens AG Miteigentümer der Müllöfen in Köln, Essen, Aachen, Krefeld, Düsseldorf und durch Kontingentverträge mit weiteren MVAs verbunden.

Die Trienekens AG, die zu gleichen Teilen ihrem Namensgeber und der RWE Umwelt AG gehörte, setzte zuletzt jährlich rund 900 Millionen Euro um. 2002 übernahm RWE den gesamten Konzern. Trienekens zog sich als Multimillionär aus dem Müllgeschäft zurück. Zweimal wurde er strafrechtlich belangt, jeweils wegen Steuerhinterziehung zu einer Bewährungsstrafe und Geldbußen in siebenstelliger Höhe verurteilt.

Bundesweit waren seit Tasi laut einer Studie aus dem Jahr 2005 rund 5,3 Milliarden Euro in die Müllverbrennung investiert worden – Schmiergelder nicht mitgerechnet. Allein die Kölner MVA hatte 420 Millionen Euro gekostet. Die Anlagen mussten das Geld wieder einspielen. Das ging nur mit ausreichend Müll. Die Öfen von bundesweit 72 Anlagen lechzten danach. Weitere Verbrennungslinien befanden sich zudem in Planung.

Auch in Alternativen wurde investiert. 75,8 Millionen Euro ließ sich etwa eine Entsorgungs- und Verwertungsgesellschaft in Großpösna bei Leipzig die Abfallwende kosten. Das Unternehmen, das sich mehrheitlich in öffentlicher Hand befand, entschied sich gegen die Müllverbrennung und für eine MBA, eine mechanisch-biologische Abfallbehandlungsanlage, die verwertbare Materialien aussortiert und die organischen Bestandteile des Mülls abbaut. Pünktlich zum 1. Juni 2005 lief die Anlage an und der erste Müll rotierte übers schwarze Förderband. Mit einem möglichen Jahresdurchsatz von 300.000 Tonnen gehörte diese MBA in Deutschland zu den größten ihrer Art.

Noch heute verrichtet der Riese sein Werk, frisst täglich den Restmüll aus Leipzig und Umgebung in sich hinein und spuckt aussortierte Wertstoffe wieder aus: Metalle für den Schrotthandel, energiereiche Abfälle aus Kunststoff für Verbrennungsöfen. Für die Deponie, die sich hinter der MBA erhebt, bleibt nur der klägliche Rest, den die letzte Stufe der Behandlung, die sogenannte Rotte, übrig lässt.

In den vier Jahren zwischen Ablagerungsverordnung 2001 und dem Deponieverbot 2005 wurden allein 56 mechanisch-biologische Anlagen in Deutschland hochgezogen. Die MBA-Technologie galt als Alternative zur Verbrennung, auch wenn die aussortierten Materialien größtenteils am Ende doch in einem Heizkessel enden. Zum Beispiel Plastikteile als Ersatzbrennstoff (EBS) in den Drehöfen der Zementindustrie, wo sie Kohle ersetzen. Heute haben Zementwerke nahezu zu 100 Prozent auf EBS umgestellt. Sogar Stein- und Braun-kohlekraftwerke verfeuerten damals schon nicht nur Kohle, sondern auch Abfall.

Die Aussicht auf heizwertreichen Müll ließ mit dem Deponie-verbot noch einen ganz neuen Typ von Verbrenner aus dem Bo-den sprießen: sogenannte EBS-Kraftwerke, effizienter als klassische Müllöfen, Energielieferanten für Stahlwerke, Papierfabriken und ganze Industrieparks. Auch in diese Anlagen steckten Investoren Hunderte Millionen Euro.

Kompostierungsanlagen, EBS-Aufbereitungsanlagen und Umla-destationen für Restmüll machten die Revolution in der Abfallwirt-schaft perfekt. Hier flossen noch einmal mehr als zwei Milliarden Euro. Denn das war sie auch, die Abfallwende, ein Milliardenge-schäft. Dieses Geschäft bekam mit dem offiziellen Ende der Depo-nierung, wie man sie kannte, eine ganze Menge neuer Partner und Konkurrenten. Für die Abfallwirtschaft war der 1. Juni 2005 eine Zäsur. Für die Müllschieber der Startschuss.

Mit dem Deponieverbot nahm Deutschland eine Vorreiterrolle in Europa und im Rest der Welt ein. In der Europäischen Union gibt es Länder, die bis heute alles auf die Halde werfen. In der Bundes-republik hingegen begann die Suche nach Verwertungswegen. Par-allel dazu, von den meisten unbemerkt, breitete sich eine gewaltige Schattenwirtschaft aus.

Dabei gab es durchaus Anzeichen, dass bei der geplanten Kreis-laufwirtschaft etwas gehörig aus dem Ruder zu laufen drohte. Denn trotz Milliarden-Investitionen war fraglich, ob zum Stichtag tatsäch-lich ausreichend viele der gesetzlich geforderten Anlagen zur Ver-arbeitung und Verbrennung bereitstehen würden. Einer Studie der Beratungsfirma Prognos zufolge fehlten für vier bis fünf Millionen Tonnen die Kapazitäten. Der *Spiegel* nahm den Ball auf und berich-tete, kaum war die neue Verordnung in Kraft getreten, über einen »Müllnotstand« in Deutschland. Unter Berufung auf verschiedene

Experten aus dem Bundesumweltministerium, aus der Abfallwirtschaft und von Entsorgungsverbänden wusste das Hamburger Nachrichtenmagazin von »problematischen Ausweichreaktionen wie Export und Zwischenlagerung« zu berichten. Offiziell widersprach das Umweltministerium, beteuerte, es gebe ausreichende Kapazitäten, und bezeichnete das »Gerede« vom Entsorgungsnotstand als »Panikmache«.

Was nun richtig war, darüber wurde noch eine Weile gestritten. Eines aber war Fakt: Die Kapazitäten, die vorhanden waren, waren teuer. Die Preise lagen zwischen 70 und 350 Euro pro Tonne. Nicht jeder war bereit, so viel Geld zu bezahlen. Deswegen würden, so der *Spiegel,* die neuen Deponieregeln auf zwei Wegen umgangen: Zum einen drohte der Müll auf »Billig-Deponien« in Osteuropa verfrachtet zu werden, zum anderen ließen Deponiebetreiber in Deutschland den Abfall verpacken und in Zwischenlagern einmotten.

Beides kam tatsächlich vor. Selbst das öffentliche Unternehmen in Großpösna bei Leipzig wurde mit seiner Mega-MBA nicht Herr über die Abfallmengen und ließ sich zusätzlich ein Abfallzwischenlager genehmigen. Bei Senftenberg in der Niederlausitz türmte ein Unternehmen rund 290.000 Müllballen zu stufenförmigen Pyramiden auf. Zum Teil lagerte der Müll drei Jahre und länger, bevor er richtig entsorgt wurde. Unweit davon, in Hennersdorf, einem Ortsteil der Gemeinde Doberlug-Kirchhain, warten rund 30.000 Tonnen Abfall, kleingehäckselt, zu Ballen gepresst und mit einer Kunststofffolie umwickelt, noch heute auf ihre Verwertung. Das andere Unternehmen, das diesen Müll einst nur zwischenlagern wollte, existiert nicht mehr. Die Firma wurde vor rund zehn Jahren liquidiert. Aus ihren alten Ballen wachsen mittlerweile Bäume. Die Folie reißt auf. Der Dreck quillt heraus, zieht Ratten und anderes Getier an.

Über die illegale Entsorgung, die sich parallel zur Abfallwende ausbreitete, verlor der *Spiegel* kein Wort. »Seine« Experten hatten offenbar nicht den blassesten Schimmer davon.

Selbst das Bundeskriminalamt (BKA) in Wiesbaden verfolgte eine falsche Fährte. Dort hatte man das Problem jenseits der deutschen Grenze verortet, in Polen, Tschechien und anderen Ländern Osteuropas. Durch den im Mai 2004 erfolgten Beitritt dieser Staaten zur Europäischen Union rechneten die BKA-Experten mit einer Zunahme illegaler Abfallexporte. Diese Befürchtung teilten auch Fachleute aus Wissenschaft, Wirtschaft, Politik, Umweltverwaltung und Strafverfolgung, die das BKA in einem Forschungsprojekt zu »Abfallwirtschaftskriminalität im Zusammenhang mit der EU-Osterweiterung« befragte. Alle erwarteten, dass Abfälle aus Deutschland ab dem 1. Juni 2005 in großem Umfang in die östlichen Beitrittsstaaten abfließen würden. Ein gewaltiger Irrtum, wie der BKA-Beamte und Mitautor des Forschungsberichts Andreas W. später einräumte. Es kam zwar auch zu illegalen Exporten, aber die Müllschieber hatten es eigentlich gar nicht nötig, über die Grenze zu fahren. Heute ist das anders, damals aber lagen die dunklen Löcher viel näher.

Zumindest in Brandenburg hätte man gewarnt sein können. Das Bundesland hat heute neben 10.500 Baudenkmälern, 3.000 Seen und 500 Schlössern auch 120 illegale Abfalldepots, in denen mindestens vier Millionen Tonnen Dreck vor sich hin rotten. Das ist mehr als die Einwohner der fünf größten deutschen Städte zusammen in einem Jahr in ihre Mülleimer werfen.

Einige dieser schwarzen Halden gehen bis auf die 1990er-Jahre zurück, sind unter Wende-Kanzler Kohl und seinen Umweltministern, zunächst Klaus Töpfer und anschließend Angela Merkel, entstanden. Die Bundesregierung wollte die Wirtschaft im Osten ankurbeln, ein »Investitionserleichterungsgesetz« wurde erlassen, danach ein »Beschleunigungsgesetz«. Beides führte dazu, dass Zulassungsverfahren für Abfallbehandlungsanlagen vereinfacht, Genehmigungen zügiger vergeben und Einspruchsrechte für Bürger zurückgefahren wurden. Müllschieber hatten leichtes Spiel. Dörfer,

Städte und Gemeinden haben bis heute mit ihren Hinterlassenschaften zu kämpfen.

Dass Anlagenbetreiber seit 2001 wieder eine finanzielle Sicherheit für ihren Betrieb hinterlegen müssen, geht auf die Initiative Brandenburgs im Bundesrat zurück. Diese sogenannte Sicherheitsleistung war den Gesetzen von Kohl, Töpfer und Merkel zum Opfer gefallen, mit der Folge, dass im Insolvenzfall die öffentliche Hand auf zurückgelassenen Müllbergen und Entsorgungskosten sitzen blieb. Ein für viele Gemeinden teurer Fauxpas, der korrigiert wurde. Die Müllschieber ließen sich aber auch nicht von einer Sicherheitsleistung stoppen. Mit der Abfallwende 2005 erlebten sie ihren nächsten »Aufschwung Ost« und Brandenburg wurde erneut kalt erwischt.

DER EX-POLIZIST

Der Aufstieg von Roland V.* zum Müllbaron begann mit einem Anruf. Das Deponieverbot galt erst seit einigen Monaten. V., Jahrgang 1954, ehemaliger Stasi-Mitarbeiter in der DDR, ehemaliger Polizist im Nachwende-Deutschland und seit März 2001 als Entsorgungsunternehmer tätig, steckte gerade in einem Dilemma. Er hatte sich auf ein illegales Müllgeschäft eingelassen und musste nun feststellen, dass man auch mit ihm ein schmutziges Spiel spielte.

V.s neues Revier lag im Landkreis Potsdam-Mittelmark. Seine Aktivitäten konzentrierten sich seit Juni 2005 auf Altbensdorf, einen kleinen Ort mit mittelalterlicher Saalkirche westlich von der Stadt Brandenburg an der Havel. Eine alte Umweltsünde hatte das Dorf eingeholt. Etwas außerhalb gelegen, nördlich des Baudenkmals, war in einer aufgelassenen Kiesgrube von Anfang der 1980er- bis zum Beginn der 1990er-Jahre eine Mülldeponie betrieben worden. Ganz offiziell, aber dennoch ungesichert.

Was genau dort lag, war ungewiss. Klar war nur: Die Müllgrube erstreckte sich über die Größe eines Fußballfeldes. Am westlichen Rand war ein Teich entstanden, ein kleines Feuchtbiotop, umgeben von Pappeln und Schilf. Die nächste Trinkwasserschutzzone war auch nicht weit. Um zu verhindern, dass Regenwasser in die Deponie ein- und Schadstoffe austreten konnten, musste saniert werden. Diese Aufgabe hatte Roland V. mit seiner Firma übernommen. Er sollte eine schützende Decke über die Ablagerungen legen. Diese sogenannte Rekultivierungsschicht durfte nur aus harmlosen Materialien wie Bauschutt und Bodenaushub bestehen. Etwas anderes war nicht zugelassen.

Doch mit Rekultivieren allein waren keine großen Gewinne zu erzielen. Deswegen schaffte Roland V. noch ganz andere Stoffe als Schutt und Erde auf die alte Kippe. Unter den Unrat von gestern schob er Abfall von heute. Er verstieß damit zwar gegen die Genehmigungsauflagen für die Sanierung, doch niemand merkte etwas davon. Und die, die es wussten, sahen weg. Roland V. hatte fürs Wegsehen bezahlt.

Begonnen hatte es harmlos. Auf der Suche nach Lieferanten für Schutt und Böden für seine Müllgrube in Altbensdorf hatte Roland V. das Branchenbuch durchgeblättert und war dabei auch auf die P. Steinwerk GmbH* gestoßen, ein Unternehmen im benachbarten Sachsen-Anhalt. Das war ungefähr im August 2005. Da ging es los. Kurze Zeit später erschien Simon H.*, Geschäftsführer dieser Firma, auf V.s Deponie. Fraglich ist, ob Roland V. da schon ans Verklappen dachte oder ob ihn Simon H. überhaupt erst auf die Idee brachte.

Den Namen P. Steinwerk GmbH trug die Firma, weil sie Ton abbaute. Doch ihre Eigentümer tanzten auf mehreren Hochzeiten. So waren sie auch ins Müllgeschäft eingestiegen und funktionierten ihre Rohstofflagerstätten, die Gruben Vehlitz und Möckern im Landkreis Jerichower Land, in Endlager für Abfall um.

Als Geschäftsführer Simon H. bei Roland V. auftauchte, muss seine Firma im Müll geschwommen sein. Seit zwei Monaten wurde die P. Steinwerk GmbH von der Sulo-Gruppe beliefert, einem der größten Entsorger in Europa. Dieses Geschäft sicherte ihr die Lieferung von jährlich 100.000 Tonnen Abfall zu. Gleichzeitig warteten ihre Betriebe in Sachsen-Anhalt noch auf behördliche Genehmigungen für den Ausbau von Kapazitäten. Mit Schmiergeld wurde dieser Prozess zwar beschleunigt. Doch offenbar ging es nicht schnell genug und Simon H. suchte noch nach anderen Löchern. In jedem Fall hatte er es auf die alte Kippe von Roland V. abgesehen. Er bot ihm an, die Sicherung und Rekultivierung komplett zu übernehmen. V. müsse sich keine Sorgen machen. Doch der lehnte das ab. Ins Geschäft kamen sie dennoch.

Maximal zwölf Euro pro Tonne konnte V. mit den zugelassenen Materialien verdienen. Die Firma P. Steinwerk GmbH zahlte 25 bis 65 Euro. Dafür wollte sie Haus- und Gewerbemüll loswerden, für die Rekultivierung völlig ungeeignet und von der Genehmigung nicht gedeckt. Roland V. aber verbaute, was er bekam. Sein Preis war umso höher, je gröber der Abfall war. Je kleiner gehäckselt der Dreck, umso geringer die Einnahme. Desto mehr Müll passte aber hinein. Simon H. schickte täglich bis zu 14 LKW-Ladungen und nach zehn Tagen auch das erste Geld. Es muss ein größerer Batzen gewesen sein. Von »unerwarteten Verdienstmöglichkeiten« ist in einem Gerichtsurteil gegen V. die Rede. Roland V. war einer von wenigen, die für ihre schmutzigen Mülldeals hinter Gitter landen sollten. Dazu kam es aber erst Jahre später. Vorerst florierte das Geschäft.

Der Ex-Polizist war auf den Geschmack gekommen. Im September meldete sich ein Berliner Makler, der Müll vermittelte wie Immobilienmakler Grundstücke, Häuser und Wohnungen. Teuer gekleidet und in einem großen Auto, was bei V. Eindruck hinterlassen haben soll. Fehlte nur noch der Aktenkoffer voll Geld. Stattdessen hatte er zwei Tüten mit Müll dabei, einmal fein und einmal grob geschreddertes Material. Bis zu 35 beziehungsweise 60 Euro pro Tonne stellte der Makler in Aussicht. Da wurde V. wieder schwach. Weil er nicht allein auf die P. Steinwerk GmbH angewiesen sein wollte, willigte er auch in dieses Geschäft ein. Es bescherte ihm zwei neue Kunden – und bald auch ein Problem.

Denn die Firmen, die mit dem Ex-Polizisten gemeinsame Sache machten und den frischen Abfall fürs Verklappen herankarrten, gefährdeten nach einiger Zeit das Geschäft. Der Grund war so banal wie hinterhältig: Sie zahlten nicht mehr für den Dreck, den sie lieferten. Der Müll war schon vergraben, das Geld aber nicht da. V. war geprellt worden, ganz klassisch. Und er konnte im Nachhinein nichts dagegen tun. Jedenfalls konnte er schlecht zur Polizei gehen und seine Geschäftspartner anschwärzen. Die hätten womöglich das ganze Geschäft verraten. Dann hätte er sich auch gleich selbst anzeigen können. Das hatte er wahrlich nicht vor. Es war doch gerade erst angelaufen.

Statt bei der Polizei meldete sich Roland V. bei dem Mann, der den schmutzigen Deal eingefädelt hatte. Nachdem sich der Müllmakler das Problem angehört hatte, versprach er V., dass er sich darum kümmern werde. Der Makler musste sich etwas einfallen lassen, wollte er weiter seine Provisionen einstreichen. Ein paar Tage später klingelte bei V. das Telefon. Der Makler war dran, reichte den Hörer aber gleich weiter. Der Mann, den Roland V. jetzt an der Strippe hatte, war jemand, der noch das ganz große Müllrad drehen sollte. Er stellte sich als Jürgen M.* vor, Geschäftsführer einer Entsorgungsfirma in Braunsbedra.

Braunsbedra ist eine Kleinstadt mit rund 12.000 Einwohnern in Sachsen-Anhalt. Jürgen M. war laut einem Zeitungsbericht in der Nähe von Stuttgart zu Hause. Er forderte Roland V. in dem Telefongespräch auf, ihm die offenen Rechnungen zu faxen. Zwei Tage später erhielt V. sein Geld. Jürgen M. hatte offenbar erkannt, dass die Dienste, die V. anbot, noch sehr wertvoll für ihn sein könnten. Sonst hätte er wohl kaum die Schulden, die andere bei dem aufstrebenden Müllbaron hatten, beglichen. Schnell und unkompliziert. So legte Jürgen M. den Grundstein für die künftige Zusammenarbeit.

Ihr Zustandekommen ist im schriftlichen Gerichtsurteil gegen Roland V. ausführlich dokumentiert. V. war von dem »Verhalten des Geschäftsführers aus Braunsbedra sehr beeindruckt und ließ sich dazu verleiten, weiter in das Geschäft der illegalen Abfallentsorgung einzusteigen«, heißt es darin.

Als die Arbeiten in Altbensdorf abgeschlossen waren, hatte sich das Volumen der Deponie fast verdoppelt. Beanstandungen blieben aus. Was zählte: Für die Gemeinde war die Sanierung »kostenneutral« und »beispielhaft« verlaufen, wie die Direktorin des Amtes Wusterwitz in ihrer Einladung zur »Endabnahme der Sicherungs- und Rekultivierungsmaßnahme« im Juni 2006 schrieb. Heute ist klar: Roland V. und sein zertifizierter Entsorgungsfachbetrieb hatten alle getäuscht. Damals aber galt V. als Helfer in der Not, der die finanziell klammen Gemeinden im Landkreis Potsdam-Mittelmark von ihren Altlasten befreite. Das nächste Sanierungsprojekt hatte er schon angekurbelt. Weitere sollten folgen. Roland V. verklappte im Akkord. An Abfall herrschte kein Mangel. Große Mengen, die V. erreichten, stammten ursprünglich aus den bunten Tonnen der Deutschen. Die Firma von Jürgen M. entwickelte sich zu V.s Hauptlieferanten, zuletzt bezog er ausschließlich aus Braunsbedra. Als Ermittler ihm auf die Schliche kamen, waren insgesamt schon mehr als 300.000 Tonnen Abfall verteilt – auf sechs alte Kippen und eine Kiesgrube. Insgesamt sieben dunkle Löcher für die Müllschieber der Republik. Dass Roland V. so lange unbehelligt blieb, dafür hatte er einiges investiert.

KLEINE GEFÄLLIGKEITEN

Die Raststätte Wollin an der Bundesautobahn 2, rund 80 Kilometer vor Berlin, hatte Roland V. für die Geldübergabe ausgewählt. Der Treffpunkt war ihm vertraut. Es gab eine Tankstelle und einen Kaffeeautomaten. Hier besprach er sich regelmäßig mit seinem Betriebsleiter. Der Mann war sein Stellvertreter, sein engster Mitarbeiter. Er wusste, was in Altbensdorf vor sich ging. Die beiden kannten sich schon seit Jahren und vertrauten einander. Wenn sie sich an dem Rastplatz trafen, dann redeten sie meistens über die Arbeit.

Am Ende einer Arbeitswoche erwartete V. dort aber noch eine andere Person. Seine Quelle. Sie belieferte ihn mit wichtigen Informationen, die er eigentlich gar nicht haben durfte. Interna aus den Behörden. Und sie half ihm, seine dreckigen Machenschaften zu vertuschen. Sie saß dafür genau an der richtigen Stelle. In der Amtsverwaltung in Wusterwitz. Als Mitarbeiterin im Bauamt war es ihre Aufgabe, die Sicherung und Rekultivierung der alten Müllkippe in Altbensdorf zu überwachen. Stichprobenartig kontrollierte sie beispielsweise die Lieferscheine der Firma aus Braunsbedra. Die Papiere waren plausibel. Dafür hatten der Schwabe Jürgen M. und Roland V. schon gesorgt. Da konnte nichts schiefgehen. Die Kontrolleurin musste sich aber auch einen eigenen Eindruck verschaffen. auf den Deponien. Sie war fast täglich vor Ort, was bei V.s Mitarbeitern anfangs für Verunsicherung sorgte. Der soll daraufhin gesagt haben: »Vor ihr brauchen wir keine Angst zu haben. Sie weiß Bescheid.«

Auf der Deponie will die Sachbearbeiterin nichts Ungewöhnliches festgestellt haben. Um den Fortschritt der Arbeiten zu dokumentieren, machte sie Fotos. Auch darauf war nichts Verdächtiges zu sehen. Es sah alles sauber aus. Dafür hatte sie gesorgt. Sie hatte einfach nur die Stellen auf dem Gelände fotografiert, wo kein frischer Abfall herumlag. Betrug kann manchmal so simpel sein.

Dabei war der Dreck gar nicht zu übersehen. Sogar Dorfbewohnern fiel er auf. Doch mit Beschwerden kamen sie nicht weit. Die Dame aus dem Bauamt sah nicht nur weg, sie deckte auch das schmutzige Geschäft. Wenn die nächsthöhere Behörde, der Landkreis, eine unangekündigte Kontrolle plante, dann wusste sie davon – und wenig später wusste es auch Roland V. Wenn sich ein Mitarbeiter der Kreisverwaltung aus Teltow auf den Weg machte, dann schaute er immer zuerst bei ihr in Wusterwitz vorbei und überprüfte die Lieferscheine. So blieb V. noch genug Zeit, sich auf den Besuch einzustellen und den Müll zu verbergen. Seine Leute mussten dann aufräumen und die Deponie in einen vorzeigbaren Zustand versetzen. Der Dreck verschwand unter Erde und Sand. Lastwagen mussten umdrehen und auf ein Zeichen von Roland V. warten. Erst wenn der Kontrolleur aus Teltow wieder weg war, durften sie auf das Gelände fahren und abkippen.

Der Müllbaron hatte zur Mitarbeiterin aus dem Amt Wusterwitz ein freundschaftliches Verhältnis aufgebaut. Sie vertraute sich ihm an. Er wusste, dass sie sich von ihrem Ehemann getrennt hatte und nach der Scheidung in finanzielle Nöte geraten war. Sie brauchte Geld. Roland V. bot ihr welches an. 150 bis 250 Euro, wöchentlich. Freitags konnte sie es sich von ihm auf der Raststätte an der A2 abholen. V. steckte es ihr in einem Briefumschlag zu. Das schmierige Geschäft lief von Juni 2005 bis August 2007. Die Zuwendungen summierten sich auf insgesamt 16.800 Euro. Kleingeld für Ex-Polizist R., der mit dem Vergraben Millionen scheffelte. Manchmal reichen schon kleine Gefälligkeiten, um sich das große Geschäft zu sichern. Und in dieser Hinsicht war er nicht knauserig.

Roland V. hielt ein Bündel Geldscheine in der Hand, als er an einem Dezembertag 2005 die Tür zum Büro der Verwaltungschefin des Amtes Wusterwitz aufstieß. Es gab noch mehr sanierungsbedürftige Kippen im Amtsbereich. V. hatte sich schon umgehört und hoffte auf weitere Aufträge. Die vergab das Amt. Die Amtsdirektorin musste sie absegnen. Mit diesen Hintergedanken betrat er ihr Büro. Er wollte die Weihnachtsfeier sponsern und hätte auch sofort in die Amtskasse eingezahlt. Das mache er anderswo auch so. Anfängliche Bedenken der Direktorin und der Kämmerin, die hinzugerufen wurde, waren schnell verflogen. Die Scheine steckte V. aber erstmal wieder ein. Er sollte nicht sofort bezahlen. Später holte er sie aber wieder hervor. Das Amt hatte in einer Gaststätte gefeiert, 20 Mitarbeiter hatten Speisen, Getränke und noch dazu eine kleine kabarettistische Einlage von zwei professionellen Schauspielern genossen. Der fröhliche Abend kostete rund 1.000 Euro. Die Rechnung beglich – Roland V.

Keine drei Wochen später erteilte ihm das Amt den nächsten Sanierungsauftrag: In einem weiteren Ort musste eine Müllkippe auf Vordermann gebracht werden. Das nächste Loch für Müllschieber wie Jürgen M. Die nächste Goldgrube für Roland V., der anschließend offenbar in Spendierlaune war und der ohnehin schon geschmierten Sachbearbeiterin aus dem Bauamt auch noch die 500 Euro teure Reparatur ihres Kleinwagens bezahlte.

Am neuen Ort allerdings drohte die Lage zu entgleiten. Erst kritisierten Dorfbewohner, dass die Bäume am Rande der alten Deponie abgeholzt wurden. Dann beklagten sie sich über LKW-Transporte in der Nacht und wunderten sich über den Müll, den die Lastwagen geladen hatten. Es sollte doch saniert werden.

Bei einer Bürgerversammlung am 7. Juni 2006, einberufen von der Amtsdirektorin, wollten die Bewohner ihrem Ärger Luft machen. Doch Roland V., der Ex-Polizist, hatte seinen Anwalt mitgebracht. Der sollte bei den versammelten Dorfbewohnern einen nachhaltigen Eindruck hinterlassen. Er drohte ihnen mit Verleumdungsklagen, was ihm später, als alles aufgeflogen war, Ermittlungen wegen Nötigung einbrachte. Seine Drohung verfehlte ihre Wirkung nicht. Eingeschüchtert gingen die Menschen nach Hause und V. konnte sein Werk ungestört fortsetzen.

Ein halbes Jahr danach zog der Müllbaron wieder ein Dorf weiter. Den nächsten Auftrag in der Tasche. Bevor er dort richtig loslegte, spendierte er dem lokalen Fußballverein einen Rasentraktor. V. war nicht der Einzige, der sich über eine Grube freute, die zu verfüllen war.

GRUBENKÄMPFE

Thorsten A.* und Achim I.* wollten ihre Grube, vier Kilometer östlich der Kleinstadt Jüterbog, kurz vor dem Ortsschild »Markendorf« verpachten. Schon in den 1970er-Jahren war hier nach Sand und Kies gegraben worden. Das Loch war an manchen Stellen bis zu 35 Meter tief, die Grube, die sich umgeben von Forsten über eine Fläche von neun Hektar erstreckte, weitgehend ausgekiest. Jetzt stand die Wiederverfüllung mit Bauschutt und anderen, harmlosen mineralischen Abfällen an. Doch dieses Geschäft erschien den beiden Männern nicht rentabel. Für sie hatte das Loch keinen großen Wert mehr. Für andere aber war es wie ein Sechser im Lotto. »Ich habe eine Grube. Ich habe eine Grube«, soll Helmut Sch.* gejubelt haben, als er von Markendorf erfuhr. Er hatte eine Idee, wie man mit der Grube Markendorf noch richtig Kies scheffeln konnte.

Sch. kannte das Abfallgeschäft. Er war auch schon bei einer anderen Müllfirma in Jänickendorf bei Luckenwalde beschäftigt gewesen. Ihre Hinterlassenschaft: Rund 28.000 Tonnen Dreck, die seit 2004 auf dem alten Betriebsgelände vor sich hin modern. Geschätzte Entsorgungskosten: rund 3,2 Millionen Euro. Eines der heute mehr als 120 illegalen Abfalllager in Brandenburg. Ursprünglich sollte der

Müll verarbeitet werden, was nicht geschah. Stattdessen brannte es und die Firma ging pleite.

Sein Jubel lässt vermuten, dass Helmut Sch. schon länger nach einem Tagebauloch gesucht hatte. In Markendorf war er nun fündig geworden. Am 1. März 2006 wurde der Pachtvertrag unterschrieben. Verpächter: die Kiesfirma von Thorsten A. und Achim I. – mit einem Strohmann als Geschäftsführer. Der durfte den Radlader fahren. Tatsächlich führten Thorsten A. und Achim I. die Geschäfte. 5.000 Euro, und das monatlich, sollte jeder von den beiden als Pacht erhalten. Doch es dauerte nicht lang, bis sie mehr verlangten.

Pächter war eine Verwertungsfirma aus dem brandenburgischen Zeuthen, eigens für das bevorstehende Verklappungsgeschäft gegründet. Helmut Sch. war ihr geschäftsführender Gesellschafter. Doch er war nicht allein. Der andere Mann hinter dem Unternehmen war Jan F., der Entsorger aus Berlin, der auch schon mit Bernd C. im Geschäft war (Kapitel 1).

Jan F. hatte alles, was man brauchte, um das schmutzige Vorhaben in die Tat umzusetzen. Maschinen, Lastwagen, Personal, Startkapital. Seine Entsorgungsgesellschaft setzte im Jahr 40 Millionen Euro um und hatte zwischenzeitlich bis zu 35 Mitarbeiter. Das Einzige, was Jan F. nicht besaß, war eine eigene Grube. Doch die hatte Helmut Sch. nun besorgt.

Jan F. war bereits bei Gericht aktenkundig. Im Sommer 2005 hatte ihn das Amtsgericht Tiergarten wegen illegalen Betreibens einer Abfallanlage zu einer Geldstrafe von 40.800 Euro verurteilt. Ihm wird bewusst gewesen sein, dass die Gefahr, entdeckt zu werden, immer besteht, es womöglich nur eine Frage der Zeit ist, bis sie auffliegen. Dennoch riskierte er es. Die Verlockung, die Aussicht auf dicke Geldbündel, war zu groß. Um sein Mitwirken in Markendorf zu verschleiern und im Entdeckungsfall eine Haftung seiner Berliner Firma zu vermeiden – dafür gab es diese neu gegründete Verwertungsfirma. Helmut Sch. gründete noch eine weitere Firma, ein Ein-Mann-Unternehmen, mit dem er Abfälle für die Grube akquirierte.

Noch im März 2006, der Pachtvertrag war kaum unterzeichnet, trafen die ersten Transporte in Markendorf ein. Gleich mehrere Lieferungen täglich. Ende März, es war ein Wochenende, beobachtete Thorsten A. zwei Männer dabei, wie sie Abfall in der Kiesgrube verscharrten. Schichtenweise. Eine Schicht Müll. Eine Schicht Sand und Kies. Dann wieder Müll. Immer abwechselnd. So gewährleisteten sie eine gewisse Stabilität und die Befahrbarkeit der Flächen. Mitunter wurde der Müll auch mit Sand und Erde vermischt, bevor er verscharrt wurde.

Helmut Sch. war einer der Männer. Er war in den ersten Wochen beinah täglich in der Grube, mit ihm bis zu sieben Mitarbeiter. Thorsten A., das Geschehen vom Rand der Grube aus verfolgend, zückte sein Handy und machte Fotos. Wenig später suchte er Helmut Sch. und Jan F. auf und konfrontierte sie mit den Bildern. Die Stimmung muss spannungsgeladen gewesen sein. Thorsten A. verfügte über belastendes Material. Vor allem Helmut Sch. hatte er damit in der Hand. Der war auf den Fotos zu sehen. Thorsten A. hätte damit zur Polizei gehen können, was auch für Jan F. mit seiner Vorgeschichte unangenehm geworden wäre. Das Verklappungsgeschäft wäre beendet und das neue Unternehmen schnell wieder Geschichte gewesen. Damit wohl auch der Pachtvertrag und die 5.000 Euro, die Thorsten A. und Achim I. jeden Monat kassieren sollten.

Doch Thorsten A. und Achim I. hatten wohl nicht ernsthaft an die Polizei gedacht. A. war selbst mehrfach mit dem Gesetz in Konflikt geraten. Wegen Körperverletzung, Diebstahl, Hehlerei. Auch Achim I.s Weste war nicht mehr ganz blütenweiß. Ihr Interesse galt sicher nicht der legalen Verfüllung ihrer Kiesgrube. Sie wollten schlichtweg mitverdienen, an dem Mülldeal. Vermutlich ärgerte sich Thorsten A., dass er nicht selbst auf die Idee gekommen war, das Loch mit Abfall aufzufüllen. Jetzt wollte er wenigstens in das lukrative Geschäft einsteigen. Das sollte er auch bald sehr deutlich zu verstehen geben. Vorerst aber gaben sich er und Achim I. mit einer Erhöhung der Pacht zufrieden. Helmut Sch. schrieb auf einen Zettel die Zahl 15.000 und schob ihnen dieses Angebot mit der Forderung zu, dass sie sich künftig aus dem Betrieb der Kiesgrube heraushalten sollten. Man einigte sich schließlich auf 16.000 Euro.

Doch diese Einigung, sofern sie Thorsten A. überhaupt akzeptierte, hatte nicht lange Bestand. A. griff nach der Macht in der Grube. Ende August 2006 kam es deswegen zur Auseinandersetzung zwischen ihm und Helmut Sch. Thorsten A., groß und breitschultrig, war niemand, mit dem man sich gern anlegte. Als Mann, »der kein Blatt vor den Mund nimmt, der den Morgenstern schwingt statt das Florett führt«, beschrieb ihn einmal sein Anwalt. Helmut Sch. gab nach. Er zog sich zwar aus der Grube zurück, aber nicht aus dem Verklappungsgeschäft. Helmut Sch. akquirierte nun bei der F. Entsorgungs GmbH in Berlin und fertigte dort die Transporte ab. Jan F. lieferte weiter, neben Müll auch Baumaschinen und Diesel. Thorsten A. war nun alleiniger Grubenchef. Achim I. kümmerte sich um Mitarbeiter und um die Korrespondenz mit den Behörden. Das Geschäft lief. Warum es durch einen offenen Streit gefährden?

Hinter den Kulissen aber tobten die Grubenkämpfe weiter. Wer die Kontrolle über das Loch hatte, kontrollierte letztlich auch das Geschäft. Wenn Jan F. und Helmut Sch. plötzlich vor verschlossenen Toren gestanden hätten, wäre für sie mit einem Schlag Schluss gewesen. Dann blieben sie auf ihrem Dreck sitzen. Dieser Gefahr wollten sie sich offenbar nicht aussetzen und erwarben Grundstücke rund um die Kiesgrube. Auf diese Weise wollten sie sich eine eigene Zufahrt sichern. Auch Thorsten A. wollte auf Nummer sicher gehen und kaufte sich Land für eine ungehinderte Durchfahrt zur Grube.

Die Lastwagen kamen im Schutze der Nacht. Wenn die meisten Menschen schon schliefen. Oder am Wochenende. Wenn die amtlichen Kontrolleure zu Hause waren. Die Anlieferungen außerhalb von regulären Betriebszeiten hatten Methode. In Markendorf wie auch anderswo. Damit verringerten die Müllschieber das Entdeckungsrisiko. Sowohl auf der Straße als auch in der Grube. Sollte nämlich am nächsten Werktag die Aufsichtsbehörde ohne Vorwarnung den Betrieb kontrollieren, dann lag der Dreck schon unter Sand und Kies versteckt.

Für das Verklappungsgeschäft in Markendorf war Jan F.s Firmensitz in Berlin die zentrale Anlieferungs- und Umschlagstelle. Hier betrieb er mit Genehmigung eine Sortieranlage und konnte mehrere Arten von Abfällen verarbeiten, ohne einen Verdacht zu erregen. Hier wurde gelagert, geschreddert, vermischt – und wieder aufgeladen.

Bei Bernd C. befand sich alles in einer Hand. Altdeponie, Kiessandtagebau und Abfallanlage. Das machte vieles einfacher. Außerdem waren die Wege kürzer, deutlich kürzer. Gerade mal zehn Minuten dauerte die Fahrt von der Sortieranlage, für die C. erst im Jahr 2005 die Genehmigung erhalten hatte. Laut Staatsanwaltschaft schuf er sich damit »eine unverdächtige Stelle, mit der er nicht nur das fast gesamte Spektrum sämtlicher Abfallarten annehmen, sondern von wo aus er ohne viel Aufsehen die angelieferten Abfälle mit firmeneigenen Fahrzeugen in der nahe gelegenen Kiesgrube illegal entsorgen konnte.« Die Abfallanlage war demnach der Schlüssel, um im großen Stil verklappen zu können. Mancherorts stand die Sortier- und Behandlungsanlage sogar direkt auf dem Grubengelände – mit Genehmigung der Behörden, was schon fast einer Lizenz zum Verklappen glich. Die Firma P. Steinwerk GmbH in der Tongrube Vehlitz verfügte über solch eine komfortable Genehmigung.

Von der F. Entsorgungsgesellschaft zur Grube Markendorf waren es rund 90 Kilometer. Die Fahrzeit betrug knapp anderthalb Stunden. Um das wahre Ziel der Transporte zu verheimlichen, stand auf den Frachtpapieren ein anderer Ort. Zur Verschleierung des Mülls wurde die Fracht mit einer Lage Bauschutt überdeckt. Um

Geldflüsse zu verdunkeln, wurde bar bezahlt oder per Verrechnungsscheck. Das Geld kam in Briefumschlägen zusammen mit dem Müll. Es kam viel. Von beidem. Zeitweise war die Anlage in Berlin so stark überfrachtet, dass Helmut Sch. die Lieferanten auch direkt nach Markendorf dirigierte.

Neben den weißen Sattelzügen von der F. Entsorgung GmbH aus Berlin fanden auch schwarze Zugmaschinen mit Nienburger Kennzeichen den Weg zur Grube. Für sie ein sehr weiter Weg. Die Fahrzeuge waren in der Nähe von Hannover gestartet, sie gehörten einem Entsorgungsunternehmen aus Niedersachsen. Auch eine Firma mit Betriebssitz unweit von Wismar in Mecklenburg-Vorpommern, die wie das niedersächsische Unternehmen zum Firmengeflecht einer Unternehmerfamilie gehörte, kippte in Markendorf ab. Der Stammsitz dieser Familie befand sich nördlich von Hamburg, in Schleswig-Holstein. Neben F. und den Lieferanten aus Norddeutschland gab es noch mindestens vier weitere Entsorger, die die Grube direkt ansteuerten. Darunter eine brandenburgische Firma, die auch Bernd C. (Kapitel 1) zu seinen Kunden zählte.

Ab Sommer 2006 floss so viel Abfall nach Markendorf, dass rund um die Uhr verklappt wurde. Auch das Geld strömte in rauen Mengen. Zum Vergleich: Die Tonne Kies brachte ungefähr einen Euro. Die Annahmepreise für sauberen Bauschutt lagen bei drei bis fünf Euro. Das machte maximal 75 Euro pro Fuhre. Für eine LKW-Ladung illegalen Dreck gab es bis zu 600 Euro – bar auf die Hand. Thorsten A. kaufte sich eine kostspielige Limousine. »Man ließ es sich gut gehen«, so sein Anwalt lapidar.

Doch mit dem Mehr an Müll und Luxus stieg auch die Gefahr, aufzufliegen. Bei Behörden gingen bereits Hinweise ein, blieben wie zunächst bei Bernd C.s Kiesgrube allerdings folgenlos. Um einer Entdeckung vorzubeugen, wurden die LKW-Fahrer instruiert, sich vor Erreichen der Kiesgrube telefonisch anzukündigen. Darauf sagte Grubenchef Thorsten A. ihnen, ob sie auffahren konnten oder nicht. Wenn ein Kontrolleur nahte, mussten sie warten. »Der Senat kommt« hieß es dann spöttisch in der Grube. Dann mussten Lastwagen, Radlader und Raupenbagger verschwinden, verdächtige Haufen überdeckt und Plastikschnipsel aufgelesen werden. Nichts durfte darauf hinweisen, was hier wirklich ablief.

Auch der kleinste Haufen Dreck hätte sie verraten können. Für die Grube waren ausschließlich mineralische Abfälle zugelassen: bereits verwendetes, nicht verunreinigtes Erd- und Felsmaterial, Betonabbruch, Mauerwerksabbruch, alte Ziegel und Mörtelreste. Reste aus Holz, Glas und Metall durften maximal einen Anteil von fünf Prozent am Gesamtvolumen ausmachen. Der Betriebsplan definierte das für die Verfüllung erlaubte mineralische Material als »augenrein«. Daher war es äußerst wichtig, den Schein vom sauberen Betrieb zu wahren. Doch das gestaltete sich bei den Massen an Müll immer schwieriger.

Ab Oktober 2006 wurde ein Umschlagplatz in der Nähe der Grube zwischengeschaltet: Das Grundstück befand sich kurz hinter Markendorf, war mit einer großen Halle und weiteren Gebäuden bebaut. Die Gemäuer hatten zu DDR-Zeiten eine Abdeckerei, eine Tierkörperbeseitigungsanlage beherbergt. Nach der Wende umschlossen sie einen Recyclinghof, lagen dann eine Weile brach. Jetzt wurde dort offiziell ein »Betriebshof für Fahrzeuge, Baumaschinen und Container« angemeldet. Tatsächlich aber wurden Abfälle zwischengelagert, vermischt und für den nächtlichen Einbau in der Grube vorbereitet.

Ein ehemaliger Mitarbeiter, der als Maschinist in der Kiesgrube beschäftigt war, erzählte, dass er meist schon in der Nacht gegen drei Uhr mit seiner Arbeit begonnen und große Löcher ausgehoben habe. Oftmals sei in den frühen Morgenstunden alles vergraben gewesen.

Der illegale Deponiebetrieb in Markendorf lief inzwischen wie geschmiert und bescherte den Beteiligten unerwartete Einnahmen.

Nur einer konnte nicht genug kriegen: Thorsten A. Wie es anfing, wie es immer größer wurde, wie sich die Lage zuspitzte und wie es schließlich zu Ende ging – das steht alles im schriftlichen Gerichtsurteil gegen die Vierer-Bande. A. beanspruchte immer mehr für sich. Die Kontrolle in der Grube hatte er schon. Jetzt griff er nach dem Geld, nahm sich einen hohen fünfstelligen Barbetrag aus einer gemeinsamen Kasse und forderte mehr vom Gewinn. Als Achim I. intervenieren wollte, drohte Thorsten A. laut Gerichtsurteil mit seinen »Wittenberger Zuhälter-Freunden«. Das war im März 2007, der Anfang vom Ende. Achim I. wurde es jetzt zu heiß. Behälter mit Lösungsmitteln, zerschnittene Heizöltanks, humanmedizinische Abfälle wie Kanülen, Spritzen und Blutbehälter sowie LKW-Ladungen benutzter Windeln – der Müll, den sein Kumpel Thorsten A. mittlerweile in die Grube lotste, roch immer übler. Dazu die Drohungen. Achim I. beschloss, auszusteigen – und auszupacken. Er schoss Fotos von dem Verklappungsgeschäft und ging damit zur nächsten Behörde. Weil die nichts unternahm, legte er sie dem Chef des Südbrandenburgischen Abfallzweckverbandes vor. Der wusste, was zu tun war, und erstattete am 31. Mai 2007 Strafanzeige.

Thorsten A., Jan F. und Helmut Sch. hatten indes ihr schmutziges Geschäft unbeeindruckt vom Ausscheiden Achim I.s fortgesetzt. Von seinem Verrat ahnten sie offenbar nichts. Thorsten A. ging dazu über, jede Anlieferung akkurat in einem Grubenkalender zu dokumentieren. Vom 2. April bis 18. Juli 2007 notierte er 392 Lieferungen allein von Jan F. aus Berlin. Bei ihrer Razzia fiel der Kalender den Ermittlern in die Hände, die ihn als Beweismittel sicherstellten. Zuvor hatten sie die Grube fast vier Wochen lang verdeckt observiert und damit – ohne das ganze Ausmaß auch nur annähernd zu erahnen – einen ersten Eindruck von der bundesweiten Abfallverschiebung bekommen.

KAPITEL 6

WIE PECH UND SCHWEFEL

5.000 Euro Schmiergeld soll ein Mitarbeiter des Landesbergamtes in Cottbus kassiert haben. Das reimten sich jedenfalls Polizei und Staatsanwaltschaft zusammen. Die Ermittler konnten sich offenbar nicht anders erklären, wie der Mann bei seinen Kontrollbesuchen in Markendorf den ganzen Dreck übersehen konnte. Im November 2007 suchten sie den Mittfünfziger in seiner Wohnung in der Nähe von Berlin auf und verhafteten ihn. Weil keine Fluchtgefahr bestand, durfte er wieder auf freien Fuß. Seinen Arbeitsplatz im Bergamt musste er aber ruhen lassen. Bis zum Prozessbeginn zehn Jahre später. Da war der Kontrolleur fast in Rente und vom Vorwurf der Bestechlichkeit gegen ihn nicht mehr viel übrig.

Thorsten A., der Grubenchef in Markendorf, soll zwar gegenüber seinen Mitarbeitern erwähnt haben, dass er den Mann vom Bergamt »gekauft« habe. Sollte er das wirklich gesagt haben, dann waren diese Worte wohl Prahlerei. Oder ein Bluff, um die eigenen Leute zu beruhigen.

Tatsache war: Derselbe Kontrolleur, der die Verfüllung von Markendorf überwachte, war auch für die Kiesgrube von Bernd C. zuständig. Beide Tagebaue lagen nur eine halbe Autostunde auseinander. Auf dem Weg nach Markendorf schaute der Bergaufseher meistens vorher noch bei Bernd C. vorbei. Auch dort schöpfte er keinen Verdacht. 300.000 Tonnen Müll und der Mann will nichts gemerkt haben. Schwer vorstellbar, aber so war es wohl. Der Behördenmitarbeiter aus Cottbus sah nach eigener Darstellung in Bernd C. einen vorbildlichen Unternehmer. Was C. sagte, das war nicht nur für dessen Mitarbeiter Gesetz. Es hatte auch beim Kontrolleur vom Bergamt Gewicht. Tiefer gebohrt hatte der nie. Auch nicht nach anonymen Hinweisen auf illegale Entsorgungspraktiken. Davon gab es im Laufe der Jahre mehrere. Doch diese Warnungen verstaubten in seinen Akten.

Viele Jahre später in einem Gerichtssaal war von der Hochachtung allerdings nichts zu spüren. Bernd C. saß auf der Anklagebank. »Sie haben mich hinters Licht geführt«, warf ihm vom Zeugenstand aus der einstige Kontrolleur mit einer Mischung aus Verzweiflung, Enttäuschung und Ärger vor. Mit zittriger Stimme und fahlem Gesicht. Gezeichnet von den letzten Wochen. Er hatte gerade selbst erst einen Prozess über sich ergehen lassen müssen. Der Verdacht der Bestechlichkeit gegen ihn hatte sich nicht bestätigt. Es gab Hinweise auf mangelhafte Kontrollen, nicht nur in Markendorf und bei Bernd C., aber kaum handfeste Belege für Bestechung von Behördenvertretern. Dabei ist die öffentliche Verwaltung in Deutschland nach Angaben des Bundeskriminalamts das Hauptziel von Korruption. Die Zahlen schwanken von Jahr zu Jahr zwischen bundesweit rund 5.000 und 10.000 polizeilich festgestellten Korruptionsstraftaten. Behörden sind stets am häufigsten betroffen, leitende Mitarbeiter und Sachbearbeiter am anfälligsten. Die, die schmieren, stammen vor allem aus dem Dienstleistungsgewerbe und der Bauwirtschaft. Zu den Vorteilen, die sie sich von kleineren und größeren Gefälligkeiten erhoffen, zählen in erster Linie die Erlangung von öffentlichen Aufträgen und behördlichen Genehmigungen.

Die Entsorgungswirtschaft kommt in der jährlichen Korruptionsstatistik des Bundeskriminalamts vergleichsweise selten vor. Das heißt nicht, dass im Müllbusiness weniger geschmiert wird. Das BKA geht davon aus, dass die Dunkelziffer im Bereich der Korruption insgesamt sehr hoch ist und viele Fälle gar nicht erst ans Licht gelangen.

Bestechlichkeit ist aber nur ein möglicher Grund für das Wegkucken der Behörden bei der bundesweiten Abfallverschiebung. Dieser Vorwurf ist viel zu schnell und leicht erhoben. Ein anderer Erklärungsversuch ist vielleicht schwieriger nachzuvollziehen, aber nicht minder wahrscheinlich: Das Versagen hat strukturelle Gründe. Das Handeln der Behörden war und ist vornehmlich auf eine Kooperation mit den zu überwachenden Unternehmen ausgelegt. Bei den Bergbaubehörden ist dieses Verhalten besonders ausgeprägt. Bergbauunternehmer und amtlicher Bergaufseher sind wie Pech und Schwefel. Eng miteinander verbunden. Man grüßt sich mit »Glück auf!« und singt gemeinsam das Steigerlied.

Aber auch die Umweltbehörden sind vor Kumpanei und falscher Verbundenheit nicht gefeit, wie sich schon vielfach zeigte. Die Zusammenarbeit mit den Firmen macht ihre Mitarbeiter mitunter blind für Vergehen. Oder wie der Wissenschaftler Wolfgang Spyra, ein ausgewiesener Experte für Altlasten und Umweltkriminalität, einmal sagte: Hier fehlt es »an einer gewissen Bösgläubigkeit« bei den Behörden. Ihnen fällt es schon schwer, überhaupt Verdacht zu schöpfen. Diesem auch noch nachzugehen, erfordert Aufklärungswillen und zusätzliche Ressourcen, zum Beispiel Geld für Probennahmen und Laboranalysen, die häufig nicht vorhanden sind. Hinzu kommt: Bevor man ein Unternehmen überreguliert und damit womöglich in den Ruin treibt, drückt man bei Verstößen lieber ein Auge zu oder erteilt gleich großzügige Genehmigungen. Der chronische Mangel an qualifiziertem Personal in vielen Behörden bei gleichzeitig steigenden Anforderungen an die Überwachung tut ein Übriges. Mit Verfügungen und der Androhung von Zwangs- und Bußgeldern versucht man zwar, allzu eigensinnige Betreiber von Abfallanlagen in Schach zu halten. Mit leeren Versprechungen und juristischen Winkelzügen gelingt es denen jedoch immer wieder, verwaltungs- und ordnungsrechtliche Verfahren in die Länge und sich aus der Affäre zu ziehen.

Der Mann vom Bergamt in Cottbus beschwerte sich bei Bernd C., dass er ihn hinters Licht geführt habe. Treffender aber ist: Der Kontrolleur und seine Behörde ließen sich hinters Licht führen. Wie so viele in der Zeit der bundesweiten Abfallverschiebung.

DIE DREHSCHEIBE

Braunsbedra in Sachsen-Anhalt ist heute eine Hafenstadt. Sie liegt am Geiseltalsee, dem mit 18,4 Quadratkilometern größten künstlichen See Deutschlands. Neben einer Marina säumen Ferienhäuser, Campingplätze und Badestrände das Ufer. Früher war die Kleinstadt eine Hochburg der Braunkohle und der See eine gewaltige Grube. Am 30. Juni 1993 fuhr der letzte Kohlezug aus dem Tagebau. Damit endete die Zeit der Förderung. Zurück blieben tiefe Krater, riesige Abraumhalden, marode Brikettfabriken und viele arbeitslose Bergleute.

Die Sanierung der Grube sollte viele Jahre in Anspruch nehmen. Das Ergebnis war ungewiss, wie so vieles in diesen Jahren in Braunsbedra. Mitte der 1990er-Jahre begann der Rückbau des dortigen Mineralölwerks. Schornsteine wurden gesprengt, Produktionshallen eingerissen. Der Betreiber siedelte in den Chemiepark Leuna über und hinterließ im Ortsteil Krumpa eine Industriebrache. Dieser Flecken Erde fand schon bald eine neue Bestimmung.

Es war im Frühjahr 1999, als sich auf dem Gelände eine Entsorgungsfirma niederließ. Nach zwei Großbränden innerhalb kurzer Zeit verschwand sie noch im selben Jahr, in dem sie gekommen war. Der nächste Tiefschlag für die ohnehin schon gebeutelte Stadt.

Braunsbedra musste die Kosten für den Feuerwehreinsatz und die Entsorgung der Brandreste tragen. »Die finanziellen Folgen dieser Schadensereignisse trafen uns unverschuldet und haben den Handlungsspielraum unserer Gemeinde jahrelang stark eingeengt«, klagte der Bürgermeister noch sieben Jahre nach der Katastrophe in einem Schreiben an den Landrat.

Grund für sein spätes Klagen war die Angst vor einem neuerlichen Brand. Ein zweites Unternehmen, das sich mittlerweile auf dem Grundstück ausgebreitet hatte, eine Entsorgungsfirma aus Baden-Württemberg, schien Müll zu horten. Der Bürgermeister witterte erneut Feuergefahr.

Die Firma, die seit 2001 in Braunsbedra ausgediente Autoreifen zerkleinerte, durfte seit Kurzem auch andere Abfälle annehmen, verarbeiten und als Brennstoff für Kraft- und Zementwerke vermarkten. Zum Beispiel Altpapier aus der Blauen und Verpackungsmüll aus der Gelben Tonne. Aber auch Überreste aus der Landwirtschaft, der Holz- und Textilindustrie. Dafür investierte das Unternehmen in seine Betriebsstätte, errichtete Lagerhallen und Sortiertechnik. Das Land Sachsen-Anhalt steuerte 1,5 Millionen Euro aus einem Fördertopf bei. Bis zu 240.000 Tonnen Müll wanderten jährlich durch die Anlage. Das Unternehmen musste seinen Schredder aufrüsten. Der Antrag für einen sogenannten Nachzerkleinerer lag bereits auf einem Schreibtisch in der zuständigen Kreisverwaltung in Merseburg. Es sah alles gut aus – für das Unternehmen, für Braunsbedra und seinen alten Industriestandort.

Im April 2006 stapelte sich aber der Plastikmüll auf dem Betriebsgelände. »Ein grober Verstoß«, wie der alarmierte Bürgermeister fand, der gleichzeitig Wehrleiter bei der Freiwilligen Ortsfeuerwehr war. Ihm spukten offenbar noch die Bilder von den beiden Großbränden sieben Jahre zuvor durch den Kopf. »Gleicher Ort, gleiches Material, gleiches Vorgehen des Betreibers«, zog er Parallelen und sah das nächste Unglück heraufziehen.

Die Betriebserlaubnis schrieb vor, dass der Müll in Gebäuden lagern musste. Tatsächlich türmte er sich unter freiem Himmel auf. Bis zu 2,50 Meter hoch. Insgesamt 1950 Ballen, wie eine Zählung später ergab. »Ich konnte bisher keinerlei Aktivitäten einer Kontroll- oder Aufsichtsbehörde erkennen«, beschwerte sich der Bürgermeister beim Landrat und forderte: »Eine Firma, die sich bereits während des Genehmigungsverfahrens zur Betriebserweiterung über Vorschriften hinwegsetzt, sollte das besondere Interesse dieser Behörden wecken.«

1999 hatten sich Kontroll- und Aufsichtsbehörden offenbar nicht gerade mit Ruhm bekleckert. Der Bürgermeister gab ihnen jedenfalls eine Mitschuld an den Bränden, hielt ihnen auch jetzt noch »mangelnde Kontrolltätigkeit« und »lasche Reaktionen auf Verstöße« vor. Sein Brandbrief zeigte Wirkung. Die Behörden wurden aktiv, die Abfälle verschwanden. Wohin, danach fragte niemand. In einen Müllofen zur thermischen Verwertung – davon war bei einem Hersteller von Ersatzbrennstoffen auszugehen.

Chef dieser Entsorgungsfirma war der Schwabe Jürgen M. Er war Gründer, Inhaber und Geschäftsführer zugleich. Der Hauptsitz seines Unternehmens befand sich nach wie vor in Süddeutschland. Unter der angegebenen Adresse war ein nobles Einfamilienhaus zu finden. Die Betriebsstätte aber lag in Braunsbedra. Sie war offiziell eine Niederlassung. Doch für M. war sie weit mehr als das. Mit ihm blühte der Industriestandort wieder auf. Jürgen M. reaktivierte alte Schienen, die zu seiner Betriebsstätte führten, und errichtete eine große Verladerampe. »44 Kilometer Gleise sind wieder in Schuss«, meldete am 20. April 2007 die Lokalzeitung. »Ein Zug mit 36 Waggons ersetzt etwa 50 Lkw«, rechnete M. in der Meldung vor. Der Mann dachte in größeren Dimensionen. Die Genehmigung für die nächste Abfallanlage und damit für weitere 110.000 Tonnen Jahresdurchsatz ließ auch nicht mehr lange auf sich warten. Zusätzliche Fördermittel in Höhe von 1,1 Millionen Euro hatte Jürgen M. schon so gut wie in der Tasche.

Während in Brandenburg Umweltbehörden und Ermittler die ersten dunklen Löcher der bundesweiten Abfallverschiebung ins Visier nahmen, baute Jürgen M. das Geschäft mit seinem Unternehmen weiter aus. Es zählte rund 80 Mitarbeiter und suchte, wie er der Lokalzeitung erzählte, sogar noch mehr:»Auch über 50-Jährige kommen in Frage. Wir wissen deren Erfahrungen zu schätzen und wünschen uns, dass sie arbeiten wollen und nicht müssen.« Jürgen M. war damals selbst schon 59. Der gelernte Industriekaufmann war in der Lebensmittelbranche tätig gewesen, ehe er ins Müllgeschäft wechselte und seine Firma zu einem Vorzeigeunternehmen entwickelte: Sie war Entsorgungsfachbetrieb, geprüft und zertifiziert vom TÜV Rheinland. Die Firma trug das Siegel der»Umweltallianz Sachsen-Anhalt«, was ihr nicht nur ein ökologischeres Image, sondern auch einen Förderbonus einbrachte. Die Krönung 2008: Als ihre grüne Fassade bereits deutliche Risse aufwies, wurde die GmbH zu einem der»100 innovativsten deutschen Unternehmen im Mittelstand« gekürt und der Schwabe Jürgen M. konnte in der Broschüre der Initiatoren werben:»Dank modernster Separiertechnik haben wir am Standort Braunsbedra die Möglichkeit geschaffen, aus verschiedenen Materialien Wertstoffe zurückzugewinnen, um diese in den Stoffkreislauf zurückzuführen. Außerdem produzieren wir einen qualitativ hochwertigen Brennstoff, der wiederum überwiegend in Zementwerken als Ersatz für fossile Energieträger dient.«

Die Firma in Braunsbedra schien die gewachsenen Anforderungen, die seit dem 1. Juni 2005 an Unternehmen aus der Abfallwirtschaft gestellt wurden, vorbildlich umzusetzen. Zumindest war es Jürgen M. gelungen, die Welt in diesen Glauben zu versetzen. Noch heute, auf der Internetseite seiner neuen Firma heißt es in der Unternehmensgeschichte:»Mit einer der modernsten Produktionsanlagen in Europa waren wir Produzent von Ersatzbrennstoffen (EBS) für Zementwerke und Stahlwerke.«

Nach allem, was vorliegende Dokumente – und das sind nicht wenige – hergeben, ist allerdings stark zu bezweifeln, dass sein originäres Geschäftsinteresse tatsächlich der Umwandlung von Müll zu Brennstoff galt. Ein Kraftwerk, das mit ihm einen Vertrag über 25.000 Tonnen abgeschlossen hatte, wartete vergeblich auf die Lieferung. Ein anderes Kraftwerk nahm sein Material nicht mehr an, weil es zu stark mit Schadstoffen belastet war. Rückblickend betrachtet sieht es eher so aus, als habe Jürgen M. von Beginn an ein ganz anderes Ziel verfolgt. So machte er schon 2005, kurz nach Inkrafttreten der neuen gesetzlichen Regeln, Geschäfte mit Ex-Polizist Roland V., dem Müllbaron von Potsdam-Mittelmark. Das ist gerichtsfest belegt (Kapitel 3).

Für V. war Jürgen M. der wichtigste Geschäftspartner, sein größter Lieferant. Mit dessen Dreck befüllte er die alten Deponien in Brandenburg, die er eigentlich sanieren sollte – und sich die Taschen. Umgekehrt war Roland V. für Jürgen M. nur einer von vielen. Der schwäbische Müllschieber pflegte eine Vielzahl von Geschäftsbeziehungen, weit über Sachsen-Anhalt und Brandenburg hinaus. Sein Netzwerk erstreckte sich über die gesamte Bundesrepublik. So lassen sich in den amtlichen Unterlagen die Namen und Adressen von Entsorgungsfirmen finden, die ihren Müll dem Unternehmen in Braunsbedra überlassen haben sollen. Ansässig waren sie in Sachsen-Anhalt, Brandenburg, Sachsen, Thüringen, Berlin, Niedersachsen, Nordrhein-Westfalen, Rheinland-Pfalz, Bayern und Baden-Württemberg. Insgesamt mehr als 50 Unternehmen. Die Braunsbedraer Firma wiederum verteilte den Müll auf die dunklen Löcher von Roland V. in Potsdam-Mittelmark. Sie war eine Drehscheibe der bundesweiten Abfallverschiebung. Auch die Tongrube Vehlitz im Jerichower Land und die ehemalige Hausmülldeponie Freyburg-Zeuchfeld gehörten zu den Empfängern. Bis zur Insel Usedom in Mecklenburg-Vorpommern gelangte der Dreck. Auch nach Polen und Italien knüpfte Jürgen M. Verbindungen.

EBS-Kraftwerke verschlingen heute so viel Müll wie nie zuvor. Jürgen M., mittlerweile über 70, hat sich nach eigenen Angaben aber aus diesem Geschäft zurückgezogen. Heute befasst er sich nun zwar fast ausschließlich mit der Vermarktung von Holzwerkstoffen, biogenen Brennstoffen und Kohle, wie es auf der Firmenseite heißt. Doch dem Abfallgeschäft ganz abgeschworen hat er offenbar nicht. Denn da steht auch: »Gerne übernehmen wir für Sie die Abfallentsorgung (europaweit)! Wir sammeln und entsorgen Altreifen fachgerecht und zu günstigen Konditionen.« Mit alten Reifen hatte es auch in Braunsbedra angefangen.

KAPITEL 8

UNGEKLÄRTER DRECK

Die Protagonisten der Abfallverschiebung, die Müllbarone und Kiesfürsten, zweigten im Wesentlichen zwei große Abfallströme aus dem legalen Entsorgungssystem ab. Der eine Strom speiste sich aus den bunten Tonnen vor unseren Wohnhäusern und aus denen vor Geschäften, Büros, Restaurants, Arztpraxen und Handwerksbetrieben in unseren Städten und Gemeinden. Das eine war Hausmüll, das andere Gewerbeabfall, von der stofflichen Zusammensetzung her Hausmüll ganz ähnlich. Zusammen bilden sie sogenannten Siedlungsmüll.

Der zweite große Posten stammte von den Baustellen der Republik. Mitunter wilde Abfallgemische aus Schutt, Plastik, Holz und anderen Stoffen. Sogenannte Bau- und Abbruchabfälle, die mitnichten nur aus Beton und Steinen bestehen. In den Senken der Schattenwirtschaft verschwanden auch gefährliche Abfälle, darunter Farben und Lacke, Maschinenöl, kontaminierte Böden, belastetes Baggergut, asbesthaltiges Dämmmaterial und industrielle Abwasserschlämme.

In den dunklen Löchern von Roland V. etwa endeten ganze Gelbe Säcke voll mit Verpackungsmüll. Von den Deutschen vorher akkurat sortiert. Von dem Müllbaron zusammengeworfen und verklappt mit noch mehr Hausmüll, mit Spargelfolien und Fischernetzen, Schlämmen aus Klärwerken, Gemischen von Baustellen, Dämmstoffen und Teerpappe, geschredderten Überresten aus der Verschrottung von Autos wie Armaturen, Ablagen, Sitzen und Karosserieteilen. Außerdem medizinischer Müll wie Handschuhe aus Gummi und benutzte Spritzen. Alles Abfälle, die abhängig von ihrem Zustand und von ihrem Schadstoffgehalt entweder ins Recycling, in eine Kompostieranlage, am ehesten aber in einen Verbrennungsofen oder auf eine Deponie für Sondermüll gehört hätten. Nicht aber auf eine Altdeponie oder in eine Kiesgrube.

Auch in der Kiesgrube von Bernd C. waren Ermittler bei ihrer Durchsuchung im Juli 2007 auf diese spezielle Melange aus Abfällen gestoßen: Konsumreste aus Privathaushalten, gebrauchte Artikel aus Pflegeeinrichtungen, der Unrat von Baustellen und Gewerbetreibenden. Die Staatsanwaltschaft Potsdam ließ zur Beweissicherung in der Grube nach vergrabenen Materialien und Gegenständen schürfen. Was sie fand, listete sie detailliert in ihrer Anklageschrift gegen C. auf: Teppich- und Fußbodenbeläge, Linoleum, Dämmwolle, Schaumstoff, Styropor, Polystyrol, Glasfasern, Teerpappe, Holz und Sperrholz, Spanplatten, Plastikeimer, Arbeitshandschuhe, Telefonsteckdosen, Schleifscheiben, Schraubenzieher, Gipsplatten. Ein Teil der Liste liest sich fast wie das Inventar eines Baumarkts. Nur dass die Produkte ausgedient hatten und nicht mehr in Regalen zum Verkauf standen, sondern in einer Kiesgrube bis heute vor sich hin rotten – zusammen mit: Kunststofffolien, weißen Mülltüten, blauen Mülltüten, Stoff- und Bekleidungsresten, Blechdosen, Plastikbechern, Lebensmittelverpackungen, Lebensmittelresten, Putzlappen, Klarsichthüllen, CDs und Disketten, Spraydosen, Büchern, Zeitungen, Pappverpackungen, Latexhandschuhen, Verbandmaterial, Lockenwicklern, Medikamenten, Einwegspritzen mit Kanülen, Feuerzeugen und Druckerpatronen. In der nahe gelegenen Kiesgrube Markendorf wurde auch Elektroschrott gefunden.

Als Kriminalbeamte ein Jahr später, im Juli 2008, in Altbensdorf mit einem Bagger vorfuhren, war über den ganzen Dreck von Roland V. schon Gras gewachsen. Sie rissen die grüne Decke wieder auf, legten Schürfe an, bis zu sieben Meter tief. Als suchten sie nach Gold. Wie Archäologen gingen sie vor. Sie forschten nach Hinweisen, die etwas über das Alter und die Herkunft ihrer Funde verrieten. Das konnte das Mindesthaltbarkeitsdatum auf einer Käseverpackung sein, das Erscheinungsdatum auf einer Zeitung oder der Poststempel auf einem Briefumschlag. Aus diesen, scheinbar unbedeutenden Informationen konnten die Kriminalisten Rückschlüsse auf das Verklappungsgeschäft ziehen, beispielsweise den Zeitraum bestimmen, in dem entsorgt wurde.

Sie fahndeten auch nach den Ursprungsorten des Mülls. Das Ergebnis ist ihrem Einsatzbericht vom 12. Dezember 2008 zu entnehmen: »In dem Abfall wurden Schriftstücke aus den Regionen Berlin, Heilbronn, Hamburg, Rhein-Main-Gebiet, 69465 Weinheim, 36199 Rotenburg, 90247 Nürnberg und München festgestellt.« Städte und Regionen, die zum Teil Hunderte Kilometer von Altbensdorf entfernt liegen.

Dass vor allem von West nach Ost, von den älteren in die neueren Bundesländer die Ströme flossen, belegten auch die Müllfunde in der Grube von Bernd C. Stück für Stück wurden sie von Ermittlern abfotografiert und die Bilder Jahre später dem Landgericht in Potsdam, das sich erst seit Dezember 2016 mit diesem Fall befasst, als Beweise präsentiert. Gleich mehrere Fundstücke deuteten auf die westfälische Stadt Münster als einen der Herkunftsorte hin. Darunter Briefe, adressiert an eine Arztpraxis in der Altstadt, medizinische Fachzeitschriften, auf denen noch Name und Adresse der Abonnenten zu erkennen waren, sowie ein Studentenausweis von der Universität Münster. Auch Spuren, die auf eine Klinik in Hessen und auf das 700 Kilometer entfernte Saarlouis hinwiesen, entdeckten die Ermittler in dem Kiessandtagebau im südlichen Brandenburg.

Das größte aller dunklen Ziele der bundesweiten Abfallverschiebung war die Tongrube Vehlitz im Landkreis Jerichower Land in Sachsen-Anhalt, betrieben von der P. Steinwerk GmbH. Die juristische Aufarbeitung dieses Komplexes dauert ebenfalls noch an. Die rund eine Million Tonnen Müll, die allein in diese Grube geströmt sind, stammten staatsanwaltschaftlichen Ermittlungen zufolge vor allem aus Nordrhein-Westfalen, Bayern und Baden-Württemberg. Zumindest in Baden-Württemberg merkte man, dass der Müll verschwand. Nur wie und vor allem wohin? Bereits im Frühjahr 2007 hatten manche in der Branche mit dem Finger nach Ostdeutschland gezeigt. Das Stuttgarter Umweltministerium wollte es ein Jahr später genau wissen und wies 2008 die »Überprüfung von Sortier-, Aufbereitungsanlagen und Containerdiensten mit Zwischenlager oder Umschlaganlagen« an. Das heißt, Regierungspräsidien und untere Verwaltungsbehörden sollten die Wege, die der Müll zwischen Januar 2007 und Mai 2008 zurückgelegt hatte, nachverfolgen. 282 Betriebe wurden überprüft.

Das Ergebnis war auf den ersten Blick beruhigend: »Bei 280 Betrieben ergaben sich keine Anhaltspunkte, dass Abfälle aus Baden-Württemberg in Abgrabungen in den neuen Bundesländern illegal entsorgt worden sind«, teilte ein Ministeriumssprecher auf späte Nachfrage am 23. März 2017 mit.

Allerdings, so schränkte er die Aussagekraft des Ergebnisses gleich selbst ein, seien die Auskünfte der Überwachungsbehörden im Osten auf die aktuelle Situation beschränkt gewesen. Was in den Monaten davor gelaufen war, dazu seien keine Angaben gemacht worden. »Auch verlor sich die Spur der Abfälle häufig«, so der Sprecher weiter. Das klang schon wesentlich beunruhigender.

Genaueres verrät wieder der Blick in die Akten, die das Landesverwaltungsamt in Halle verwahrt: Allein zu den Lieferanten von Jürgen M. in Braunsbedra zählten demnach mindestens fünf verschiedene Unternehmen aus Baden-Württemberg. Sie hatten ihren

Sitz in Obersulm (Landkreis Heilbronn), in Albstadt (Zollernalbkreis), in Rickenbach (Landkreis Waldshut) und in Hockenheim (Rhein-Neckar-Kreis). Auch eine Firma aus der Gemeinde Mönsheim (Enzkreis) wurde in den Unterlagen erwähnt. Unklar ist, ob diese Informationen den Behörden 2008 bereits vorlagen oder erst später in den Aktenbestand gelangt sind. Wer die Spur des Mülls zurückverfolgen will, der muss einen enormen Aufwand betreiben. Dabei ist der Erfolg keineswegs gewiss. Die Wege des Mülls sind so verschlungen, dass sich die konkreten Verursacher und die Auftraggeber der Entsorgung oft nicht mehr eindeutig ausmachen, sondern allenfalls die Herkunftsregionen bestimmen lassen. Zu beweisen, wer den Müll an welcher Stelle aus dem legalen Entsorgungssystem schleuste und wo er am Ende landete, ist für Strafverfolgungsbehörden ein schwieriges Unterfangen. Zumal sie meistens erst aktiv werden, wenn der Dreck längst verscharrt wurde. So ist bis heute der Verbleib von rund 100.000 Tonnen Hausmüll, die aus Italien nach Deutschland importiert wurden, ungeklärt. Auch zwei Untersuchungsausschüsse in den Landesparlamenten von Sachsen und von Sachsen-Anhalt konnten dieses Mysterium nicht vollends aufklären.

FAULER ZAUBER

An einem Herbsttag im Jahr 2005 war es bei Jürgen M. in Braunsbedra zu einem Treffen mit Roland V. gekommen. M. hatte jede Menge Müll, V. die alten Müllkippen in Potsdam-Mittelmark. Die beiden Männer besprachen die Details ihrer Zusammenarbeit. Von da an nahm ihr Geschäft Fahrt auf. Dem Gerichtsurteil gegen V. zufolge ging es damals darum, die Abfalltransporte zu organisieren und die Entsorgungspraktiken zu verschleiern. Mit Abkippen und Verscharren allein war es schließlich nicht getan.

Jürgen M. musste gegenüber den Behörden den Verbleib seiner Abfälle dokumentieren. Bei Roland V. war es ähnlich. Er hatte nachzuweisen, dass es sich bei dem Müll, den er annahm, um die erlaubten Stoffe handelte. Die Nachweisführung erfolgte auf dem Papier. Jürgen M. und Roland V. mussten also dafür sorgen, dass die Papiere keine Ungereimtheiten aufwiesen. Deshalb erhielten die LKW-Fahrer in Braunsbedra, wo sie den Abfall aufnahmen, stets zwei verschiedene Varianten von Wiege- und Übernahmescheinen, die zwar dieselbe Tonnage, jedoch andere Materialien auswiesen. Eine Ausfertigung war für die Buchhaltung in Braunsbedra bestimmt und zur Vorlage bei Verkehrskontrollen. Sie wies den tatsächlich geladenen Müll aus. Die andere bekam Roland V. und diente als Nachweis für die Behörden im Landkreis Potsdam-Mittelmark. Laut diesen Papieren übernahm Roland V. ausschließlich Materialien, die für die Sanierung der alten Müllkippen genehmigt waren. Sie waren zumeist als Mineralien, Sand und Steine deklariert, Abfallschlüssel »191209«. Ein Zauberschlüssel.

Ab Mitte 2005 wurden durch Deutschland Unmengen an Müll befördert, die mit dieser Nummer deklariert waren: »191209 – Mineralien (Sand und Steine)«. Seit Hausmüll nicht mehr direkt auf Deponien abgelagert werden durfte, verwandelten sich Millionen Tonnen von Dreck in mineralische Abfälle. Die Wahl fiel nicht zufällig auf »191209«. Solche Abfälle konnten tatsächlich in Aufbereitungsanlagen wie denen der R. Abfallentsorgung GmbH im Münsterland oder der Firmen von Jürgen M., Jan F. und Bernd C. anfallen. Sie waren Bestandteil der Genehmigungen. Auffällig aber waren die großen Mengen.

Die ersten zwei Ziffern des Schlüssels weisen darauf hin, um welchen Abfall es sich handelt. »20« steht für unbehandelten Siedlungsmüll, Müll wie er frisch aus unseren Tonnen kommt. »19« steht für behandelten Abfall, gleich welcher Art. Entscheidend ist, dass dieser Müll schon einmal durch eine Anlage geströmt ist. Die Auslieferung erregte daher keinen Verdacht. Um einer Papierkontrolle standzuhalten – mehr machten die meisten Behörden nicht –, war allerdings entscheidend, dass auch der Empfänger diesen Abfallschlüssel in seiner Betriebsgenehmigung vorweisen konnte. Das war bei Roland V. der Fall. Auf dem Papier hatte demnach alles seine Richtigkeit. Darauf kam es den deutschen Behörden an. In den Amtsstuben konnte und wollte niemand glauben, dass es in der Praxis, auf den Lastwagen und in den Gruben der Republik ganz anders aussah, wie ein aufsehenerregender Skandal belegt, der aktuell die Gerichte beschäftigt.

In der Tongrube der Nottenkämper OHG bei Schermbeck, Nordrhein-Westfalen, etwa. Dort wurden sogar gefährliche Raffinerie-

Rückstände »hineingezaubert«. Ruß, der vermischt mit Öl zu schwarzen Kügelchen und Klumpen, sogenannten Ölpellets, gepresst wurde. Insgesamt fast 30.000 Tonnen, verschoben innerhalb von NRW. An diesem Beispiel lässt sich gut nachvollziehen, wie solch eine Verwandlung von Müll vor sich ging, auch wenn der Fall mit dem Deponieverbot von 2005 und der bundesweiten Verschiebung von Haus- und Gewerbemüll wenig zu tun hat.

Dreck, noch dazu sehr gefährlicher Dreck, wurde wie von Zauberhand in harmloses, mineralisches Material verwandelt. Bevor die ölhaltigen Raffinerie-Abfälle als »Mineralien« verscharrt wurden, durchliefen sie mehrere Entsorgungsanlagen, wurden zwischengelagert, zerkleinert, vermischt und mehrmals umdeklariert. Das Besondere an diesem Verklappungsgeschäft war: Das Zauberkunststück begann schon dort, wo die Abfälle entstanden – in einem allseits angesehenen Industriebetrieb.

Die Raffinerie Scholven in Gelsenkirchen ist ein großer Arbeitgeber im Ruhrgebiet. Der Betreiber, die Ruhr Oel GmbH, eine Tochterfirma des britischen Mineralölkonzerns British Petroleum (BP), beschäftigt rund 1800 Mitarbeiter. Die Raffinerie erzeugt Benzin, Diesel, Heizöl und andere petrochemische Produkte – und als lästigen Nebeneffekt dieser Produktion täglich 80 bis 90 Tonnen von gefährlichen Ölpellets. Die stinken nach Tankstelle, sind selbstentzündlich und stark mit krebserregenden Schwermetallen wie Nickel und Vanadium belastet.

Für diesen Industriemüll gab es im Wesentlichen zwei Entsorgungswege. Der eine führte ihn als Brennstoff ins benachbarte Steinkohlekraftwerk. Der andere zur Sondermüllverbrennung. Doch der Abfall wurde zunehmend zum Problemfall. Das zeichnete sich schon zur Jahrtausendwende ab, als das benachbarte Kohlekraftwerk immer weniger abnahm. Immer mehr musste in die Sondermüllverbrennung. Und die war teuer: 500 Euro pro Tonne. Die Entsorgungskosten drohten die Einnahmen aus dem Ölgeschäft allmählich aufzuzehren.

Dann hätte die Raffinerie Verluste gemacht und wäre wahrscheinlich geschlossen worden. Doch dazu sollte es nicht kommen.

Die BP-Tochter Ruhr Oel setzte ungefähr im Jahr 2005 eine »Task Force« ein. Leitende Mitarbeiter aus allen Abteilungen des Unternehmens gehörten ihr an. Sie hatten den Auftrag, eine Lösung für diesen ganz speziellen Entsorgungsnotstand zu finden. Was sie fanden, war ein anderer Name für den Dreck: Industrieruß. Abfallschlüssel »061303«. Eine Nummer ohne Sternchen, mit dem gefährliche Abfälle gekennzeichnet werden. Das war so einfach wie hinterlistig, funktionierte aber nur, weil die zuständige Behörde wieder einmal mitspielte und den Raffinerie-Betreiber bedenkenlos unterstützte. Der Müll war immer noch der Gleiche, hieß jetzt aber anders. Faktisch war er auch immer noch gefährlich, offiziell aber harmlos. Auf den Datenblättern über den »neuen« Abfall, die die BP der Bezirksregierung Münster zum Abnicken vorlegte, fehlten die Gefahrenzeichen. Ohne die ölhaltigen Rückstände eigenen Proben zu unterziehen, gab die Behörde ihren Segen. Damit war die erste Phase der Verwandlung abgeschlossen.

Den Rest erledigten Abfallmakler und Anlagenbetreiber. Die Tongrube war das letzte Glied in dieser Kette. An keiner Stelle will jemandem der Etikettenschwindel aufgefallen sein. Nicht dem Makler Günter B.-V.*, der mit seiner Firma die klebrigen Kügelchen und Klumpen vermarktete. Nicht bei dem Recyclingunternehmen, wo die schwarze Masse mit Sand und einem anderen, ebenfalls schwierig zu entsorgenden Material, Kronocarb, ein Abfallprodukt der Titandioxid-Herstellung, vermischt wurde. Auch von Tim E.*, der von April 2010 bis Oktober 2013 die dreckige Mischung in die Tongrube lotste, ist nicht bekannt, dass ihm etwas aufgefallen sei.

Tim E. war freier Makler, Prokurist beim Grubenbetreiber Nottenkämper und einige Zeit auf der Flucht – bis ihn das Bundeskriminalamt im Februar 2018 in Namibia aufspürte und in Handschellen zurück nach Deutschland flog. Seitdem verbrachte er seine Zeit abwechselnd in einer Zelle und in einem Gerichtssaal. Doch die Frage, wie giftige Rückstände aus einer Öl-Raffinerie dreieinhalb Jahre lang unbemerkt in eine Tongrube gelangen konnten und wer dafür verantwortlich ist, blieb ungeklärt.

Zurück zur bundesweiten Abfallverschiebung. In der brandenburgischen Kiesgrube von Bernd C. stand der Zauberschlüssel »191209« ebenfalls im Annahmekatalog. Der Betriebsplan sah als Füllmaterial noch andere Abfälle vor, darunter Ziegel, Beton, Boden und Steine von Baustellen. Alles mineralisch. Alles harmlos. Was die Ermittler bei ihrer Razzia im September 2007 aber ans Tageslicht beförderten, ordneten Gutachter ganz anderen Nummern zu: »150102 – Verpackungen aus Kunststoff«, »200301 – gemischte Siedlungsabfälle«, »200111 – Textilien«, »200101 – Papier und Pappe«. Auch gefährliche Abfälle, die mit dem Sternchen: »170410* – Kabel, die Öl, Kohlenteer oder andere gefährliche Stoffe enthalten«, »170601* – Dämmmaterial, das Asbest enthält«, »170901* – Bau- und Abbruchabfälle, die Quecksilber enthalten«. Insgesamt identifizierten sie mehr als 40 verschiedene Abfallarten. Ein Teil davon war in der Sortieranlage, die Tagebaubesitzer Bernd C. nur zwei Dörfer weiter betrieb, zugelassen. Aber eben nicht in der Grube.

Zu dieser Zeit begannen sich Polizei und Staatsanwaltschaft auch für die Schlüsselnummern im Abfallkatalog des Unternehmens von Jürgen M. zu interessieren. Nachdem der Schwabe die ersten anderthalb bis zwei Jahre weitgehend unbehelligt seinen Geschäften hatte nachgehen können, stieß im März 2007 ein Kontrolleur in der Tongrube Vehlitz auf verwandelten Müll des Unternehmens aus Braunsbedra. Es war mutmaßlich das erste Mal, dass eine Lieferung von Jürgen M. auffiel. In der Kreisverwaltung in Burg, der Behörde des Kontrolleurs, waren jedoch Kräfte am Werk, die, wie sich später herausstellen sollte, eine weitere Verfolgung verhinderten. Die für

Braunsbedra zuständige Behörde in Merseburg erfuhr daher von der Entdeckung nichts. Die Sache blieb für Jürgen M. folgenlos. Die Luft wurde dünner, als drei Monate später ein Kipper des Braunsbedraer Unternehmens auf der Bundesautobahn 44 in Hessen in eine Transportkontrolle geriet. Die hessische Polizei und Abfallexperten des Regierungspräsidiums Kassel hatten ihn angehalten. Laut Wiegeschein transportierte das Fahrzeug »191209«. Exakt 26,92 Tonnen. Die ausgewiesene Abfallart entsprach jedoch nicht der tatsächlichen Fracht. Das geht aus dem Transportkontrollbericht hervor, den die hessische Behörde der Kreisverwaltung Merseburg als Fax übersandte. Darin handschriftlich vermerkt: »Der Abfall stinkt sehr und besteht nur aus organischen Stoffen (Fasern, Haare, Knochen, Folienschnipsel).« Den Wiegeschein faxte Kassel mit. Ausgestellt von einer namhaften Entsorgungsfirma. Von ihr stammte demnach der Dreck. Absender war eine Anlage zur Aufbereitung von Gewerbemüll in Erftstadt bei Köln. Die Verwandlung hatte hier also schon in Nordrhein-Westfalen angefangen, nicht erst in Sachsen-Anhalt oder Brandenburg.

Das Fax aus Kassel machte die zuständige Mitarbeiterin in der Kreisverwaltung in Merseburg hellhörig. Steffi K. verfolgte fortan sehr genau die Aktivitäten des Unternehmens in Braunsbedra. Es war August 2007, als die damals 42-Jährige den Dreck persönlich in Augenschein nahm: Anlagenkontrolle in Braunsbedra. Seit 1991 ist Steffi K. in der Abfallbehörde des Kreises tätig, doch so einen »mineralischen Abfall« hatte die erfahrene Kontrolleurin noch nie zuvor gesehen. Viel Kunststoff, jede Menge Organik. Hier war etwas faul. Das war ihr gleich klar. Was genau, allerdings noch nicht.

Zunächst wunderte sie sich über die »191209« bei der Firma. »Uns fiel bei unserer Anlagenüberwachung auf, dass diese Abfallschlüsselnummer, die 191209, die eigentlich per Gesetz klar definiert ist – Steine und Erde, die im Regelfall bei Baustellen und Sortieranlagen anfallen, die eigentlich einen reinen Betonbruch annehmen und schreddern und die Bewehrung herausnehmen; das ist die klassische 191209 –, plötzlich ganz anders aussah.« Das und noch viel mehr berichtete sie vor dem parlamentarischen Untersuchungsausschuss, den der Landtag Sachsen-Anhalt 2009 einsetzte. Jedes ihrer Worte wurde protokolliert.

Wie ein Abfall deklariert wird, entscheidet sich nicht nach seinem Aussehen. Der optische Eindruck genauso wie sein Geruch liefern lediglich subjektive Hinweise. Die dienen der ersten Kontrolle, als Belege taugen sie nicht. Mit welcher Nummer Müll geschlüsselt und wie er entsorgt werden muss, hängt von objektiv messbaren, von naturwissenschaftlichen Parametern ab. Dem Material von Jürgen M. konnte Steffi K. zwar schon ansehen, dass es sich nicht um mineralischen Abfall handelte. Um den falschen Zauber zu entlarven, musste sie aber Proben nehmen.

Proben und Analysen sind Teil des täglichen Geschäfts. Die müssen Abfallerzeuger und Entsorger selbst veranlassen. Für diese sogenannten Deklarationsanalysen beauftragen sie in der Regel externe Fachlabore. Die Laborergebnisse legen sie Geschäftspartnern, etwa vor Abschluss eines Liefervertrags, und Behörden vor. Ergebnisse zu fälschen, Proben zu manipulieren und Abfälle falsch zu deklarieren, das gehört zum illegalen Geschäft.

Es war nicht nur der Abfallschlüssel und die Beschaffenheit des Mülls, die Steffi K.s Misstrauen weckten. Auch die Abfallbilanz des Unternehmens trug dazu bei. Bei Abgleich der Ein- und Ausgänge fiel der Kontrolleurin ein »unverhältnismäßiger und plötzlicher Anstieg im Output für die 191209« auf, wie sie dem Untersuchungsausschuss erzählte. Steffi K. hatte bemerkt, dass die Firma nicht mehr das war, was sie vorgab zu sein. Die Firma aus Braunsbedra sollte aus Müll Ersatzbrennstoff (EBS) herstellen, lieferte laut ihrer eigenen Bilanz aber jede Menge mineralische Abfälle aus. Aus dem EBS-Hersteller war ein Erdproduzent geworden, wie K. anmerkte. Dass das aber keine Erde war, was Braunsbedra verließ, belegten wiederum die Analysen ihrer Proben. Diese zeigten, dass das Material einen sehr hohen organischen Anteil aufwies. »Da war für mich dringender Handlungsbedarf gegeben, die Outputwege zu überprüfen«, so Steffi K., die im Sommer 2007 Schlimmstes befürchtete.

Die Kontrolleurin wollte wissen, wohin der Dreck ging. Ihre Überprüfung ergab: Hauptabnehmer der falsch deklarierten Abfälle waren zu dieser Zeit die Tongrube Vehlitz im Jerichower Land und die Deponie Zeuchfeld bei Freyburg. Beides große dunkle Löcher, wie sich noch herausstellen sollte. Beide in Sachsen-Anhalt und nicht weit weg von Jürgen M.s Betrieb in Braunsbedra.

Dort war man entweder leichtsinnig geworden und legte, anders als bei den Geschäften mit Roland V., keinen allzu großen Wert mehr auf eine unauffällige Papierlage. Oder aber es wurde so viel Müll durch die Anlage geschleust, dass sich die Schiebereien vor kritischen Blicken nicht mehr verheimlichen ließen. Fast zwei Jahre lang war es Jürgen M. gelungen, eine ordnungsgemäße Verwertung und Entsorgung vorzugaukeln. Nun war ihm jemand auf die Schliche gekommen.

Steffi K. verschärfte ihre Anlagenkontrollen. »Ich war dann in kürzester Zeit dreimal in der Anlage.« Die Kontrolleurin konnte dem Unternehmen in Braunsbedra gefährlich werden. Das wusste offenbar auch Jürgen M. Bereits nach dem zweiten Besuch wehrte er sich mit einer Dienstaufsichtsbeschwerde. Es sollte nicht die letzte sein. »Als Behörde ist mein größtes Problem eigentlich, dass der Anlagenbetreiber dem Landkreis oder mir ständig mehr oder weniger droht, er müsste Arbeitskräfte entlassen, er müsste die Anlage schließen, wenn ich ihn so kontrolliere«, so Steffi K., die mit ihren Anstrengungen schnell auch an Grenzen stieß. »Es ist nicht leicht. Ich bin zum Teil Alleinkämpfer und muss erst mal überzeugen.«

Nicht überzeugen ließ sich, laut Steffi K., ein Landtagsabgeordneter. Er habe, so Steffi K., ihrem Chef einen Besuch abgestattet und sein Missfallen über die verschärften Kontrollen geäußert. Von ihrer

Behörde bekam sie aber Rückendeckung. »Es gab für mich nur zwei Möglichkeiten: Entweder mache ich die Augen zu und sage, es ist eine liebe nette Firma, oder ich bohre nach.« Viele ihrer Kolleginnen und Kollegen in anderen Behörden entschieden sich, nicht hinzusehen. Steffi K. hielt die Augen offen: »Mit jeder Prüfung folgte für mich die Gewissheit: Oh, du musst nochmal nachprüfen. – Das ist nach wie vor so. Das ist auch heute nicht viel anders. Und wenn dann immer wieder Dinge herauskommen, dann bestätigen die mich doch, dass ich hier weitermachen muss«, sagte sie am 16. Januar 2009 im Untersuchungsausschuss. Ein Dutzend Landtagsabgeordnete hörten ihr zu, bereits seit einem Jahr ermittelte die Staatsanwaltschaft. Doch das Unternehmen aus Braunsbedra setzte seine schmutzigen Deals immer noch fort. Jürgen M. glaubte sich seinen Verfolgern stets einen Schritt voraus.

KOMPLIZEN

Die Ermittlungen zum Verklappungsgeschäft von Jürgen M. führten ins Herz des Weinbaugebiets Saale-Unstrut. 50 private Weingüter, die Winzervereinigung Freyburg, das Landesweingut Kloster Pforta und die Rotkäppchen Sektkellerei sind hier zu Hause. Auf ihren Weinbergen wachsen erdige Silvaner, spritzige Rieslinge, aber auch seltenere Rebsorten wie Hölder und André. Zwei Kilometer vor der Stadt Freyburg, dem Zentrum dieser Region, erhebt sich ein ganz anderer Berg, genannt Freyburg-Zeuchfeld, die Deponie des Abfallzweckverbandes Sachsen-Anhalt Süd (SAS). Ein Müllberg im Weinparadies.

2007 war Freyburg-Zeuchfeld Hauptziel von Jürgen M.s Lastwagen. Ein in doppelter Weise naheliegendes Ziel. Die Deponie befand sich nur knapp 15 Kilometer von Braunsbedra entfernt und sie durfte »191209« annehmen. Mehrmals täglich steuerten die Wagen seines Unternehmens diesen Berg an. Wenn der Müll von M.s Unternehmen, wie Steffi K. vermutete, tatsächlich falsch deklariert war und einen hohen organischen Anteil aufwies, dann musste es dort bei den Eingangskontrollen auffallen. Deshalb fragte sie bei der für die Deponie zuständigen Überwachungsbehörde, dem Landesverwaltungsamt Sachsen-Anhalt in Halle, nach.

Freyburg-Zeuchfeld war zu DDR-Zeiten als Hausmülldeponie offiziell genehmigt worden. Entsorgt hatte man in der ehemaligen Kiesgrube auch schon vorher, damals noch wild. Ab 1988 lief die Ablagerung geordnet. Doch sie entsprach nicht den Anforderungen, die die TA Siedlungsabfall ab 1993 an Deponien in Deutschland stellte. Weder war die Basis abgedichtet, noch existierte ein System, um schädliches Sickerwasser aufzufangen. Schadstoffe sickerten einfach durch. Da alternative Entsorgungswege in der Region fehlten, durfte Freyburg-Zeuchfeld dennoch weiter Hausmüll aufnehmen. Erst mit der gesetzlich verordneten Abfallwende war im Jahr 2005 Schluss mit dieser Ausnahmegenehmigung. Alle Hausmülldeponien mussten geschlossen werden. Das galt auch für Freyburg-Zeuchfeld. Doch statt dicht- wurde zwischen den Weinbergen weitergemacht. Von nun an als Bauschuttdeponie. Hausmüll war offiziell verboten, Schutt und andere mineralische Abfälle aber nicht. Sie durften hier auch nach dem 30. Mai 2005 beseitigt werden. Allein von der Firma in Braunsbedra, die eigentlich Haus- und Gewerbemüll verarbeitete, kamen seitdem fast 3.000 LKW-Transporte. Wenn die Fracht immer so aussah, wie sie Steffi K. in der Anlage in Braunsbedra vorgefunden hatte, dann hätte der Deponiebetreiber die Lieferungen zurückweisen müssen.

Im Auftrag des Eigentümers von Freyburg-Zeuchfeld wurde die Deponie bis Ende 2005 von einem Unternehmen betrieben, das dem regionalen Baulöwen Klaus G.* gehörte. Ab 2006 übernahm ein neugegründetes Unternehmen den Betrieb, an dem der Baulöwe als Gesellschafter und Prokurist immer noch beteiligt war. Er hielt 49 Prozent der Unternehmensanteile. Die Mehrheit lag nun aber in öffentlicher Hand, über den Abfallzweckverband beim Burgenlandkreis und dem Landkreis Weißenfels.

Chef der neuen Betreibergesellschaft war derselbe Mann, der seit Juni 2005 auch die Geschäfte des Verbands führte: Ulrich K.* Dieser hatte bislang nichts über auffällige Lieferungen berichtet. Als die

Kontrollbehörde im September 2005 Folienreste und anderen Plastikmüll in einem angrenzenden Waldstück entdeckt hatte, widersprach er der Vermutung, dass es sich um Verwehungen von der Deponie handeln könnte. »Bei der durchgeführten Besichtigung des Waldes hinter dem Deponiegelände mussten wir feststellen, dass der Wald verschmutzt ist. Für die umherliegenden Abfälle in Form von Plasteverpackungen und plakatähnlichem Papier ist jedoch nicht die Deponie verantwortlich«, so Ulrich K. in einem Schreiben an das Landesverwaltungsamt. »Wir gehen davon aus, dass die v.g. Abfälle von Dritten verbotswidrig auf den einschlägigen Flächen abgelagert wurden«, lenkte er den Verdacht von der Deponie. »Seit dem 1.6.2005 werden nur noch Abfälle angenommen, die dem neuen Abfallartenkatalog entsprechen«, versicherte Ulrich K.

Auf der Deponie Schöneiche, die rund 50 Kilometer südlich der Bundeshauptstadt liegt und den beiden Ländern Berlin und Brandenburg zu gleichen Teilen gehört, schien auch alles so zu laufen wie es soll. Bis die Polizei herausfand, dass eine kriminelle Bande der Deponie ihren Dreck unterschob. Konsum- und Produktionsreste aus Holz, Schaumstoff, Plastik und Gummi. Die Deponieleitung will nichts bemerkt haben. Die Bande beherrschte die üblichen Zaubertricks. Sie hatte Müll angenommen, abkassiert, geschreddert und vermischt. Damit war die Verwandlung abgeschlossen. Zur Deponie kam der Müll als Bauschutt – und passierte die Eingangskontrolle. 250 LKW-Ladungen in elf Monaten. Zwischen Oktober 2008 und August 2009. Die beiden Frauen, die den Eingang kontrollieren sollten, hatten einfach weggesehen. Sie waren bei dem Deponiebetreiber angestellt, arbeiteten aber mit den Müllschiebern zusammen. Eine von ihnen und ein führender Kopf der Bande waren miteinander liiert. Zusammen mit den anderen Bandenmitgliedern verklappten sie mehr als 6.000 Tonnen Müll. Mit jeder Tonne sparten sie bis zu 175 Euro, die die ordnungsgemäße Entsorgung, etwa in einer Müllverbrennungsanlage, gekostet hätte.

Auch Jürgen M. hatte seine Komplizen. In Freyburg-Zeuchfeld saß der entscheidende Mann im Verantwortungsbereich der Deponie ein paar Etagen über der Eingangskontrolle. Der Komplize war – Ulrich K., der Chef selbst. Er war derjenige, der bestimmte, was zu tun und was zu lassen, was zu kontrollieren und was zu übersehen war. Jürgen M. hätte sich wohl keinen besseren Verbündeten wünschen können. Ulrich K. führte das Deponiepersonal. Er kommunizierte mit der Behörde. Er erstattete dem Verwaltungsrat und der Mitgliederversammlung des Abfallzweckverbandes Bericht. So übte Ulrich K. maximale Kontrolle aus und machte die Deponie zusammen mit Lieferanten wie Jürgen M. klammheimlich zu einem jener dunklen Orte, wo stinkende Abfallgemische als Mineralien, Steine und Erde verklappt wurden.

Aus allen Himmelsrichtungen rollten die Lastwagen an. Auf der Ladefläche »191209«. Aus dem äußersten Westen der Republik kamen die von der R. Abfallentsorgung GmbH. Wieder der Entsorger aus dem Münsterland. Für die Entsorgung von ein paar Steinen war dem Unternehmen scheinbar kein Weg zu weit und offenbar auch kein Risiko zu hoch. Der »mineralische Abfall« dieses Entsorgers war bereits mehrfach aufgefallen. Im Februar 2007 auf der Bundesautobahn 30 in Niedersachsen, als der Polizist Ralf S. einen LKW kontrollierte. Im März 2007 bei Bernd C., als Umweltkontrolleure mit ihren Füßen in der Kiesgrube scharrten. Noch im selben Monat trafen die ersten Lieferungen auf Freyburg-Zeuchfeld ein. Die illegalen Verklappungen in Brandenburg waren dem münsterländischen Unternehmen nach den jüngsten Vorkommnissen wohl zu heiß. Auf der Suche nach einem neuen Loch für ihren Dreck war die Firma im Weinbaugebiet fündig geworden.

Ein Lohn- und Fuhrunternehmen aus dem Emsland-Kreis, Niedersachsen, führte die Transporte von Nordrhein-Westfalen nach Sachsen-Anhalt durch. Beinahe jeden zweiten Tag. Zum Beispiel 25,28 Tonnen am 19. Juni, 25,60 Tonnen am 21. Juni und 26,74

Tonnen am 23. Juni 2007. Jeweils belegt durch Übernahmescheine. Die Rechnungen liefen über einen Abfallmakler aus Lutherstadt Eisleben, der den Deal zwischen der R. Abfallentsorgung GmbH und Freyburg-Zeuchfeld arrangiert hatte. Auch bei diesem Verklappungsgeschäft verdienten mehrere Akteure mit.

In der Abfallbranche war Freyburg-Zeuchfeld mittlerweile berühmt-berüchtigt. Die Deponie zog nicht nur jede Menge Dreck an. Sie lenkte auch die neidischen und kritischen Blicke der Konkurrenz auf sich. Es war nur eine Frage der Zeit, bis bei den Behörden Hinweise eingehen würden.

Im Sommer 2007 war es so weit. Bis nach Bonn, zum Bundesverband Sekundärrohstoffe und Entsorgung (BVSE), hatten sich die dunklen Löcher schon herumgesprochen. Nun erreichten sie auch das deutsche Machtzentrum in Berlin. Ihm sei berichtet worden, so BVSE-Hauptgeschäftsführer Eric Rehbock in einem Schreiben vom 12. Juli 2007 an das Bundesumweltministerium, dass heizwertreiche Abfälle kleingehäckselt, mit Sand vermischt, während des Transports umdeklariert und abgelagert würden. In diesem Zusammenhang seien ihm die Deponien Zeuchfeld, Buna, Schkopau sowie Vehlitz genannt worden. Spätestens jetzt hatte auch die Bundesregierung Kenntnis von den schmutzigen Deals. Doch unterbunden wurden sie deswegen noch lange nicht.

BVSE-Mann Rehbock hielt noch ein anderes Müllgeschäft für bemerkenswert. Es ging um Abfälle aus Italien, die, wie ein »Marktteilnehmer wissen wolle«, zur öffentlichen Entsorgungsfirma in Großpösna bei Leipzig gelangen würden. Es seien »erhebliche Mengen«, täglich etwa 2.000 Tonnen. »Hier stellt sich die Frage, sollte es sich tatsächlich um diese Größenordnung handeln, wie diese Zusatzmengen aufgearbeitet und qualitativ entsorgt werden«, schrieb Rehbock am Ende seines zweiseitigen Briefes. Noch fragte er, doch Zweifel an einer rechtmäßigen Entsorgung schwangen in seinen Worten bereits mit. Die Italien-Deals des sächsischen Deponie- und

MBA-Betreibers sorgen bis heute für kritische Nachfragen und polizeiliche Ermittlungen. Was BVSE-Chef Rehbock damals wohl noch nicht wusste: Das Unternehmen reichte große Teile des Italo-Mülls einfach weiter. Unbearbeitet und ohne die notwendige Genehmigung. Auch in diesem Fall führte eine Spur nach Freyburg-Zeuchfeld. Am 9. August 2007 überraschte das Landesverwaltungsamt die Deponie und ihren Chef mit einem unangekündigten Besuch. »Einem Hinweis folgend«, wie die Behörde aus Halle an der Saale Ulrich K. wissen ließ. Das Schreiben des BVSE an das Bundesumweltministerium war mittlerweile auch bei ihr angekommen.

Anders als die Grubenbetreiber in Brandenburg hatte Deponie-Boss Ulrich K. für so einen Fall keine Vorkehrungen getroffen. Und anders als Thorsten A. in Markendorf und Bernd C. war er kein Privatunternehmer. Ulrich K. führte die Geschäfte einer Firma, die mehrheitlich der öffentlichen Hand gehörte. Noch dazu war er Vorstandschef des regionalen Abfallzweckverbandes. Er stand offenbar über den Dingen und fürchtete keine Konsequenzen. Womöglich hielt er es daher nicht für nötig, die »offenkundig nicht zugelassenen Abfälle«, wie es die Behörde nach ihrem Besuch formulierte, vor Kontrollen zu verstecken. Der Dreck lag überall, im Kleinanlieferbereich für Bauschutt, auf einem Umladeplatz und abgekippt auf der Deponie.

Es kam zu dem üblichen Schriftwechsel: Die Behörde forderte die »Wiederherstellung eines ordnungsgemäßen Deponieregimes«. Und zu den üblichen Ausreden: Der Deponiechef räumte Probleme ein, schob den Schwarzen Peter aber anderen zu. Ulrich K. selbst teilte mit, dass der vorgefundene Müll als »191209« angeliefert worden sei. »Den Anlieferungen ging, wie in anderen Fällen auch, die Übergabe einer Deklarationsanalyse des Abfalls durch den Kunden sowie die Lieferung einer Probeladung voraus«, so der Deponie-Chef. Anfangs sei auch das vereinbarte Material gekommen. Dann aber habe sich die »Qualität der Abfälle« zusehends verschlechtert. Ganz ähnlich argumentierte Bernd C., als Umweltkontrolleure in seiner Grube Abfälle entdeckten, die dort nicht hingehörten. Auch C. machte dafür einen Lieferanten verantwortlich, die R. Abfallentsorgung GmbH. Die Firma aus dem Münsterland musste auch dieses Mal herhalten. Ulrich K. hingegen kam noch einmal davon. Er äußerte sein Bedauern über die »Unzuverlässigkeit einzelner Kunden« und versicherte, dass die Deponie »auch weiterhin genehmigungskonform« betrieben werde. Man schien ihm beim Landesverwaltungsamt in Halle zu glauben und wertete den Ausschluss von unzuverlässigen Lieferanten als Zeichen dafür, dass er »seiner Verantwortung gerecht werde«. Der Vertrauensvorschuss hielt noch ein Dreivierteljahr. Bis zu einem Fernsehbericht. Dann war er wieder da, der Dreck. Millionen Fernsehzuschauer konnten ihn sehen. »Ja, das handelt sich vielleicht um irgendwelche Ausreißer, um grenzwertige Abfälle«, versuchte Ulrich K. vor laufender Kamera zu beschwichtigen. Es war sein letzter Versuch. Am 29. Mai 2008 wurde Freyburg-Zeuchfeld endgültig dicht gemacht und Ulrich K. wenig später beurlaubt. Im Jahr darauf kandidierte er für den Vorsitz der CDU im Burgenlandkreis, erfolglos. Später heuerte er bei einer Firma von Baulöwe Klaus G. als Geschäftsführer an.

Für die R. Abfallentsorgung GmbH war es in Freyburg-Zeuchfeld schon früher nicht mehr weitergegangen. Die Firma gehörte zu den »unzuverlässigen Kunden«, die Ulrich K. gemeint hatte – und fallen ließ. Er hatte mehrere Anlieferungen beproben lassen, darunter schon im Juli 2007 eine Ladung. Das Ergebnis führte zum Anlieferstopp, wie er dem Landesverwaltungsamt nach der unangekündigten Kontrolle mitteilte. Zum Beleg übersandte er auch Laborberichte und Korrespondenzen mit den Lieferanten. Der gesamte Schriftverkehr ist in den Akten der Behörde dokumentiert, auch der mit der R. Abfallentsorgung GmbH: »Auf Grund der erheblichen Überschreitungen der festgelegten Parameter teilen wir Ihnen mit, dass dieses Material nicht mehr auf der Deponie Freyburg-Zeuchfeld angenommen wird«, ließ der Deponie-Chef die Firma aus dem Münsterland wissen. Sein Schreiben ist auf den 8. August 2007 datiert. Das ist exakt der Tag vor der Kontrolle. Die Erklärung der R. Abfallentsorgung GmbH erreichte Ulrich K. laut Eingangsstempel am 10. August: Eine falsche Fracht sei verladen worden, so das Unternehmen in einem Fax. »Leider ist uns in unserer Qualitätskontrolle bei dem von uns angelieferten Abfall ein Fehler unterlaufen. Die Qualitätskontroll-Kette wurde bei der Anlieferung leider unterbrochen, da in unserem Labor durch Urlaub und Krankheit kurzfristig keine Kontrolle erfolgen konnte.« Es nutzte nichts. Das Geschäft war vorbei.

Nach Bernd C.s brandenburgischer Grube war für das Unternehmen aus dem Münsterland nun auch Freyburg-Zeuchfeld zu. Mit exakt 1.824,28 Tonnen innerhalb von fünf Monaten gehörte die Firma aus Nordrhein-Westfalen zu den kleineren Lieferanten. Ulrich K. konnte sicher gut auf sie verzichten. Da gab es ganz andere Nummern und Verbündete, neben Jürgen M.s Unternehmen aus Braunsbedra noch eines aus Weißenfels und eine Firma aus Naundorf in Sachsen-Anhalt. Insgesamt fast 400.000 Tonnen Dreck wurden einer gutachterlichen Berechnung zufolge auf Freyburg-Zeuchfeld verklappt. Schätzungsweise drei Viertel stammten allein von diesen Unternehmen. Zusammen mit dem Betreiber der Tongrube Vehlitz bildeten sie in Sachsen-Anhalt ein Bermuda-Dreieck für Millionen Tonnen Müll.

Das Unternehmen von Jürgen M. in Braunsbedra gehörte übrigens nicht zu den Firmen, die Ulrich K. im Sommer 2007 von Anlieferungen ausgeschlossen hatte, wie Steffi K. vom Landesverwaltungsamt erfuhr. Die Kontrolleurin aus Merseburg muss vor lauter Unverständnis den Kopf geschüttelt haben. Anfang September traf ihre Behörde selbst die Entscheidung und verbot dem Unternehmen den Entsorgungsweg nach Freyburg-Zeuchfeld. Da hatte Jürgen M. längst neue Wege erkundet, zum Beispiel zur P. Steinwerk GmbH im Jerichower Land und zu einer ehemaligen Aschedeponie auf der Insel Usedom.

MÜLLMAFIA-REPUBLIK

Die amtliche Polizeistatistik registrierte im Jahr 2008 exakt 9.315 Straftaten im Bereich illegale Abfallentsorgung. Das klingt viel, verglichen mit anderen Kriminalitätsfeldern war das aber sehr wenig. In derselben Zeit wurden in Deutschland fast 240.000 Rauschgiftdelikte erfasst und insgesamt rund sechs Millionen Straftaten. Mit mehr als zwei Millionen Delikten war Diebstahl statistisch gesehen das mit Abstand größte Problem. Es sah nicht so aus, als müsse man sich wegen des Mülls Sorgen machen. Zumal die Fallzahlen seit ein paar Jahren rückläufig waren. Einzige kleine Einschränkung in der Statistik: »Die registrierte Entwicklung ist stark durch die Kontrollintensität seitens der Umweltbehörden beeinflusst.« Doch dies war nur eine Randnotiz in dem vom Bundeskriminalamt (BKA) veröffentlichten Zahlenwerk.

Auch der Lagebericht des BKA zur Organisierten Kriminalität (OK) in Deutschland enthielt keinen Hinweis darauf, was sich im Land des selbsternannten Recyclingweltmeisters gerade abspielte. Bei OK handelt es sich um eine besonders ausgeprägte Kategorie krimineller Machenschaften, nach Auffassung des BKA um eine »planmäßig« und »auf Dauer angelegte Begehung von Straftaten«. Hinter dem organisierten Verbrechen stehen keine Einzeltäter, sondern

Tätergruppen. Diebe handeln häufig allein. Deswegen spielen Eigentumsdelikte im OK-Lagebericht keine kleine, aber dennoch eine vergleichsweise geringere Rolle. In lediglich 79 Ermittlungsverfahren stellte das BKA Bezüge zum organisierten Verbrechen fest. Im Bereich der Rauschgiftkriminalität waren es fast dreimal so viele.

Drogen herstellen, Drogen schmuggeln und mit Drogen handeln – das war im Jahr 2008 das Hauptgeschäft krimineller Gruppen in Deutschland. Für das Müllbusiness schienen sie sich nicht zu interessieren. Im Bereich Umweltkriminalität registrierte das BKA lediglich zwei OK-Verfahren. Um was es dabei konkret ging, blieb im Lagebericht zu OK in Deutschland offen. Unter Umweltkriminalität fallen auch Wilderei sowie der illegale Handel mit Lebens- und Arzneimitteln.

Bei illegaler Abfallentsorgung handelte es sich nach Sicht der Dinge offenbar um ein Problem, das nicht nur immer kleiner wurde, es wurde auch weniger als geplantes Vorgehen vieler wahrgenommen, sondern eher als spontanes Handeln Einzelner. Verklappen, der unerlaubte Umgang mit Müll, das war allenfalls das Werk von Gelegenheitsganoven und Kleinkriminellen. Vergleichbar mit Taschendieben. So jedenfalls die offizielle Darstellung in der Öffentlichkeit.

Hinter den Kulissen zeichnete sich aber 2008 bereits ein anderes Bild ab. Das BKA begann damit, bei einigen Abfalldelikten etwas genauer hinzusehen und eine gesonderte Zählung vorzunehmen. Das Ausmaß der dunklen Löcher überraschte die Kriminalisten in Wiesbaden. Was für sie mit Brandenburg anfing, stellte sich bald als bundesweites Phänomen heraus. Auch in der Tongrube Oberniederndorf bei Herzogenaurach in Bayern, in der Tongrube Kleinaga im thüringischen Gera, in der Lavagrube Dockweiler in Rheinland-Pfalz wurde verklappt. Bis März 2009 registrierte das BKA 15 Tatorte. Und es wurden immer mehr. In einer internen Sonderauswertung des BKA vom September 2012 listet die Ermittlungsbehörde insgesamt 59 Fälle in zehn Bundesländern auf.

Vielerorts dauerten die Ermittlungen noch an. Dennoch konstatierte das BKA schon damals bei der Abfallverschiebung innerhalb Deutschlands »ein quantitativ wie qualitativ herausragendes Ausmaß«. Die illegalen Gewinne, die die Müllschieber und Grubenbetreiber erzielten, überstiegen sogar die Profite der Organisierten Drogenkriminalität.

Anderthalb Jahre später und um ein paar Ermittlungsergebnisse reicher wurde der BKA-Beamte Andreas W., der mit der Auswertung der innerdeutschen Abfallverschiebung befasst war, noch deutlicher: »Dieses Ausmaß haben wir noch nie gehabt«, sagte er am 13. Mai 2013 vor dem Parlamentarischen Untersuchungsausschuss des Sächsischen Landtags. Dieser Ausschuss widmete sich speziell den Müllmissständen im Freistaat Sachsen. Dort ging es um weitere Firmen, um noch mehr Fälle und um schmutzige Italien-Deals.

Andreas W., seit den 1990er-Jahren beim BKA im Bereich Wirtschaftskriminalität ermittelnd, hatte sicher den besten Überblick. Polizeidienststellen und Landeskriminalämter waren zwar näher dran, bei W. im Bundeskriminalamt aber liefen die Ermittlungsergebnisse zusammen. »Wir hatten einmal ähnliche Geschichten. Da ging es um die sogenannte Schredderleichtfraktion. Bis 1991 konnte man die noch auf Hausmülldeponien ablagern. Dann gab es eine Gesetzesänderung und die hatte eine erhebliche Abfallverschiebung innerhalb Deutschlands zur Folge. Aber da hatten wir Mengengerüste, die bei Weitem nicht das Tatprofil erreichten, was wir dann ab 2008 feststellen mussten«, berichtete Andreas W. im sächsischen Untersuchungsausschuss.

Die jüngsten Fälle bewertete das BKA als »Tatkomplexe«. Ein Komplex zeichnete sich für die Kriminalisten grundsätzlich dadurch aus, dass neben den Gruben und Altdeponien weitere Tatorte vorlagen. Gemeint waren die Orte, wo der Müll aus dem legalen Entsorgungssystem geschleust wurde: die Anlagen von kommunalen und privaten Sammlern, größtenteils in den alten Bundesländern, die Betriebe von Sortierern, EBS-Herstellern und Recyclingfirmen. »Die für die finale Ablagerung verantwortlichen Täter wirkten grundsätzlich mit den Abfalllieferanten im Hinblick auf die falsche Deklaration von Abfällen und die Taxierung von Entsorgungspreisen arbeitsteilig beziehungsweise gewerbs- oder bandenmäßig zusammen«, hieß es in der Sonderauswertung. Die meisten Tatkomplexe erfüllten damit wesentliche Kriterien, um sie als Organisierte Kriminalität einstufen zu können. Ermittler und Richter sprachen auch von »mafiösen Strukturen«, wobei der Begriff Mafia immer häufiger als Synonym für das organisierte Verbrechen verwendet wird: Dopingmafia, Lebensmittelmafia, albanische Mafia, russische Mafia, armenische Mafia.

Die Struktur der ältesten Mafia-Organisation, der sizilianischen Cosa Nostra, ist streng hierarchisch. Wie eine Pyramide, mit dem Oberkommando an der Spitze. Die heute wohl mächtigste Mafia-Organisation, die kalabrische 'Ndrangheta, – sie ist vor allem im Kokainhandel aktiv – besteht hingegen aus vielen kleineren Zellen. Ihre Struktur ist horizontal. Auch die neapolitanische Camorra, die Ende der 1980er-Jahre das Abfallgeschäft als sprudelnde Geldquelle für sich entdeckte und die Region Kampanien mit Giftmüll verseuchte, setzt sich aus mehreren Clans zusammen. Obwohl die italienische Mafia unterschiedlich aufgebaut ist und die Organisationen untereinander rivalisieren, eine Sache ist ihnen gemein: Sie bilden in sich geschlossene Gesellschaften mit eigenen, zum Teil geheimen Riten und eigenen Regeln.

Eine Parallelgesellschaft – das ist die deutsche Müllmafia auch. Mehrere, gut vernetzte Akteure gehören ihr an. Sie geben sich als seriöse Unternehmer aus und planen insgeheim schon das nächste Verklappungsgeschäft. »Die Täter, die so etwas machen, kennen sich alle untereinander. Wenn sich da irgendwo ein Loch auftut, das spricht sich schnell herum, und das wird auch schnell beliefert«, sagte Andreas W. im Müll-Untersuchungsausschuss des Sächsischen

Landtags. Manche Namen verschwinden zwar wieder, auch viele Firmen. Ihre Spuren verlieren sich. Die Strukturen aber bleiben und neue Protagonisten tauchen auf. Die Umweltgesetze und die Folgen ihres Tuns kümmern die Müllmafiosi buchstäblich einen Dreck. Sie sorgen sich nur um eines: Das ist ihr Profit. Mafiös muten auch ihre Methoden an. Vor Einschüchterungs- und Bestechungsversuchen schrecken sie nicht zurück.

»Der Müllhandel wird immer raffinierter. Zum Beispiel durch die Gründung von immer neuen Gesellschaften. Oder durch die Umbenennung der bereits existierenden Firmen. Also durch ein ständiges Häuten des kriminellen Stammes, der dadurch schwer identifizierbar wird.« Was der Anti-Mafia-Staatsanwalt Donato Ceglie einmal über die dreckigen Geschäfte der Camorra in Kampanien sagte, gilt auch für die deutsche Müllmafia. Bei Aufschlüsselung einiger Tatkomplexe aus der internen BKA-Auswertung zeigt sich nicht nur, dass ihre Netzwerke über Ländergrenzen hinwegreichen, man stößt auch auf die Überreste einstiger Firmen und weiterer Verklappungsgeschäfte.

Von der Kiesgrube Markendorf in Brandenburg etwa führte die Recherche nach Norddeutschland. Zu einer Unternehmerfamilie aus Schleswig-Holstein (Kapitel 5), zu Entsorgungsunternehmen in Niedersachsen und Mecklenburg-Vorpommern und zu noch mehr illegalen Abfalllagern.

Nach einem Großbrand auf der Betriebsstätte im Jahr 2009 ging ihre Entsorgungsfirma im niedersächsischen Nienburg pleite. Wenig später wurde sie aus dem Handelsregister gelöscht. Die Firma schien damit vergessen. Bis im Jahr 2016 das Landgericht Potsdam den Fall Markendorf aufrollte. Es verurteilte die Betreiber der illegalen Deponie zu Bewährungs- und Geldstrafen. Aus der schriftlichen Urteilsbegründung geht hervor, dass auch das Nienburger Unternehmen bei diesem Verklappungsgeschäft mitgemischt hatte, es war einer der Hauptlieferanten gewesen.

Noch eine weitere Entsorgungsfirma der Unternehmerfamilie beförderte Abfall aus Norddeutschland zur Grube im südlichen Brandenburg. Sie betrieb einst eine genehmigte Anlage zum Recyceln von Altglas in einem Dorf bei Wismar in Mecklenburg-Vorpommern. Die Anlage wurde 2010 offiziell stillgelegt. Aber noch sieben Jahre später stapelte sich auf dem ehemaligen Betriebsgelände der Abfall. Nicht nur Flaschen und Glasscherben, auch zu Ballen gepresster Plastikmüll. Müll, wie er in der Kiesgrube Markendorf vergraben wurde.

Die Müllspur der Unternehmerfamilie zieht sich noch weiter. Auch in einem Gewerbegebiet in Rethem (Heidekreis), eine halbe Autostunde nördlich von Nienburg, ließen eigens gegründete und längst wieder aufgelöste Firmen aus ihrem Unternehmensgeflecht den Dreck einfach liegen. Trotz entzogener Betriebsgenehmigung karrten Lastwagen immer mehr heran. Insgesamt ein paar tausend Tonnen. Rethem blieb auf dem Müll sitzen. Zwei Jahre lang. 2012 wurde das Firmengelände wegen Brandgefahr beräumt. Die Firmen selbst existierten da schon nicht mehr. Kostenpunkt der Aufräumaktion: rund 500.000 Euro, bezahlt mit Steuergeld.

Unter Beobachtung standen die Müllschieber aus dem Norden auch an ihrem Stammsitz in Schleswig-Holstein. Hier verstieß ein weiteres Unternehmen, das ihnen zuzuordnen ist, wiederholt gegen Auflagen des Landesumweltamtes. »Wir haben bei diesem Firmengeflecht die höchste Kontrolldichte, die wir überhaupt bei einer Firma ausüben«, sagte ein Sprecher der Umweltbehörde auf Nachfrage von Journalisten. Und trotzdem: Von den illegalen Aktivitäten in den anderen Bundesländern hatte die Behörde keine Kenntnis.

Selbst die Kriminalisten aus Wiesbaden überblickten nicht alles. Das BKA kam in seiner Sonderauswertung auf insgesamt rund vier Millionen Tonnen Müll, die zwischen Mitte 2005 und Ende 2011 innerhalb Deutschlands verschoben und illegal entsorgt wurden. »Da sind Schmerzgrenzen deutlich überschritten worden«, so

BKA-Ermittler W. Umgerechnet habe es sich um rund 163.400 LKW-Ladungen gehandelt. Würde man die Sattelzüge hintereinander aufreihen, bildeten sie eine Kolonne von rund 2.450 Kilometern Länge. Stoßstange an Stoßstange. Dreck über Dreck. Und dennoch nur die Spitze eines riesigen schwarzen Müllberges, der sich über die gesamte Republik erstreckt.

Nach Schätzung des »Kompetenznetzwerks Mitteldeutsche Entsorgungswirtschaft«, einer Lobbyorganisation der Müllwirtschaft, wurde deutlich mehr verklappt: jährlich bis zu neun Millionen Tonnen, was ungefähr einem Fünftel des bundesweiten Hausmüllaufkommens entsprach. Wie viel es wirklich war, konnte niemand wissen. Die Liste des BKA war lang, aber eben lange nicht vollständig. Zum Beispiel fehlten die Deponie Freyburg-Zeuchfeld und die Grube Wieskau in Sachsen-Anhalt. So manches schmutzige Geschäft blieb noch für Jahre im Dunkeln.

KAPITEL 12

LUKRATIVER DRECK

Im Spätsommer 2015 hatten die Mitarbeiter eines Berliner Ingenieurbüros den Auftrag, eine verdächtige Grube in der Niederlausitz zu überprüfen. Offenbar gab es kaum noch Zweifel, dass dort Müll verscharrt worden war, denn die genaue Mission für die Ingenieure lautete: »Vor-Ort-Begleitung der Probennahme von illegal entsorgtem Abfall im Tontagebau Sallgast SW 1 und Erstellung einer Gefährdungsabschätzung«. Auftraggeber war das Landesamt für Bergbau in Cottbus, die für die Genehmigung und Überwachung des Tagebaubetriebs zuständige Behörde.

Die Probennehmer mussten sich durch Sand und Steine in den Boden schaufeln. Nach einem, zwei, drei oder manchmal auch erst nach vier Metern wurden sie in dem Tagebau fündig. Sie stießen auf geschredderten Hausmüll, etwa Reste von Lebensmittelverpackungen, sowie auf Schaumstoff, Holz, Metall und andere Überreste von Baustellen. Insgesamt rund 120.000 Tonnen. »Eingelagert«, so die Ingenieure in ihrer Gefährdungsabschätzung, zwischen 2006 und 2009 – Boomjahre der innerdeutschen Abfallverschiebung. So manches Müllversteck aus dieser Zeit ist wohl bis heute unentdeckt.

Die Suche nach dem Müll war für die Kriminalisten die eine, die Fahndung nach dem Gewinn die nächste Herausforderung. Die

Gewinne der deutschen Müllmafia hatten ein ungeheures Ausmaß angenommen. »Da sind wir in Dimensionen gekommen, die stehen dem Rauschgiftlagebild in keiner Weise nach«, erklärte BKA-Mann Andreas W. im sächsischen Untersuchungsausschuss. Generell gilt: Die Preise für die Entsorgung von Müll variieren stark. Sie sind abhängig von der Art des Abfalls und von verfügbaren Kapazitäten, die wiederum regional sehr unterschiedlich ausfallen können. Größere Entsorgungskontingente werden oft schon über Jahre im Voraus gebucht.

Im Jahr 2006 kostete die gesetzeskonforme Entsorgung von Siedlungsmüll in der klassischen Müllverbrennung zwischen 70 und 340 Euro pro Tonne. Für die mechanisch-biologischen Behandlungen wurden Preise zwischen 70 bis 230 Euro aufgerufen. Selbst für die Tonne EBS, für aufbereiteten, heizwertreichen Müll, verlangten Kraftwerksbetreiber noch rund 130 Euro. Alles in der BKA-Auswertung nachzulesen. Günstiger wurde die Entsorgung demnach erst ab 2010. Da konnte man für 40 bis 200 Euro verfeuern, was immer noch teuer war.

Der EBS-Hersteller Jürgen M. übernahm Abfall zu deutlich niedrigeren Konditionen. Das geht aus einem Gerichtsurteil gegen ihn hervor. Bereits für 52 Euro pro Tonne bot seine Firma in Braunsbedra in den Jahren 2006 und 2007 ihre Leistungen an. Selbst namhafte Entsorgungsfirmen konnten bei so einem Angebot nicht widerstehen und überließen dem Unternehmen ihren Dreck. Angesichts der Verbrennungskosten war aber an eine fachgerechte Aufbereitung in der Anlage in Braunsbedra und an eine Verwertung in einem Kraftwerk nicht zu denken. Jürgen M. hatte anderes im Sinn: zum Beispiel die ehemalige Hausmülldeponie Freyburg-Zeuchfeld (Kapitel 10). Dorthin verschob er die Lieferungen – für 15 Euro pro Tonne. In anderen Löchern wurde man den Dreck auch schon für vier Euro wieder los, wie das BKA herausfand. Im Schnitt variierten die Verklappungspreise zwischen 20 und 30 Euro pro Tonne.

Jürgen M. verfrachte insgesamt rund 70.000 Tonnen nach Freyburg-Zeuchfeld. Das bedeutete, dass der schwäbische Müllschieber allein bei diesem Geschäft schätzungsweise rund 2,6 Millionen Euro brutto für sich einstreichen konnte. »Er hatte ausschließlich eigennützige finanzielle Motive für die Lieferungen nicht genehmigungskonformen Abfalls«, hieß es im Urteil.

Neben Lieferanten wie Jürgen M. machten vor allem die Betreiber der dunklen Löcher einen großen Reibach. Sie füllten nicht nur ihre Gruben und alten Deponien, sondern auch ihre Taschen. Prallvoll, wie das BKA in seiner internen Auswertung vorrechnete: Eine LKW-Fuhre Dreck bescherte ihnen demnach durchschnittlich 666 Euro. Die Behörde aus Wiesbaden verglich auch die Tatkomplexe der Abfallverschiebung mit Verfahren aus dem Lagebericht zur Organisierten Kriminalität. Ihr Vergleich bezog sich auf das Jahr 2010. Damals zählte das BKA exakt 242 OK-Verfahren wegen Rauschgiftkriminalität. Krimineller Gewinn der Drogenbosse: insgesamt 126 Millionen Euro. Umgerechnet eine halbe Million Euro pro Fall. Mit Müll zu dealen war da lukrativer. Nach BKA-Angaben spielte ein dunkles Loch für die Grubenbesitzer durchschnittlich rund 3,3 Millionen Euro ein.

Wenn die Polizei den deutschen Müllmafiosi die Handschellen anlegte, waren deren Konten und Kassen jedoch meistens leer. Womöglich hatten sie alles verprasst. Womöglich. Das BKA vermutete allerdings etwas ganz anderes: »Hierbei muss grundsätzlich von einer ausgeprägten wirtschaftskriminellen Kompetenz gewerbsmäßig agierender Täter auf dem Entsorgungsmarkt, die es ihnen ermöglicht, kriminelle Gewinne rechtzeitig vor dem Zugriff der Strafverfolgungsbehörden zu sichern, ausgegangen werden.« So habe eine Ermittlungskommission in Brandenburg bei Beschuldigten in insgesamt acht Fallkomplexen Vermögen in Höhe von zusammen 9,7 Millionen Euro abschöpfen wollen. Sie konnte aber nur 1,35 Millionen Euro sicherstellen. Der Rest der Millionengewinne war verschwunden und blieb verschwunden.

Die italienischen Mafia-Organisationen verdienen ihr Geld nicht nur im Drogenhandel und mit illegaler Entsorgung. Sie machen in allen Wirtschaftsbereichen Geschäfte, illegale und legale. Die Grenzen sind manchmal fließend. Sie waschen ihre kriminellen Gewinne auf dem Finanzmarkt, im Bau- und Immobiliengewerbe, sie betreiben Restaurants und Hotels. Auch deutsche Müllmafiosi sind noch in anderen Branchen tätig. Hinter einem Entsorger verbirgt sich nicht selten ein kleines Firmenimperium aus Vermögensverwaltungen, Rohstoff-, Bau- und Immobiliengesellschaften. Mitunter ist von der Tochter über die Ehefrau bis zum Schwiegervater die ganze Familie in die Geschäfte involviert. Die Verstrickungen reichen auch in andere kriminelle Milieus.

Roland V., dem Ex-Polizisten, gehörte etwa neben einem Entsorgungsfachbetrieb auch ein forstwirtschaftliches Unternehmen. Er managte die Firmen aber nicht allein. Seine Ehefrau, eine Polizeibeamtin im mittleren Dienst, arbeitete neben ihrem regulären Job noch im Büro mit und verfügte auch über Vollmachten für die Geschäftskonten. V.s Tochter war ebenfalls eingebunden. Nach Einschätzung des Landgerichts Potsdam, das sich auf Zeugen aus dem Ermittlungsverfahren berief, wussten beide Frauen von der illegalen Abfallentsorgung. Mehr noch: Sie sollen die Machenschaften vertuscht, etwa Geschäftsunterlagen manipuliert und Belege über den wahren Gehalt der Abfalllieferungen vernichtet haben. Ermittlungen der Staatsanwaltschaft Frankfurt (Oder) zufolge haben sie ihrem Ehemann und Vater außerdem dabei geholfen, die schmutzigen Gewinne zu waschen.

Mit dem Verklappen nahm Roland V. mehr als 4,3 Millionen Euro ein. Man gönnte sich einen Pool, teure Waffen für die Jagd, und das Einfamilienhaus wurde um einen großzügigen Anbau erweitert, wie 2011 die Presse unter Berufung auf eine LKA-Mitarbeiterin, die im Strafprozess gegen V. aussagte, berichtete. Das meiste Geld investierten er und seine Familie aber offenbar in Grundstückskäufe. In vorliegenden Ermittlungsunterlagen steht, dass es in Wald und Ackerland floss. Handschriftlich notiert die Grundstücksgrößen: insgesamt 1.938.987 Quadratmeter. Das entspricht einer Fläche von 271 Fußballfeldern. Die meisten Grundstücke erwarb als Alleineigentümerin die Ehefrau.

Im Februar 2008, als klar war, dass ihnen wegen der dunklen Müllgeschäfte die Polizei im Nacken saß, verkaufte Familie V. einen Teil ihrer Wald- und Ackerflächen wieder – um sie dem drohenden Zugriff der Ermittlungsbehörden zu entziehen, wie es in einem Beschluss des Landgerichts Potsdam aus dem Jahr 2018 heißt. Daraus geht weiter hervor, dass rund 230.000 Euro aus diesen Verkäufen auf ein Konto der Tochter manövriert wurden. Kaum war das Geld bei ihr eingegangen, verschwand es wieder. Sie hob den gesamten Betrag bar ab. Danach, so die Staatsanwaltschaft auf Nachfrage, verliert sich seine Spur.

Trotz dieser eindeutigen Verdachtslage beschloss die 4. Große Strafkammer des Landgerichts Potsdam, die Eröffnung eines Geldwäscheverfahrens gegen die beiden Frauen abzulehnen. »Nach Aktenlage« seien sie bereits an der »Vortat«, der illegalen Abfallentsorgung, beteiligt gewesen und hätten aus »rechtlichen Gründen« dafür angeklagt werden müssen. Das war aber nicht geschehen. Für eine neue Anklage war es zehn Jahre nach der Tat nun zu spät. Die Verjährungsfrist lief ab und so kamen die Ehefrau und die Tochter des Müllbarons von Potsdam-Mittelmark straffrei davon.

Nach dem Beitritt Polens und Tschechiens 2004 zur EU und dem bundesweit geltenden Deponieverbot im Jahr darauf rechneten Kriminalisten und andere Experten mit einer Verschiebung deutscher Abfälle in diese Länder. Zumindest mit der groben Richtung sollten sie recht behalten: Die Abfalltransporte rollten größtenteils von West nach Ost. Die Zielorte befanden sich jedoch diesseits der deutschen Außengrenze. 45 der 59 erfassten Tatkomplexe verortete das BKA in Ostdeutschland, 31 allein in Brandenburg.

Warum ausgerechnet Brandenburg? Bei der Ermittlungsbehörde in Wiesbaden stand man vor einem Rätsel:»Eine bestimmte Tatgelegenheitsstruktur im Sinne des untersuchten Tatprofils lässt sich in Brandenburg nicht an besonderen geologischen oder markttechnischen Aspekten ableiten. Das Land verfügt im Ländervergleich über keine überproportional hohe Anzahl an Altdeponien oder übertägigen Abbaustätten.« Kurzum: Es gebe»keine eindeutige Erklärung«. Einen Versuch unternahm man dennoch:»Maßgeblich sind wahrscheinlich in erster Linie die behördlichen Reaktionen nach Bekanntwerden der ersten Verdachtsfälle.« Diesen Satz muss man vermutlich mehrmals lesen, um seine eigentliche Bedeutung zu verstehen. Zum Hintergrund: Nach den ersten großen Funden setzte das Landesbergamt in Cottbus eine»Task Force« ein, in Potsdam wurde außerdem eine Schwerpunktstaatsanwaltschaft eingerichtet und beim Landeskriminalamt (LKA) später sogar ein Kommissariat für Schwere Umweltkriminalität gegründet. All das passierte allerdings erst, nachdem bereits Hunderttausende Tonnen Dreck unter märkischem Sand verscharrt worden waren. Die»behördlichen Reaktionen« führten dazu, dass die Fälle amtlich registriert und die Verklappungsgeschäfte eingedämmt wurden. So war die Erklärung des BKA zu verstehen. Im Umkehrschluss bedeutete dies: Aus anderen Bundesländern gelangten vor allem deshalb weniger Fälle auf seine Liste, weil dort nicht gründlich genug nachgeforscht und aufgeklärt wurde.

Illegal entsorgt wurde aber nicht nur in ausgebeuteten Gruben sowie auf alten und längst geschlossenen Müllkippen. Auch die Betriebsstätten von Entsorgungsfirmen dienten als schwarze Abfalldepots. Die Müllmafia vergrub den Dreck zum Teil auf eigenem Grund und Boden. Diese Art der Entsorgung war ähnlich weit verbreitet wie das Verklappen in Tagebauen und auf Altdeponien. 33 Ermittlungsverfahren hatten sich im Jahr 2012 deswegen allein beim LKA Brandenburg angestaut. Auch in diesen Fällen, hieß es in einem Lagebericht des LKA, »konnte als Modus Operandi herausgearbeitet werden, dass die Abfallströme durch ein Netz von Firmenverflechtungen (Abfallerzeuger, Makler, Spediteure, Abfallbehandler- und -entsorger) gingen und Verschleierungshandlungen hinsichtlich der Abfallart und -herkunft in Form von Falschdeklaration und Urkundenfälschungen vorgenommen wurden«.

Eine der Betriebsstätten, die ins Fadenkreuz der Ermittler geraten war, befand sich in Bernau bei Berlin. Hier wurde allerdings nicht vergraben. Hier wurde angehäuft. Und wie! »Ziel meines Handels war, die Gewinne zu steigern, indem ich die Abfälle entgeltlich entgegennahm und die Kosten für eine sachgerechte Lagerung oder Abgabe an eine hierfür spezialisierte Deponie einsparte«, zeigte sich Sanne L.* im Sommer 2015 vor einem Gericht in Frankfurt (Oder) geständig. Ein Geständnis wie von Anwälten formuliert, um ein mildes Urteil zu erwirken.

Sanne L. war Chefin einer Gesellschaft für Abfallverwertung und Bodensanierung. Die Firma betrieb seit Mitte der 1990er-Jahre eine Kompostierungsanlage im Norden Bernaus. Annehmen und verarbeiten durfte sie Rübenerde, Rinden- und Korkabfälle, Sägemehl und andere biologisch leicht abbaubare Abfälle. Abgelagert, kleingeschreddert, mit Erde vermischt und abgedeckt wurden aber Haus- und Sperrmüll, Abfälle von Baustellen, aus Arztpraxen und Krankenhäusern, Elektroschrott und gefährlicher Industriemüll. Und das nicht zu knapp. Und – unter den Augen der zuständigen Kontrollbehörde. Die versagte völlig.

Das Vermischen, Ablagern und Abdecken hatte laut dem Gerichtsurteil Ende 2006 begonnen. Beschwerden über wachsende Müllberge, Gestank und Kakerlaken, die sich in ein nahe gelegenes Wohngebiet ausgebreitet hatten, reichten aber schon mindestens zwei Jahre weiter zurück. Eine Bürgerinitiative hatte die Schließung des Betriebs gefordert. Vergebens. Im Juni 2005 hatte sich herausgestellt, dass eine weitere Anlage auf dem Betriebsgelände der Firma von Sanne L., die Sortierung von Gewerbemüll, völlig überfrachtet war. Mit Räumungsverfügungen und einem Bußgeldverfahren hatte die Behörde versucht, Chefin Sanne L. in die Schranken zu weisen. Ohne nachhaltigen Erfolg. Das Anhäufen ging weiter. Im Jahr 2009 landeten hier auch Lieferungen von Jürgen M. an, dem umtriebigen Müllschieber aus Braunsbedra. Vehlitz. Freyburg-Zeuchfeld. Die dunklen Löcher von Roland V. in Potsdam-Mittelmark. Wo war Jürgen M. eigentlich nicht involviert? Er durfte immer noch weitermachen und konnte offenbar auch nicht aufhören.

Als Ermittler im Dezember 2009 bei Sanne L. in Bernau auf den Dreck des Unternehmens von Jürgen M. stießen, war auf ihrer Betriebsstätte ein Müllgebirge von fast 400.000 Tonnen angewachsen.

MÜLL UND MÄZENE

Der Anfang vom Desaster lässt sich genau datieren. Es war der 5. März 2004. Mit diesem Datum genehmigte das Landesbergamt in Halle die Verfüllung der Tongrube Vehlitz. Eine folgenschwere Genehmigung. Unter den erlaubten Füllmaterialien waren zwei Abfallarten, die sich bei Müllschiebern besonderer Beliebtheit erfreuten. Die eine war als »191209« ausgewiesen, der Zauberschlüssel, mit dem auch der Mülljongleur Jürgen M. in Braunsbedra geschreddertes Plastik in Erde und Steine verwandelte. Die andere, noch viel beliebtere Sorte, die genehmigt war, wurde mit »191212« geschlüsselt. Mit diesem Abfallschlüssel konnten Müllschieber ohne große Zauberkunststücke verklappen, sie brauchten nur das passende Loch.

»191212« – das sind nach der Abfallverzeichnisverordnung (AVV) Abfälle aus der mechanischen Behandlung. Das heißt, der Müll hat eine Anlage, zum Beispiel einen Schredder, durchlaufen. Mehr heißt es nicht. Über die stofflichen Bestandteile des Materials sagt dieser Abfallschlüssel nichts aus. Spürten Müllschieber ein Loch auf, das den Schlüssel »191212« in seinem Annahmekatalog hatte, brauchten sie nicht mehr viel zu tricksen. Ob ihr Dreck aus Verpackungsmüll, Sperrmüll, Altpapier, Kleiderresten, Betonbruch oder ölhaltigen Raffinerierückständen bestand, ob er nun gesiebt, geschreddert, vermischt oder auch nur durchgereicht wurde – sie brauchten lediglich eine »191212« in den beigefügten Papieren zu vermerken, schon konnten sie ihn verschwinden lassen.

Diese Gefahr war den Behörden offensichtlich bekannt. So warnte etwa das Landesverwaltungsamt in Halle 2006 in einer Rundverfügung andere Ämter: »Die Einstufung in die AVV-AS 191212 wird für eine Vielzahl von Abfallarten und insbesondere für Materialmischungen aus der mechanischen Behandlung von Abfall verschiedener Herkünfte und Zusammensetzung verwendet, ohne dass damit der Abfall tatsächlich hinlänglich konkretisiert ist.« Um eine umweltfreundliche und rechtmäßige Entsorgung zu gewährleisten, sei bei Genehmigungen und Kontrollen auf eine genaue Bestimmung und Kennzeichnung des Abfalls zu drängen. Genau das passierte bei der Grube Vehlitz nicht. Weder vor noch nach dieser Rundverfügung.

Dabei hatte die behördliche Zulassung des ersten Tagebauabschnitts vom 16. Oktober 2000 noch konkrete Anforderungen an das Füllmaterial enthalten. Beispielsweise durfte der Anteil von nichtmineralischen Stoffen wie Plastik bei maximal fünf Prozent vom Gesamtvolumen liegen. Auch für die Bestimmung des organischen Anteils wichtige Parameter wie TOC-Gehalt und Glühverlust waren definiert. TOC (Englisch: Total Organic Carbon) steht für den gesamten organisch gebundenen Kohlenstoff. Unter Glühverlust versteht man den Gewichtsverlust, der beim Glühen einer Stoffprobe entsteht. Glühverlust- und TOC-Bestimmung sind standardisierte Verfahren in der Umweltanalytik. Sind die Werte zu hoch, darf nicht abgelagert werden. Diese Vorgaben fehlten im Sonderbetriebsplan für das zweite, nun zu verfüllende Feld der Grube Vehlitz komplett.

Im Bergamt ging man, wie Mitarbeiter später behaupteten, davon aus, dass nur die mineralische Fraktion von »191212« gemeint sein konnte. Auf den Papieren suchte man diese entscheidende Konkretisierung aber vergebens. Sie fand sich weder im Genehmigungsantrag noch in der amtlichen Betriebszulassung. Die Grube in Vehlitz hatte die P. Steinwerk GmbH Mitte der 1990er-Jahre von der Treuhandanstalt aus der Insolvenzmasse der DDR erworben. Die Firma hatte zuvor schon die Tongrube Möckern gekauft und kurbelte die Rohstoffförderung wieder an, die nach der Wende ein paar Jahre zum Erliegen gekommen war. Die Löcher vergrößerten sich. Unter den Gesellschaftern tauchten neue Gesichter auf. Zwei Kaufleute aus Hamburg. Man kannte sich von Reitturnieren. Sie kauften sich in Vehlitz und Möckern ein. Ihnen gehörten nun Betreiberfirma und Gruben. Ihnen und einem Entsorger aus der Region.

Gert N.*, fast 50, Müllpate und Pferdezüchter, hatte sich schon vor der Wende als Entsorger selbstständig gemacht. Seine P. Steinwerk GmbH betrieb nicht nur die beiden Gruben Vehlitz und Möckern, sondern auch zwei Abfallanlagen. Die eine war der Grube Vehlitz unmittelbar vorgelagert. Die andere stand in Rietzel, einem 270-Seelen-Dorf im Jerichower Land.

Auf Reitturnieren lernte Gert N. den Hamburger Unternehmer und Pferdesport-Mäzen Hagen W.* kennen, der gern auch selbst im Sattel saß und sitzt. Früher hatte Hagen W. Geld im Rotlichtmilieu verdient, in den 1980er-Jahren war er Bordellbesitzer in Hannover. Durch den Handel mit Schweinefleisch und eine kurze Ehe mit einer Milliardenerbin kam er zu Vermögen. Viel von seinem Geld steckte er in den Reitsport, stiftete Preise und erwarb Pferde.

2003 stieg Hagen W. zusammen mit dem Hamburger Investor Notker U.* in die Firma von Gert N. ein. Sie erwarben jeweils 45,8 Prozent Anteile an der P. Steinwerk GmbH. Gert N. hielt die restlichen 8,4 Prozent. Später verbargen sie alle ihre Anteile hinter Beteiligungsgesellschaften. Gemeinsam mit Simon H., dem Geschäftsführer, lenkte Gert N. auch weiter die Geschicke dieser

Firma. Nun mit zwei Männern im Hintergrund, die sich mit großen Deals auskannten.

Hagen W. und Notker U. hatten auch schon vorher gemeinsam
Geschäfte in Ostdeutschland gemacht. Als Mitte der 1990er-Jahre
das Land Mecklenburg-Vorpommern dringend neue Haftplätze benötigte, waren die beiden Hamburger zur Stelle. Für rund 55 Millionen Euro bauten sie ein Gefängnis, den ersten privat finanzierten
Knast Deutschlands, die JVA Waldeck, und vermieteten es für die
nächsten 30 Jahre an das Land. Der Mietvertrag läuft noch bis 2026
und wird Mecklenburg-Vorpommern am Ende insgesamt 124 Millionen Euro gekostet haben. In einem Fernsehinterview verriet Hagen W. einmal, was ihm dieser Deal einbrachte: »Mein Partner und
ich, wir haben jeden Monat 44.000 Euro übergehabt. Im Monat.
Jeder.«

Die P. Steinwerk GmbH hatte sich für ihn noch nicht gelohnt.
Die Firma warf kaum Profite ab. Mit der neuen Genehmigung für
die Grube Vehlitz sollte sich das aber bald ändern. Das Bergamt versuchte später zwar, sein Versäumnis zu korrigieren. Bis dahin ging es
aber Schlag auf Schlag.

Neun Monate nach der neuen Betriebszulassung für Vehlitz
zog Gert N. den ersten dicken Fisch an Land. Er hatte mit der im
westfälischen Herford ansässigen Sulo-Gruppe, seinerzeit eines der
führenden Entsorgungsunternehmen in Europa, über einen Groß-
auftrag verhandelt. Es ging um 100.000 Tonnen, um »150106 –
gemischte Verpackungen«, »200301 – gemischte Siedlungsabfälle«,
»170904 – gemischte Bau- und Abbruchabfälle« und um »191212«.
Sulo sollte liefern, die P. Steinwerk GmbH verwerten. Vorgesehen
war eine Laufzeit von anderthalb Jahren. Mit Vertrag vom 6. Dezember 2004 war die Sache beschlossen.

Für das Verklappungsgeschäft brauchte Gert N. nicht nur Müll
und Gruben. Er brauchte auch noch einen wichtigen Komplizen.
Vehlitz und Möckern hatten zwar die »191212« in ihrem Abfallka-

talog, im Grunde konnte der Dreck ohne Umwege in die Löcher gesteuert werden, es würde bei den bloßen Papierkontrollen nicht auffallen. Wenn aber jemand genauer hinsah, konnte es kritisch werden. Gert N. benötigte jemanden, der die Macht besaß, eventuell aufkommende kritische Stimmen zum Schweigen zu bringen. Eine Person mit Einfluss. Die Betriebszulassungen, insbesondere die für Vehlitz mit der unspezifischen »191212«, standen rechtlich auf einem wackligen Fundament. Sie konnten jederzeit kippen und damit das gesamte Geschäftsmodell. Diese Überlegungen sind zwei Gerichtsurteilen zu entnehmen, das eine erging gegen Gert N., das andere gegen den Mann, den der Müllpate mit Bargeld und Autos für seine schmutzigen Deals gewinnen konnte.

Die Lieferungen von Sulo waren gerade erst angelaufen, die neuen Abfallgesetze keine zwei Monate in Kraft, da wusste die P. Steinwerk GmbH schon nicht mehr wohin mit dem ganzen Müll – und beantragte beim Landkreis Jerichower Land die Erweiterung ihres Zwischenlagers in der Sortier- und Aufbereitungsanlage in Rietzel, von bislang 6.000 auf 20.000 Tonnen. Es seien zwar Verträge mit Verbrennern geschlossen worden, um den Müll einer energetischen Verwertung zuzuführen. Jedoch sei die bisher vorhandene Verbrennungskapazität nicht ausreichend, wie die Firma am 22. Juli 2005 ergänzend zu ihrem Antrag schrieb. Ihr Schreiben war an den Landrat gerichtet – mit der Bitte, »positiv« und »schnellstmöglich zu bescheiden«. Landrat des Jerichower Landes war seit 2001 Ludwig F.*, früher SED-Mitglied, nach der Wende bei deren Nachfolgepartei PDS, mittlerweile aber parteilos.

Landrat F. fuhr seine eigene politische und wirtschaftliche Agenda. Den Antrag der P. Steinwerk GmbH reichte er mit Vermerk »dringend« in der Kreisverwaltung in Burg weiter. Anfang August stand die Genehmigung seiner Behörde. Nach nur zehn Tagen und ohne gesetzlich vorgeschriebene Auflagen. Weder wurde eine Sicherheitsleistung festgesetzt noch die Lagerung zeitlich befristet.

Die zuständige Sachbearbeiterin hatte auch nicht geprüft, ob es einen anderen Entsorgungsweg für die Abfälle gab. Der Geschäftsführer der P. Steinwerk GmbH, Simon H., hatte unterdessen das dunkle Loch von Roland V. im Landkreis Potsdam-Mittelmark, aufgetan. Im August 2005 begann parallel zum Verklappungsgeschäft in den eigenen Gruben die Müllverschiebung nach Brandenburg.

Im Dezember 2005 landeten die Gesellschafter der P. Steinwerk GmbH einen Coup über 7,7 Millionen Euro. Zu diesem Preis erwarb die Sulo-Gruppe von ihnen die Mehrheit an einem neu gegründeten Unternehmen, das ab 1. Januar 2006 den Betrieb der Anlage in Rietzel übernahm. Geschäftsführer wurde der Müllmanager Johannes P.* Mit ihm kam noch mehr Müll. Die Grube Möckern wurde vollständig verfüllt. Mit 300.000 Tonnen Dreck, die dann abgedeckt wurden. Doch unter der Decke brodelte es, wie Jahre später der Privatdetektiv Tamer Bakiner, der in verschiedenen Fällen illegaler Müllentsorgung ermittelte, einer Tageszeitung erzählte. »Wenn es anfing zu regnen, sind dort plötzlich Gase von unten hochgekommen. Dann hat der ganze Boden geblubbert und gedampft. Ich bin stellenweise mit meinen Gummistiefeln eingesunken und steckengeblieben.«

Die Kontakte zum Landratsamt im Jerichower Land wurden nun häufiger. »Landrat anrufen« hatte Gert N. für den 6. Juli 2006 um 9 Uhr in seinem Kalender notiert. Es folgten mehrere Telefonate zwischen den beiden. Die Abfallmischanlage, die der Tongrube Vehlitz vorgeschaltet war, sollte nach den Plänen von Gert N. ihren Durchsatz erhöhen, und zwar gewaltig, von 50.000 auf 400.000 Tonnen im Jahr. Landrat F. rief – wohl noch am selben Tag – in der Abfallbehörde des Kreises an und machte Druck, wie der Nachricht einer Sachbearbeiterin zu entnehmen ist: »Gemäß Anruf des LR [Landrat; d. Verf.] ist die Stellungnahme zum Vorhaben [P. Steinwerk GmbH] vordringlich zu erstellen.« Einen Monat später war auch diese Genehmigung eingetütet.

Der Dreck blubberte und das Geld sprudelte. Bereits nach ihrem ersten Geschäftsjahr schüttete das neue Unternehmen fast drei Millionen Euro an ihre Eigentümer aus. Für Anteilseigner Hagen W. war 2006 sowieso ein herausragendes Jahr. Ein Pferd aus seinem Stall, ein Holsteiner Wallach, sprang von Turniersieg zu Turniersieg. Sein Reiter wurde sogar in den Bundeskader berufen. Einer Verbandszeitschrift zufolge soll das erfolgreiche Springpferd einst über den Reitstall von Gert N. in den Besitz von Hagen W. gelangt sein. Im Laufe seiner Karriere gewann das Pferd fast 400.000 Euro Preisgeld.

Ein anderes Pferd von Hagen W. gehörte im Juni 2006 bei einem Reitturnier im Münsterland zum Teilnehmerfeld. Dort vertreten auch Pferde des Lokalmatadors Franz R.*, dem Chef der R. Abfallentsorgung GmbH. Jener Firma, die ungefähr zur gleichen Zeit ihren Dreck in Brandenburg und später auf der Deponie Freyburg-Zeuchfeld in Sachsen-Anhalt entsorgte. »Die Geschäfte wurden auf Reitturnieren abgeschlossen«, sagte mal ein Beobachter der Müllbranche. Beweise legte er nicht vor. Auffällig aber ist, dass sich noch mehr Entsorger für Pferde begeisterten. Der Müllschieber Thomas Z.* (Kapitel 18, 19, 22, 23) aus Naundorf hatte Ställe und eine Reithalle sogar mitten auf seinem Anlagengelände errichtet.

Ob sich Franz R. und Hagen W. tatsächlich bei dem Reitturnier im Juni 2006 getroffen haben oder nicht, sicher ist: Der Abfalltransport aus dem Münsterland, der sich im Februar 2007, also acht Monate nach dem Reitturnier, auf dem Weg zur Sortier- und Aufbereitungsanlage von Bernd C. im südlichen Brandenburg befand, sollte mit einem Male ins Jerichower Land umgeleitet werden – nachdem er von dem Autobahnpolizisten Ralf S. auf der A 30 gestoppt worden war. Vier Stunden dauerte die LKW-Kontrolle schon an, als der Disponent des Unternehmens einen Entsorgungsnachweis zur Polizeidienststelle faxte. Auf dem stand das neue Ziel des Transports: die Abfallanlage in Rietzel im Jerichower Land. Bekanntlich musste der Dreck zurück ins Münsterland. »Aufgrund der immer noch bestehenden Unstimmigkeiten bezüglich der stofflichen Eigenschaften des Abfalls, sowie der richtigen Schlüsselung und darüber hinaus des eigentlichen Empfängers«, wie es im Einsatzbericht von Polizist S. hieß.

DER LANDRAT

Im November 2006 passierte, was irgendwann passieren musste. Die umtriebigen Müllgeschäfte begannen aufzufallen. Das Gewerbeaufsichtsamt Hannover verfolgte eine Spur, die von Niedersachsen in den Landkreis Jerichower Land führte. Es ging um – natürlich – »191212«. Die Behörde hatte sich in einer Anlage in Hannover diesen Abfall einmal näher angeschaut: »Er zeichnete sich bereits visuell durch einen hohen organischen Anteil aus«, teilte sie der Kreisverwaltung in Burg mit. Die Überprüfung des Entsorgungsweges habe ergeben, dass der Müll zum Unternehmen nach Rietzel gehe und von dort womöglich in eine Tongrube. Das Gewerbeaufsichtsamt wollte wissen, was dort damit passiert, und forderte eine Reihe von Informationen und Unterlagen an, darunter Anlagegenehmigungen, eine Beschreibung und Analyse des Inputs, Auskünfte über die Behandlungsschritte, Bilanzen und Entsorgungsnachweise.

Keine Frage: Hier schöpfte jemand Verdacht. Brisanter wurde die Sache, als sich auch noch das niedersächsische Umweltministerium mit einem Schreiben an das Umweltministerium von Sachsen-Anhalt einschaltete. Darin war von »Verstößen gegen das Bodenschutzrecht« und »von dringendem Klärungsbedarf« die Rede. Das war am

6. Dezember 2006. Schon da hätte das Verklappungsgeschäft der Entsorgungsfirma in Rietzel und der P. Steinwerk GmbH auffliegen können. Doch dazu kam es nicht.

Statt in die Gruben schauten Politik und Landesbehörden auf die Kreisverwaltung in Burg. Das Bergamt und das Landesverwaltungsamt verlangten Stellungnahmen. Die sollten sie bekommen. Viel Papier wurde in den nächsten Wochen und Monaten zwischen Burg und Halle hin- und hergeschickt. Mit dem Ergebnis, dass alles so weiterging wie bisher. Auch die Niedersachsen erhielten Post aus Burg, danach gaben sie Ruhe.

Die wenigsten wussten, was ein Gericht neun Jahre später feststellen würde: dass Ludwig F., der Landrat im Jerichower Land, mit dem Müllpaten Gert N. unter einer Decke steckte. Zum Umgang mit den Verdächtigungen aus Niedersachsen heißt es im schriftlichen Urteil gegen F.: »Er besprach diese Angelegenheit mit Gert N. und forderte von den Mitarbeitern der Kreisverwaltung eine für die P. Steinwerk GmbH und die Entsorgungsfirma günstige Bearbeitung.«

Ludwig F. schrieb dem Urteil zufolge seinen Mitarbeitern nicht nur in diesem Fall vor, wie sie sich zu äußern hatten. Er beriet sich vorher mit Gert N. und ließ sich Stellungnahmen von ihm oder dessen Beratern mitunter vorformulieren. Bedenken aus den eigenen Fachämtern wischte er dagegen weg. Dies ging so weit, dass ein Verwaltungsmitarbeiter seinen Vorgesetzten in einer E-Mail fragte: »Sollen wir [...] nun das Gesetz oder Herrn Landrat befolgen/anwenden???«

Landrat F. schaffte es, dass sie ihm folgten. Er setzte kurze Fristen, übte Druck aus, drängte und bedrängte. Vor Kontakten, die kritisch sein könnten, schottete er seine Verwaltung zunehmend ab. Wollte etwa ein Mitarbeiter mit einem Mitglied des Kreistags sprechen, musste das vorher bei ihm angemeldet werden. Wie das System F. funktionierte, zeigte sich auch in seinem Umgang mit politischen Kontrahenten. »F. schürt Angst. Es ist klar, dass keiner

Entscheidungen gegen ihn treffen will«, sagte einmal eine Lokalpolitikerin über den parteilosen Verwaltungschef. Sie war Leiterin eines Frauenhauses, das vom Landkreis finanziell abhängig war. Und sie saß für die SPD im Kreistag. Als sie sich gegen das Vorhaben des Landrats aussprach, das Krankenhaus in Burg vollständig zu privatisieren, soll er ihr gedroht haben. »Er hat mich unter Druck gesetzt und gesagt, dass ich mir meine Entscheidung überlegen soll. Schließlich wüsste ich ja, wo ich arbeiten und mein tägliches Brot herbekommen würde«, erzählte sie im Jahr 2013 einer Tageszeitung.

2013 – da saß F. als Landrat noch immer fest im Sattel. Trotz Ermittlungen und Anklagen. Mit einer Zweidrittelmehrheit hätte der Kreistag ihn suspendieren können. Doch zu viele Mitglieder schreckten davor zurück, wagten es nicht, sich gegen ihn zu stellen. Auch das sagt viel über seine Macht aus und über die Ohnmacht der anderen.

Wegen des Verdachts illegaler Entsorgungspraktiken begann im Februar 2007 die Staatsanwaltschaft Stendal zu ermitteln. Ein Rechtsanwalt, er vertrat ein bundesweit tätiges Entsorgungsunternehmen, das nicht namentlich genannt werden wollte, hatte Anzeige erstattet. Landrat F. vermutete ein Mannheimer Unternehmen, das auch in Leuna, Sachsen-Anhalt, einen Müllofen betrieb, hinter diesem Manöver. Man sollte meinen, dass es jetzt ernst wurde. Wurde es aber nicht. Der ermittelnde Staatsanwalt machte, was Staatsanwaltschaften bei mutmaßlichen Umweltdelikten machen: Sie erkundigen sich bei den zuständigen Umwelt- und Kontrollbehörden. Die weiteren Ermittlungen hängen davon ab, was die Behörden berichten. Der Landkreis Jerichower Land lieferte den Standardbericht: Eine Überprüfung der Stoffströme habe keine Anhaltspunkte dafür ergeben, dass unerlaubt Abfälle entsorgt werden. Das Bergamt in Halle wusste offenbar auch nichts anderes mitzuteilen. Die Ermittlungen wurden nach vier Monaten eingestellt.

Unwahrscheinlich, dass sich der Staatsanwalt aus Stendal selbst in Rietzel oder in den Gruben umgesehen hat. Hätte er es getan, dann hätte er wohl weiter ermittelt. Dann hätte er gesehen, was ein Mitarbeiter von Ludwig F.s Behörde inzwischen festgestellt hatte, denn die dreckigen Müllgeschäfte ließen sich immer schwieriger verbergen. Aus den Ortschaften häuften sich die Beschwerden. Am 27. Februar 2007 etwa meldete die Gemeinde Vehlitz »massive nächtliche Transporte« von der Sortieranlage Rietzel zur Grube Vehlitz. Einen Tag später berichtete die Stadt Gommern von Geruchsbelästigungen aus Richtung Tagebau. Nach weiteren Klagen über Staub entschied sich der Sachgebietsleiter »Immissionsschutz« der Kreisverwaltung des Jerichower Landes für einen Kontrollbesuch. Offenbar ohne Rücksprache mit dem Landrat. Der Kontrolleur war erst kurz zuvor vom Landesverwaltungsamt in Halle nach Burg gewechselt. Die Untergebenheit war ihm wohl noch nicht in Fleisch und Blut übergegangen. Staub und Gestank fielen außerdem in sein Fachgebiet. Also rückte er am 29. März 2007 aus.

»Es sind in der Tat nicht unerhebliche Staubbelastungen insbesondere an der Einmündung in den Ort Vehlitz und der Ausfallstraße nach Ladeburg zu verzeichnen. Es ist ein hoher Fahrzeugverkehr festzustellen«, begann er tags darauf seinen Bericht. Was er weiter schrieb, bot ausreichend Stoff für einen Skandal: »Zu den immer wieder festgestellten Gerüchen nach Hausmüll oder Kompost kann ich bestätigen, dass diese auch gestern festzustellen waren. Nach Ortsbesichtigung kann es nur einen Emittenten geben, und das sind die in der Tongrube abgelagerten Vorabsiebmaterialien AVV 191212.« Der Müll war demnach nur grob gesiebt, durchsetzt mit Plastik und Organik. Die Schilderungen wurden drastischer: »Diese Materialien sind jedoch nicht wie nach Bescheid eingebracht und abgedeckt, sondern zu einem Berg/Deponie ich schätze ca. 70.000 t aufgetürmt.« 70.000 Tonnen – das sind umgerechnet fast 3.000 LKW-Ladungen. Das musste doch längst aufgefallen sein. Doch offenbar war diesem Kontrolleur das Ausmaß bis dato nicht bekannt gewesen.

Sein Bericht schwankte zwischen sachlichen Informationen und Entsetzen. Mal nüchtern: »Die Abfälle werden mittels Raupe verdichtet, um u.a. den Plastikflug zu unterbinden. Durch die organischen Inhaltsstoffe in der Vorabsiebung erfolgen durch die Art der Lagerung biologische Abbauprozesse, die zu den Gerüchen führen.« Mal beängstigend: »Über die möglichen Brandpotentiale will ich gar nicht erst nachdenken.«

Der Sachgebietsleiter stieß auch auf den Dreck des Unternehmens von Jürgen M. aus Braunsbedra: »In meinem Beisein wurde für die Tongrube ein Material aus Braunsbedra unter AVV 191209 (Sand und Steine) angeliefert. Ich konnte sofort feststellen, dass es sich hier um die AVV 191212 Vorabsiebung handelte.«

Es ist nicht überliefert, wie lang er die Kontrolle durchführte. Doch je länger sie andauerte, desto klarer wurde ihm offenbar, was sich gerade vor seinen Augen und wohl auch schon seit Jahren abspielte: »Sollten alle Anlieferungen so laufen, hat das Bergamt ja gar keine Kenntnis über die Berge von tatsächlich zu deklarierenden AVV 191212 Vorabsiebmaterialien, sondern hat anhand der falschen Papiere den Eindruck, dort liegt nur mineralisches Material AVV 191209. Ich denke hier besteht auch Gesprächsbedarf mit dem Bergamt.« Dem Mann ging ein Licht auf: »Insofern werden auch die abgeforderten Unterlagen der Anlagen Vehlitz, Rietzel und Tongrube Vehlitz formal sicher nicht zu beanstanden sein, da aus den Unterlagen die Falschdeklaration ohne Vor-Ort-Feststellung nicht ermittelt werden kann.«

Dieser Bericht war entlarvend. Ludwig F. hatte ihn selbstverständlich erhalten und veranlasste nach einem Anruf bei Gert N. – nichts. »Insbesondere wurde auch das LAGB [Bergamt; d. Verf.] nicht über die festgestellten Falschdeklarierungen der Abfälle und den festgestellten organischen Gehalt der Abfälle informiert«, wie die Richter Jahre später in ihrem Urteil betonten. Dem Staatsanwalt aus Stendal, der zu diesem Zeitpunkt noch am Anfang seiner Ermittlungen stand, wurde der Bericht ebenfalls vorenthalten.

Die geschilderten Beobachtungen ließen nur zwei Schlüsse zu: Entweder das Bergamt wusste längst von den mehr als fragwürdigen Praktiken in der Grube Vehlitz – und duldete sie. Oder es hatte keine Ahnung, weil es seine Kontrollen auf die Papierlage, das Einholen von Stellungnahmen und auf Kaffeetrinken mit Gert N. und dessen Geschäftsführer Simon H. beschränkte. Vor Ort soll die Behörde gewesen sein. »Zu routinemäßigen Befahrungen«, wie der damalige Wirtschaftsminister und oberste Aufseher über die Tagebaue im Land, Rainer Haseloff, später dem parlamentarischen Untersuchungsausschuss berichtete. Alles sei ordentlich, alles sei sauber gewesen, hieß es laut Haseloff im Protokoll einer Kontrolle von Mai 2007. Ein Befund, der im völligen Widerspruch zur Wirklichkeit stand. Haseloff erklärte das so: Die Befahrungen seien immer angekündigt worden. Es sei davon auszugehen, dass man sich in der Grube gezielt darauf vorbereitet habe. Sprich: Die Mitarbeiter des Bergamtes wurden getäuscht, der Müll vor ihren Augen versteckt. So lief es in Brandenburg in den Kiesgruben ab. So soll es in Vehlitz gewesen sein. Doch hier wie dort zeigte sich: Wer genauer hinschaute, konnte den Dreck nicht übersehen.

So war es auch in Vehlitz, als sich das Bergamt zu einer Probennahme durchrang. Im Oktober 2007 kam aus dem Labor die Bestätigung, dass die beprobten Abfälle zur Verfüllung des Tagebaus ungeeignet waren. Sie wiesen ein hohes Gasbildungspotenzial, einen hohen Heizwert und Überschreitungen bei den Parametern Nickel, Zink, Chlor, PCB, TOC und Glühverlust auf. Am 9. November 2007 teilte das Bergamt diese Ergebnisse der P. Steinwerk GmbH mit und kündigte an, die Betriebszulassung für Vehlitz umstellen zu wollen. Dem Verklappungsgeschäft drohte das Aus. Landrat F. war jetzt mehr denn je gefragt.

Unterdessen ging die Kreisverwaltung in Burg kritischen Fragen aus dem Weg, etwa als Steffi K., die zuständige Kontrolleurin für das Unternehmen in Braunsbedra, anrief und sich nach dem Verbleib von 60.000 Tonnen Dreck von Jürgen M. erkundigte. Dem Untersuchungsausschuss erzählte sie später, wie man sie abgewimmelt habe: »Die Behörde dort hatte ich am 19. September 2007 angeschrieben und gebeten, doch zu prüfen, wie die Abfälle dort ankommen, ob die überhaupt verwertet werden können.« Im November hatte Steffi K. noch immer keine Antwort. Sie blieb hartnäckig. »Dann habe ich eigentlich permanent beim Jerichower Land angerufen und nachgefragt, was dort ist und warum ich denn keine Antwort bekomme. Die Kollegen haben gesagt: ›Na ja, es ist so eine Sache. Ich kann dort nicht jede Woche hinfahren zum Kontrollieren. Wir waren erst dort, und es ist alles in bester Ordnung.‹«

Mitte November bekam Steffi K. es dann auch nochmal schriftlich: »Die im Sommer dieses Jahres im Rahmen der immissionsschutz- und abfallrechtlichen Überwachung durchgeführten Anlagenkontrollen, bei denen u.a. auch die Nachweisführung und die Entsorgungswege der Abfälle überprüft wurden, ergaben keine Beanstandungen.« Landrat F. hatte das Schreiben abgesegnet. Über die falsch deklarierten Lieferungen, die der Sachgebietsleiter »Immissionsschutz« in der Tongrube Vehlitz festgestellt hatte, fand sich darin kein Wort.

Das System F. deckte nicht nur die Machenschaften der P. Steinwerk GmbH und der Sortier- und Aufbereitungsanlage in Rietzel. Es verhinderte auch die Weiterverfolgung des Braunsbedraer Unternehmens von Jürgen M. »Meine Bedenken wurden aus meiner Sicht nicht weiter berücksichtigt«, erinnerte sich Steffi K. Ihr waren die Hände gebunden, ihre Zuständigkeit endete an der Grenze ihres Landkreises.

Ludwig F. hatte seine Macht als Verwaltungschef im Jerichower Land mehrfach zugunsten von Gert N. und dessen Geschäftspartnern ausgespielt. Die Entscheidung, die nun bevorstand, oblag nicht seiner Behörde. Der Landrat versuchte dennoch Einfluss zu nehmen. »Die Firma P. Steinwerk GmbH ist ein im Landkreis tätiges Unternehmen, das mittlerweile 150 Arbeitsplätze geschaffen hat und somit einen bedeutsamen wirtschaftlichen Faktor in der Region darstellt.« So begann er einen Brief an den Präsidenten des Bergamtes in Halle. »Durch das Unternehmen wurde ich darüber informiert, dass seitens Ihres Amtes eine Änderung der Zulassung vorgesehen ist. Dadurch wird die Gefahr gesehen, dass der Betrieb eingestellt werden muss«, warnte Ludwig F. Datum seines Schreibens: 12. Februar 2008. Die Probennahmen in Vehlitz lagen schon eine Weile zurück. Mehr als ein halbes Jahr war seitdem verstrichen, »191212« und »191209« noch immer nicht aus der Zulassung gestrichen, auch keine Strafanzeige erstattet worden. Das hieß: Spätestens jetzt duldete das Bergamt das Verklappen.

DER PRIVATDETEKTIV

Es gebe keine Hinweise darauf, dass in den Tagebauen Sachsen-Anhalts im großen Umfang Abfälle illegal entsorgt werden. Das teilte im April 2007 das Umweltministerium in Magdeburg dem Branchenmagazin *Europäischer Wirtschaftsdienst (Euwid)* mit. Zu diesem Zeitpunkt hatten sich beim Landkreis Jerichower Land die Anzeichen für fragwürdige Entsorgungspraktiken längst verdichtet. Doch Behördenchef Ludwig F. ließ nichts nach außen dringen. Das Ministerium berief sich auf das zuständige Landesamt für Bergbau, bei dem es sich einen Überblick über die Lage verschafft habe. Demnach verfügten 75 Betriebe des Steine- und Erdenbergbaus über die Genehmigung, ihre Gruben mit »Fremdmaterial« aufzufüllen. Als Füllmaterial zugelassen seien Boden, Steine und andere mineralische Abfälle. Organische Beimischungen seien »grundsätzlich nicht gestattet«.

Die Branche schätzte die Lage inzwischen ganz anders ein. Der Prüfung des Ministeriums war laut einem *Euwid*-Bericht ein Warnruf des »Kompetenznetzwerks Mitteldeutsche Entsorgungswirtschaft« vorausgegangen. Diese Lobbyvereinigung vertritt die Interessen von Aufbereitern und Verbrennern. Die wiederum interessierten sich für den Müll, der in Vehlitz und in anderen Tagebauen verscharrt wurde. »Es wurde hochgerechnet, dass bundesweit sechs bis neun Millionen Tonnen Abfälle außerhalb der gesetzlichen Anforderungen bei großzügiger Auslegung der Genehmigung in den Gruben verschwinden«, wandte sich das Netzwerk ans Ministerium und warnte: Sollte sich diese »Billigentsorgung« fortsetzen, würden Investitionen in thermische und andere hochwertige Abfallbehandlungsanlagen gefährdet. Über Branchenkreise hinaus nahm jedoch kaum jemand Notiz davon. Die Warnung verpuffte, wie man an der Reaktion des Magdeburger Umweltministeriums sehen konnte. Die breite Öffentlichkeit bekam nichts mit. Die Deutschen trennten weiter brav ihren Müll, separierten Verpackungsmüll vom Rest des Abfalls, spülten ihre ausgelöffelten Joghurtbecher womöglich noch mit Wasser sauber, bevor sie sie zusammen mit anderen ausgedienten Konsumartikeln in einem Plastiksack oder in einer Tonne sammelten. In der Annahme, dass alles recycelt wird. Die Verbrennung galt als Umweltsünde, Müllöfen als Giftschleudern. Dass aber gewaltige Mengen in Kies- und Tongruben abgekippt und vergraben wurden, blieb ihnen verborgen. Solange die Bevölkerung im Dunkeln tappte, sahen Politiker offenbar auch keine Notwendigkeit, an diesen Verhältnissen etwas zu ändern.

Die Konkurrenz musste sich etwas einfallen lassen, wollte sie das Bündnis aus Müllbaronen und Kiesfürsten zerschlagen. Die Sache sollte nicht einfacher werden. Die dunkle Seite bekam durch eine Übernahme einen neuen, mächtigen Partner. Veolia Propreté schluckte im Juli 2007 die Sulo-Gruppe. Damit gingen auch die Mehrheitsanteile an der Abfallanlage in Rietzel an den französischen Umweltkonzern über, konkret an die deutsche Tochter Veolia Umweltservice West GmbH & Co. KG. Von nun an war ein Weltkonzern in das Verklappungsgeschäft von Gert N. involviert.

Als Erstes reagierte die BKB Aktiengesellschaft, eine Tochtergesellschaft des Energiekonzerns E.ON. Heute heißt die Firma EEW Energy from Waste GmbH und gehört einem chinesischen Investor.

Zum Anlagenpark der EEW zählen mittlerweile 18 Kraftwerke, die jährlich 4,7 Millionen Tonnen Müll in Prozessdampf, Fernwärme und Strom umwandeln. Damit ist EEW im Bereich der sogenannten thermischen Verwertung von Abfällen das führende Unternehmen in Deutschland. Das hätte auch ganz anders kommen können, denn die Müllschieber gefährdeten das Milliardengeschäft der Verbrenner.

BKB stand für Braunschweigische-Kohlen-Bergwerke. 100 Jahre hatte diese Firma das Helmstädter Revier ausgebeutet. Bis Anfang der 1990er-Jahre. Dann begann der Abschied von der Kohle. Die Zukunft gehörte dem Müll. Darauf wurden nun Planungen und Kalkulationen ausgerichtet. Ab 1997 verbrannte selbst das Braunkohlekraftwerk der BKB in Helmstedt nicht mehr nur Kohle. Ein Jahr später nahm die BKB in Sichtweite zum Kohlenmeiler das erste Müllkraftwerk in Betrieb. Die E.ON-Tochter investierte viele Millionen Euro in neue Müllöfen, auch in Rothensee bei Magdeburg und in Hannover. Was ihr ab 2007 aber auszugehen drohte, war der Brennstoff. Jedenfalls war das die Befürchtung in der Chefetage. So kam ab Sommer 2007 Tamer Bakiner ins Spiel.

Tamer Bakiner war Mitte 30 und Privatdetektiv aus Augsburg. Seit zehn Jahren war er für Vorstandschefs, Manager und Privatkunden als Detektiv im Einsatz, beschattete Menschen um die halbe Welt. Nun sollte er Informationen über die Müllmafia besorgen. »Das waren die mühsamsten Observationen, die ich je hatte«, berichtete er zehn Jahre später. Mühsam und bedrohlich sollte es werden.

Bald schon lag Bakiner zusammen mit bis zu fünf Mitarbeitern seiner Wirtschaftsdetektei unweit von Magdeburg auf der Lauer und observierte die Tongrube Vehlitz. Es waren die Müllschieber selbst, die den Privatdetektiv ins Jerichower Land geführt hatten. Unfreiwillig natürlich. Bakiner hatte sich an ihre Lastwagen geheftet, wenn die den Dreck bei Abfallanlagen in Westdeutschland aufluden. Er folgte ihnen bei Tag und bei Nacht, durch Städte und Dörfer, über

Autobahnen und Landstraßen. Meistens mit Tempo 80, dem Tempolimit für LKW. Um nicht aufzufallen, ließ sich Bakiner mit seinem Wagen zurückfallen. Wenn er mal überholte, dann wartete er an der nächsten Notrufsäule oder auf dem nächsten Parkplatz, bis sein Zielobjekt wieder an ihm vorbeizog. Dann setzte er die Verfolgung fort. An einem Septembermorgen stand er schließlich das erste Mal vor der gewaltigen Senke im Landkreis Jerichower Land, dem größten aller dunklen Löcher.

Täglich sechs Uhr morgens begann die Observation der Tongrube Vehlitz und dauerte manchmal bis spät in die Nacht. Ihr Auto hatten die Detektive zwischen Bäumen versteckt und mit einer Tarnplane abgedeckt. Tamer Bakiner und seine Leute lagen flach auf dem Boden und beobachteten mit dem Teleobjektiv aus sicherer Entfernung das Geschehen in der Grube. Sie fotografierten Lastwagen um Lastwagen. Es herrschte reger Verkehr. Müll kam, Müll verschwand. Die Detektive notierten Kennzeichen und Namen von Lieferanten und Speditionen. An manchen Tagen dokumentierten sie 80 Sattelzüge.

Spätestens Anfang Oktober 2007 mussten Bakiner die Transporte von Jürgen M. aus Braunsbedra aufgefallen sein. Nachdem Jürgen M. der Entsorgungsweg nach Freyburg-Zeuchfeld verboten worden war, wich er auf andere dunkle Löcher aus. Er lieferte zu einer Firma bei Köthen, die den Dreck in der Kiesgrube Wieskau verschwinden ließ. Zu einer Grube nach Sachsen. Zu Roland V. nach Brandenburg. Zu einer alten Deponie auf der Ostseeinsel Usedom. Und eben vor allem nach Vehlitz.

Den Müll konnte Bakiner selbst aus der Ferne mit bloßen Augen erkennen. Doch Berichte, Fotos und Notizen, mochten sie noch so detailliert sein, waren nicht genug. Sie würden nicht ausreichen, um die Müllschieber zu überführen. Was der Auftraggeber verlangte, waren handfeste Belege. Die Detektive mussten in die Grube schleichen und Proben von dem Dreck nehmen. Also warteten sie, bis die

Maschinen schwiegen und es dunkelte. Erst dann wagten sie sich aus ihrem Versteck und stiegen in das Loch hinab. Insgesamt 50 Abfallproben stellten sie im Laufe der Monate sicher. Im Februar 2008 hatte Bakiner alles, was er brauchte. Nach einem halben Jahr Detektivarbeit. Sein Auftraggeber leitete das Material an die Staatsanwaltschaft weiter. Auf die Ermittler allein wollte man sich aber nicht verlassen.

Als kurz darauf publik wurde, was Bakiner herausgefunden hatte, geriet er selbst ins Visier. Er wurde eigenen Angaben zufolge mehrfach bedroht. Eine Drohung erreichte ihn auf seinem Privattelefon, wie er später verriet: »Die Stimme am Telefon hat nur gesagt: Steck' deine Nase nicht überall rein. Pass auf, was du machst, Bakiner.« Eine andere Drohung kam per Post: »Du bist zu weit gegangen.« Mehr stand laut Bakiner in dem Schreiben nicht. Gerade das habe ihn beunruhigt. Morddrohungen hatte er nach eigener Darstellung schon viele erhalten. Gehört offenbar zu seinem Beruf. Dieses Mal aber nahm der Detektiv die Drohungen besonders ernst. Bakiner war vorsichtiger als sonst, übervorsichtig, wie er rückblickend meinte: »Wenn ich ein Gebäude verließ, kontrollierte ich, ob mir jemand folgte. Nach 100 Metern überprüfte ich die Lage erneut. Ich ging auf direktem Weg zu meinem Wagen. Im Auto behielt ich den Rückspiegel im Blick und merkte mir die Fahrzeuge hinter mir und die dahinter. Wenn sie mir zu lange folgten, wählte ich Wege, die ich sonst nicht nahm, und fuhr prinzipiell langsamer. Überholten die vermuteten Verfolger mich nicht, bog ich ab.«

Ob Bakiner nun tatsächlich verfolgt wurde oder ob es bei den Drohungen blieb, dazu äußerte sich der Detektiv auch auf Nachfrage nicht. Möglicherweise war er, wie er selbst andeutet, ein wenig paranoid. Eines aber war er ganz gewiss nicht: eingeschüchtert. Schon wenige Wochen nach Vehlitz lag Tamer Bakiner zusammen mit drei Mitarbeitern nahe Dresden unter einer Bundeswehr-Tarndecke in einem Erdloch und observierte die Deponie Lockwitz.

Kaum hatte Tamer Bakiner seine Observation im Jerichower Land abgeschlossen, da trudelten im Wirtschaftsministerium von Sachsen-Anhalt die Anfragen ein. Journalisten wollten wissen, ob der Betreiber der Tagebaue Möckern und Vehlitz, die Firma P. Steinwerk GmbH, Haus- und Gewerbemüll ablagern dürfe. Sie fragten nach Gefahren für die Umwelt und Kontrollmaßnahmen. Die Presse hatte einen Tipp bekommen. Und nicht nur das: Zumindest Reporter des ZDF-Magazins *Frontal 21* besaßen auch handfeste Beweise. Am 10. März 2008 konfrontierten sie das Landesbergamt mit Abfall aus Vehlitz – Proben ähnlich denen, die die Detektive um Bakiner in der Grube sichergestellt hatten.

Daraufhin rückten die amtlichen Aufseher noch am selben Tage aus. Als wüssten sie nicht längst, was in Vehlitz abläuft. »Die übergebenen Proben sind reine hochkalorische Fraktionen, die eigentlich für die Verbrennung bestimmt sein sollten«, wie sie feststellten und in einem Einsatzprotokoll notierten. In der Grube stießen sie auf das gleiche Material. Auf fast nichts anderes: »Die vorgefundenen Abfälle im Verfüllbereich weisen einen Mineralanteil gegen null auf.«

Bislang hatte man bei Hinweisen beschwichtigt, vertröstet und abgewartet. Durch die Medien spitzte sich die Lage mit einem Mal zu. Veröffentlichungen standen unmittelbar bevor. Ministerium und Bergamt gerieten gehörig unter Druck und versuchten zu retten, was noch zu retten war. So erließ das Bergamt am 11. März 2008 schnell den Bescheid, über den schon seit mehr als einem halben Jahr diskutiert wurde und den Landrat F. mit seinem Schreiben einen Monat zuvor noch verhindern wollte. Jetzt, erst jetzt griff die Behörde durch und untersagte der P. Steinwerk GmbH, was sie ihr am 5. März 2004 fatalerweise erlaubt hatte: die Verfüllung der Tongrube Vehlitz mit »191212«. Die Genehmigung von damals sei rechtswidrig gewesen, hieß es zur Begründung.

Eine späte Einsicht, zu spät für Walter J.*, Präsident des Bergamtes. Das ZDF berichtete noch am selben Abend. Am nächsten Morgen wurde Walter J. vom Wirtschaftsministerium seines Postens enthoben. Millionen Zuschauer an den Fernsehgeräten hatten alles gesehen: haufenweise Plastikmüll, angekarrt von Lastwagen, einfach abgekippt und verscharrt. Eine riesige Umweltsauerei mitten in Deutschland. Das größte aller dunklen Löcher war endgültig enttarnt worden. Ans Aufgeben dachten Simon H., Gert N. und Landrat F. aber noch nicht. Per Eilantrag klagten die Chefs der P. Steinwerk GmbH gegen das Verbot von »191212«. Ein jahrelanger Rechtsstreit an Verwaltungsgerichten sollte folgen. Der Landrat versuchte derweil, seine politischen Kontakte zu nutzen, und wandte sich »mit klarstellenden Informationen« direkt an den Wirtschaftsminister.

In E-Mails vom 20. und 27. März 2008 an Rainer Haseloff kritisierte Ludwig F. eine »nicht gerechtfertigte und unverantwortliche Darstellung der Vorgänge in der Öffentlichkeit, die das Ansehen des Landes und des Landkreises nachhaltig schädigt«. Ludwig F. vermutete, dass hinter den Medienberichten »die großen Entsorger« steckten, die um Stoffströme kämpften – womit er nicht ganz falsch lag. Er stellte auch Messergebnisse zu Umweltgefahren infrage und bezeichnete Überprüfungen als »dilettantischen Aktionismus«. Der Landrat warnte vor einer Insolvenz des Betreibers und vor Schadenersatzforderungen in Millionenhöhe. Kurzum: Der Landrat versuchte alles, um die P. Steinwerk GmbH zu schützen.

Der Zerfall des Verklappungsimperiums hatte aber bereits eingesetzt. Das Landesverwaltungsamt aus Halle wies Ludwig F.s Kreisverwaltung an, die Sortieranlage in Rietzel und die Mischanlage der P. Steinwerk GmbH vor der Tongrube Vehlitz unverzüglich stillzulegen. Die Betreiberfirma der Sortieranlage reagierte prompt: Das Unternehmen, das mehrheitlich dem französischen Umweltkonzern Veolia gehörte, meldete noch im März Insolvenz an. Damit trat auch Veolia die Flucht an.

Dennoch sah es zwischendurch so aus, als wenn Simon H., Gert N. und Ludwig F. mit ihren Manövern Erfolg haben würden.

So fielen die ersten verwaltungsrechtlichen Entscheidungen zugunsten der P. Steinwerk GmbH aus und sie schienen im Geschäft zu bleiben. »Die Tongrube in Vehlitz war und ist sicher, und wir tun alles dafür, dass sie auch in Zukunft keine Gefährdung für Mensch und Umwelt darstellt«, kommentierte etwa Simon H. ein Urteil des Verwaltungsgerichts Magdeburg.

Es konnte also erstmal weitergehen. Ohne Veolia. Dafür aber mit einem neuen Geschäftsführer. Udo B.* hieß der Neue, ein Autohändler aus der Region. Im Juni 2008 wurde er dem bisherigen Geschäftsführer Simon H. zur Seite gestellt. Seine Geschäftsidee: Abfälle aus dem Raum Neapel. Mit dem Besitzer eines italienischen Restaurants schmiedete er diesen Plan. Gemeinsam wollten sie auch einen Saunaklub aufziehen, mit Massageräumen, beleuchtetem Pool und Tänzerinnen. Ein kurzes, ein letztes Aufflackern. Nichts davon sollte noch zur Umsetzung kommen.

Im September 2008 rückte die Staatsanwaltschaft Stendal zur Großrazzia aus. In vier Bundesländern durchsuchte sie Geschäfts- und Wohnräume. Udo B. war da schon kein Geschäftsführer mehr. Er war am 7. August 2008 verhaftet worden.

BARGELD UND AUTOS

Udo B. war eine Schlüsselfigur in dem dreckigen Spiel, zunächst als Mittelsmann zwischen Gert N. und Ludwig F., später als Kronzeuge der Staatsanwaltschaft.

Gert N. und Udo B. waren Freunde. Sie hatten sich 1997 kennengelernt, bei einem Reitturnier. Über Gert N. kannte Udo B. auch den Hamburger Unternehmer Hagen W. (Kapitel 14). Die drei Männer sollen sich gelegentlich zum Abendessen in der Villa von Gert N. in Rietzel getroffen haben. All das plauderte Udo B. später aus. An einem dieser Abende habe Hagen W. ihm Anteile an der Firma angeboten. Das Geschäft sei per Handschlag besiegelt worden. Der dritte Gesellschafter, Hagen W.s langjähriger Geschäftspartner Notker U., habe aber sein Veto eingelegt.

Udo B. wurde also kein Teilhaber, aber blieb im Geschäft – als Geldbote. Im Auftrag von Müllpate Gert N. überbrachte er Ludwig F. den Lohn für seine Dienste. Insgesamt 45.000 Euro plus diverse Extras. B. behauptete, dass deutlich mehr geflossen sei. Auch die Staatsanwaltschaft ging von einem sechsstelligen Betrag aus, als sie am 10. März 2014 Anklage gegen Ludwig F. wegen Bestechlichkeit im besonders schweren Fall erhob. Doch das Landgericht Magdeburg, das über diesen Korruptionsfall zu entscheiden hatte, ließ sich nur von zwei Geldübergaben überzeugen. Übergabeort soll ein Baumhaus oder ein Hochsitz in der Nähe von F.s Wohnhaus gewesen sein. Im Jahr 2006 wechselten dort 25.000 Euro den Besitzer. Im Mai 2008 noch einmal 20.000 Euro.

Der zweite Betrag stammte aus Müllgeschäften mit Jürgen M. Vehlitz gehörte neben Freyburg-Zeuchfeld zu seinen Hauptabnehmern. Das war Kontrolleurin Steffi K. bereits 2007 aufgefallen. Im selben Jahr zahlte der schwäbische Müllschieber insgesamt 165.000 Euro auf ein Schwarzgeldkonto in der Schweiz. Laut Gericht Provisionen, die Jürgen M. für Lieferungen seines Unternehmens an die P. Steinwerk GmbH entrichtete. Von diesem Schweizer Konto kamen die 20.000 Euro.

Über die Grenze brachte das Geld ein in der Schweiz ansässiger Jurist. Wegen seiner kriminellen Vergangenheit hatte der Mann seine Zulassung als Rechtsanwalt eingebüßt. Jetzt arbeitete er für Gert N. als Berater und Geldkurier. Seit November 2007 war er mehrmals nach Deutschland gereist. Mit größeren Beträgen an Bargeld im Gepäck, darunter auch der zweite Batzen Schmiergeld, den er an Udo B. weiterreichte.

Udo B. hatte den Landrat mit weiteren Gefälligkeiten bei der Stange gehalten. So half er ihm schon 2005 beim Verkauf eines Grundstücks für 40.000 Euro. Außerdem versorgte er Ludwig F. mit Fahrzeugen. Ihm gehörten mehrere Autohäuser und eine Autovermietung. Für den Kauf eines Škodas stellte er Ludwig F. 10.000 Euro in Rechnung, allerdings nur zum Schein. Der Landrat musste keinen Cent zahlen. Der Wagen war für F.s Ehefrau bestimmt. Bei einem Audi A6 Avant 3.0 TDI im Wert von 54.000 Euro, den sich der Landrat im August 2007 gönnte und über ein Bankdarlehen finanzierte, versprach Udo B., die Schlussrate in Höhe von rund 31.700 Euro zu übernehmen.

Daneben konnte sich Ludwig F. bei dem Autohändler nach Belieben Fahrzeuge ausleihen, ohne dafür zu bezahlen. Es kostete ihn lediglich einen Anruf. Bei Übergabe der Autos war Landrat F. ähnlich vorsichtig wie beim Schmiergeld. Er wollte nicht dabei gesehen werden. Eine Sache aber hatte er nicht bedacht. Ungefähr zwei Jahre vorher, in der Nacht auf Sonntag, den 9. Oktober 2005, waren in den Orten Rathenow im Landkreis Havelland und in Genthin im Jerichower Land Brandanschläge auf zwei Autohäuser verübt worden. Beide Orte liegen ungefähr 30 Kilometer auseinander. In Rathenow brannten der Ausstellungsraum, die Büros und die Werkstatt nieder. Das Feuer zerstörte außerdem 22 Neuwagen. Der Schaden ging in die Millionen.

In Genthin ein ähnliches Bild. Die Feuerwehr konnte zwar ein Übergreifen der Flammen auf die Werkstatt verhindern. Doch auch hier brannten der Verkaufsraum, Büros und mehrere Autos völlig aus. Auf das Genthiner Autohaus sei drei Jahre zuvor schon einmal ein Brandschlag verübt worden, wie ein Polizeisprecher der Presse mitteilte. »Der oder die Täter konnten jedoch nie ermittelt werden.« Damals sei der Schaden auf drei Millionen Euro beziffert worden.

In den beiden jüngsten Fällen vermutete die Polizei gleich, dass es sich um Brandstiftung handelte. Über die Medien suchte sie nach Zeugen. Wer etwas gesehen hatte, sollte sich bei ihr melden. Einen Verdacht hatte sie wohl von vornherein. Irgendwann hatte sie auch eine Spur. Die führte zum Eigentümer der beiden Autohäuser. Es war ein und derselbe Mann: Udo B.

B. geriet noch wegen einer anderen Sache ins Fadenkreuz der Ermittler. Es ging um das Hotel seiner Ehefrau. Das war auch schon einmal niedergebrannt. Im April 2001. Die Umstände dieses Brandes wurden nie aufgeklärt. Das Hotel war einem Medienbericht zufolge mit etwa vier Millionen Euro versichert. Die Versicherung hatte sich zunächst geweigert, musste am Ende aber den Großteil der Summe bezahlen. Die Polizei interessierte sich für das, was in den Jahren danach passierte: Die Eheleute B. bauten das Hotel wieder auf. Udo B. zimmerte ein Firmenkonstrukt zusammen. Mit

Scheingeschäften und fingierten Rechnungen versuchte er von der Landesbank bis zu 1,2 Millionen Euro an Fördergeld für die Hotelanlage zu erschleichen.

Udo B. handelte nicht allein, davon war die Staatsanwaltschaft überzeugt und zapfte seine Telefone an. Die Ermittlungen erhärteten ihren Verdacht. B. hatte die Brandanschläge auf seine eigenen Autohäuser geplant. Er wollte die Versicherungssumme kassieren. Seinen Plan ausgeführt hatten aber andere.

Eher beiläufig stießen die Ermittler auf den Landrat F., ohne dabei gleich an Korruption zu denken. Wenn der Landrat des Jerichower Landes bei ihrem Hauptverdächtigen ein Auto bestellte, dann hörten sie mit.

Ludwig F. am 12. März 2007: »Würde es möglich sein, dass ich am kommenden Wochenende einen 7-Sitzer zur Verfügung habe?« Udo B. antwortete, dass das kein Problem sei.

F.: »Also ich brauch' ihn Sonnabend ganz früh schon, also wenn er Freitragnachmittag irgendwann da ist …«

B.: »… jetzt kommenden?«

F.: »Ja.«

B.: »Also das ist ein Transporter denn.«

F.: »Würde ich gern mal ausprobieren, so einen VW-Bus oder so was.«

B.: »Hm, ja, okay.« B. weiter: »Was anderes war nicht?«

F.: »Nee, ich ruf mal … ich ruf mal wen direkt an.«

B.: »Wie bitte?«

F.: »Ich ruf mal bei Herrn N. an.«

Am Freitag nach diesem Gespräch hatte Ludwig F. einen roten VW Bus T5 bei sich stehen. Er bekam, was er wollte: mal einen geräumigen Kleinbus für den Familienausflug, mal einen schnittigen Audi für den Kurzurlaub an der Ostsee, mal »irgendetwas Unauffälliges«, wie er selbst wünschte, für die Fahrt zu einer Wahlkampfveranstaltung, Landrat Ludwig F. brauchte nur anzurufen.

Das entscheidende Gespräch, das die Ermittler aufhorchen ließ, führte Udo B. jedoch nicht mit Landrat F. Es war ein Telefonat mit Hagen W., dem Pferdesport-Mäzen aus Hamburg und Mitgesellschafter der P. Steinwerk GmbH. Die beiden Männer sprachen über eine Zahlung an eine Firma von Udo B. Die Rede war von einer Million Euro. Udo B. soll in diesem Zusammenhang gesagt haben, »dass er das mit den Genehmigungen für die P. Steinwerk GmbH geklärt beziehungsweise die Genehmigungen besorgt habe«. So steht es wörtlich im Urteil gegen Landrat F. Mehr steht dazu leider nicht. Fakt ist: Die Staatsanwaltschaft Stendal erhob 2014 nicht nur Anklage gegen Ludwig F. Sie klagte auch Gert N. und Hagen W. an. Wegen Bestechung im besonders schweren Fall. Ihr Kronzeuge: Udo B.

Dass Hagen W. für ein gutes Geschäft zum Schmieren bereit ist, hat er selbst einmal öffentlich zugegeben. Es ging um das Gefängnis, das er zusammen mit Notker U. in Mecklenburg-Vorpommern gebaut und anschließend an das Land vermietet hatte. Hagen W. behauptete in einem 2014 ausgestrahlten Fernsehbeitrag, dass der JVA-Deal auf Bestechung beruht habe. 500.000 DM sollen geflossen sein. Die eine Hälfte vor Unterschrift des Mietvertrags, die andere nach der Schlüsselübergabe. Empfänger des Geldes sei ein Staatssekretär im Finanzministerium in Schwerin gewesen. »Er hat sein Geld bekommen, wir haben den Vertrag bekommen«, so Hagen W.

Der Beschuldigte wies die Behauptung gegenüber den Fernsehjournalisten zurück. Strafrechtliche Konsequenzen brauchten weder er noch Hagen W. zu befürchten. Die Sache war verjährt. Allerdings stellt sich die Frage, warum der Hamburger Unternehmer die alte Geschichte überhaupt erzählte. Er hatte offenbar eine Rechnung zu begleichen. Alte Partner waren zu Rivalen geworden. Pikant: Der Mann aus dem Ministerium arbeitete nach seiner Zeit in Schwerin als Steuerberater für Bordelle. Die Aufträge verschaffte ihm Hagen W. Auch für die P. Steinwerk GmbH war der Ex-Staatssekretär beratend tätig. Ihm und Hagen W. gehörte außerdem eine gemeinsame Immobilienfirma. Zwischen ihnen entwickelte sich ein freundschaftliches Verhältnis. Bis es zum Zerwürfnis kam. Vor dem Hamburger Landgericht stritten sie über den Kauf einer privaten Wohnung. Auch mit dem Sohn seines alten Weggefährten Notker U. überwarf sich Hagen W. Er habe ihn aus dem JVA-Geschäft gedrängt. Deswegen habe sich Hagen W. entschieden, über die Hintergründe des lukrativen Deals auszupacken, hieß es im Fernsehbericht von 2014. Der Ärger lag offenbar noch nicht lang zurück. Über die Hintergründe des Streits erfuhr der Fernsehzuschauer jedoch nichts. Haftverkürzung hatte die Staatsanwaltschaft Udo B. angeboten, wenn er auspackte. Wegen der Autohausbrände und wegen Subventionsbetrug war er zu einer langen Gefängnisstrafe verurteilt worden. Siebeneinhalb Jahre Freiheitsentzug. Die Hälfte der Zeit blieb ihm erspart, weil er das Angebot annahm und gegen Ludwig F. und Gert N. aussagte. Er belastete den Landrat und den Müllpaten schwer.

MÜLLSCHIFFE

April 2008. Markendorf war längst dicht. Bernd C.s Grube auch. Vehlitz war wenige Wochen zuvor enttarnt worden, Freyburg-Zeuchfeld stand das kurz bevor. Da legte vom Hafen in Krefeld die »MS Wartburg« ab. Vollbeladen und unter niederländischer Flagge schipperte das Binnenschiff über den Rhein, den Dortmund-Ems-Kanal und über die Ems bis zum Nordseehafen Emden. Dort wurde die Ladung umgeschlagen, auf das Seeschiff »MS Ladoga 101«. Unter russischer Flagge ging es weiter. Entlang der Nord- und Ostseeküste. Am 28. April traf die Fracht im Hafen von Peenemünde im Norden der Insel Usedom ein.

Peenemünde ist ein kleines Fischerdorf. Bis zur Wende umgeben von militärischem Speergebiet. Unter den Nationalsozialisten wurde auf dem Areal die erste funktionsfähige Großrakete namens Aggregat 4, besser bekannt als »V2«, entwickelt und getestet. Nach dem Zweiten Weltkrieg hielten sowjetische Streitkräfte Einzug, anschließend ein Jagdgeschwader der Nationalen Volksarmee.

Auf das Ende der DDR folgte das Aus für den Militärstützpunkt. Der ehemalige Militärflugplatz wird mittlerweile privat betrieben. Das Kohlekraftwerk, das von 1940 bis 1990 den gesamten militärischen Komplex mit Strom versorgte, ist heute das größte Industriebaudenkmal im Land Mecklenburg-Vorpommern. Im Hafen von Peenemünde liegt noch ein altes U-Boot, das ebenfalls zu einem Museum umfunktioniert wurde. Geblieben ist außerdem die Deponie, auf der einst die Asche aus dem Kraftwerk entsorgt wurde. Später kam auch noch Hausmüll hinzu.

Offiziell war die Aschedeponie stillgelegt. Sie befand sich in der Rekultivierungsphase, als die »MS Ladoga 101« im Hafen von Peenemünde anlegte. Dennoch durften Sedimentschlämme, ausgebaggert aus verschiedenen Ostseehäfen, der Spree und aus dem italienischen Mittelmeerhafen La Spezia, abgelagert werden. Für das mit Schadstoffen belastete Baggergut aus Italien, insgesamt 80.000 Tonnen, gab es eine Sondergenehmigung. Ansonsten waren harmloser Bauschutt und unbelastete Böden sowie Abfälle mit dem Schlüssel »191212«, vorausgesetzt, dass es sich um mineralischen Abfall handelt, zugelassen. Hausmüll war verboten.

Die »MS Ladoga 101« hatte »191212« an Bord. 2.000 Tonnen. Absender war ein Unternehmen aus Krefeld, Nordrhein-Westfalen. Seine Fracht wies einen hohen, viel zu hohen organischen Anteil auf. Sie roch verdächtig nach Resten aus der grauen Tonne. Und das nicht das erste Mal. Es war wohl aber das erste Mal, dass das zuständige Umweltamt in Stralsund eine Lieferung unter die Lupe nahm. Die Behörde hatte eine Probe angefordert.

Der Entdeckung vorausgegangen war ein Anruf beim Bund für Umwelt und Naturschutz (BUND) in Krefeld acht Tage zuvor. Da hatte sich ein Mann gemeldet, der nach eigener Aussage auf Usedom wohnte. Offenbar beobachtete er die Renaturierung der Aschedeponie aus nächster Nähe. Er berichtete von kontaminierten Schlämmen, Hunderten Säcken undefinierten Inhalts, von auftretender Übelkeit, von Arbeitern mit Gasmasken – und von der Anlieferung von Haus- und Sperrmüll aus Krefeld. »Merkwürdige Vorgänge«, auf die der Anrufer auch schon die örtlichen Behörden sowie das Staatliche Amt für Umwelt in Stralsund aufmerksam gemacht habe.

»Jedoch ohne Erfolg«, wie die Mitarbeiterin der lokalen BUND-Gruppe stichwortartig protokollierte. »Bitte des Herrn an die Kreisgruppe Krefeld: herausfinden, ob tatsächlich Schiffe mit Müll aus Krefeld kommen.« Das Protokoll machte die Runde: Der BUND übersandte es dem Polizeipräsidium Duisburg. Von dort gelangte es über die Kriminalpolizeiinspektion Anklam in Pommern zur Umweltbehörde nach Stralsund. Den Behördenmitarbeitern müssen die Vorwürfe bekannt vorgekommen sein. Bislang hatten sie sich aber auf die ortsansässige Rekultivierungsfirma verlassen, der die Aschedeponie gehörte. Diese sollte die Lieferungen kontrollieren, was jedoch nur unzureichend passierte.

Als die Firma bei einer ihrer wenigen Kontrollen feststellte, dass der Abfall aus Krefeld nicht als Rekultivierungsmaterial taugte, unterließ sie es, das zuständige Umweltamt darüber zu informieren. All das kam erst im Nachhinein heraus und ist auf Dutzenden Seiten Aktenmaterial dokumentiert. Daraus geht weiter hervor, dass es noch mehr Schiffstransporte des Krefelder Unternehmens nach Peenemünde gegeben hatte: zwölf seit November 2007 mit insgesamt 22.500 Tonnen. Alles »191212«. Mutmaßlich Dreck, der über Wasserstraßen und auf dem Seeweg verschoben wurde. »Es ist nicht auszuschließen, dass es auch in der Vergangenheit zu falschen Deklarationen kam«, schlussfolgerte die Behörde in Stralsund und untersagte der Rekultivierungsfirma in Peenemünde die Annahme künftiger Lieferungen aus Krefeld.

Das Unternehmen aus Krefeld musste sich nun einen neuen Abnehmer suchen. Die Firma hatte laut einem Zeitungsbericht auch mit Gert N., dem Chef der P. Steinwerk GmbH, und Hagen W. verhandelt. Das war allerdings schon 2004 gewesen. Es ging damals um eine Beteiligung an der P. Steinwerk GmbH. Die Krefelder waren sogar am Kauf der Tongrube Vehlitz interessiert. »Ich war auch in Vehlitz und habe mir die Tongrube angeschaut«, zitierte die Zeitung ein Aufsichtsratsmitglied. Der Deal aber platzte. Gert N. und Hagen W. hatten wohl zu viel verlangt. Zehn bis elf Millionen Euro, wie es in dem Bericht weiter hieß. Stattdessen stieg die Sulo-Gruppe bei ihnen ein, für ein paar Millionen weniger.

Das Geschäft des Peenemünder Unternehmens beschränkte sich übrigens nicht auf die Schiffslieferungen aus Krefeld. »191212« kam auch auf Lastwagen aus Sachsen-Anhalt. Die Entsorgungsfirma von Jürgen M. in Braunsbedra beförderte seit 2006 mindestens 24.000 Tonnen nach Peenemünde. Die Umweltkontrolleure aus Stralsund untersuchten dann auch diese Lieferungen genauer und kamen nach der Analyse zu der gleichen Erkenntnis, die sie schon bei den Abfällen aus Krefeld gewonnen hatten. Auch das Material von Jürgen M. war als Deponiebaustoff völlig ungeeignet. Folglich untersagten sie am 25. Juni 2008 der Deponie das Geschäft mit den ominösen Abfällen komplett. Sie durfte fortan keine Abfälle mit dem Schlüssel »191212« mehr verbauen.

KAMPANIEN-DEALS

Die Aschedeponie in Peenemünde war nicht die einzige, auf der Müll aus Italien landete. Der Import von italienischem Abfall war ab 2005 geradezu eine Mode. Schon seit einiger Zeit ratterte Abfall zugweise über die Alpen. Die Italiener wussten nicht mehr, wohin damit. Neapel versank im Müll. Mal wieder.

Neapel und die umliegende Region Kampanien hatten seit Ende der 1980er-Jahre mit massiven Müllproblemen zu kämpfen. Damals entdeckte die Mafia-Organisation Camorra das lukrative Geschäft mit dem Dreck für sich und begann die Landschaft zwischen Neapel und Caserta zu verseuchen. Sie missbrauchte Steinbrüche und Felder als Deponien. Reguläre Hausmülldeponien verstopfte sie mit toxischen Abfällen der Industrie. Der Hausmüll blieb auf den Straßen liegen oder wurde einfach in freier Landschaft abgefackelt.

Besserung versprach Fibe, eine Projektgesellschaft unter Leitung des Mailänder Konzerns Impregilo. Sie plante die Abfallwende für Kampanien. Das war im Jahr 2000. Schon damals beteiligten sich zwei Firmen aus Deutschland, die Babcock Borsig AG und die Energieversorgung AG Oberhausen, die auch in Nordrhein-Westfalen Müllöfen bauten. Der Plan für die süditalienische Region sah die Errichtung von mehreren Aufbereitungs- und zwei Müllverbrennungsanlagen vor. Hunderte Millionen Euro flossen, doch der Bau der Müllöfen stockte. 2007 stand lediglich die Aufbereitung, allerdings stand sie auch häufig still. Müll wurde zwar gesammelt, manchmal auch sortiert, verpackt und dann – verschickt. Fürs Verschicken zuständig war eine Tochterfirma der staatlichen Eisenbahngesellschaft Italiens. Aber wohin sollte es gehen?

Die Regierung in Rom suchte in halb Europa nach Abnehmern. Geschäftemacher in Deutschland witterten den großen Reibach. Gierten hier doch alte und neue, legale und illegale Kapazitäten nach Material. Zum Beispiel die sündhaft teuren MVAs in Nordrhein-Westfalen. Sie verheizten innerhalb von nur zweieinhalb Monaten rund 70.000 Tonnen Hausmüll aus Kampanien. Offiziell war es eine »Hilfsaktion«, die NRW-Umweltminister Eckhard Uhlenberg (CDU) im März 2008 angekündigt hatte, wohl wissend, dass die Importe wie schon die Errichtung der Verbrennungsanlagen bei der Bevölkerung auf wenig Gegenliebe stießen. »Gegenüber den Entsorgern und der italienischen Regierung habe ich deutlich gemacht, dass es sich ausschließlich um eine Behebung des aktuellen Entsorgungsnotstandes handeln darf«, betonte der Minister damals.

Die Lieferungen nach NRW waren kaum angelaufen, da kam es Anfang August 2008 zu einem Zwischenfall auf dem Umschlagplatz Köln-Kalk. Da stießen Kontrolleure auf radioaktiven Abfall. »Die Werte sind überhaupt nicht gefährlich, weder für die Bevölkerung noch für die Mitarbeiter, die dort arbeiten«, versuchte eine Sprecherin des Umweltministeriums in Düsseldorf zu beruhigen. Der Waggon mit dem strahlenden Dreck wurde dennoch zurückgeschickt. »Dieser Zug hätte Italien eigentlich gar nicht verlassen dürfen«, so die Ministeriumssprecherin weiter. Über die genauen Ursachen der Strahlung erfuhr die Öffentlichkeit nichts.

Es war nicht der erste Vorfall dieser Art. Bereits zwei Monate zuvor war leicht radioaktiv belasteter Müll aus Italien in einer Hamburger Verbrennungsanlage aufgetaucht. Kontrolleure hatten das künstliche Radionukleid Jod-131 nachgewiesen. Sie vermuteten, dass der Abfall aus einer radiologischen Arztpraxis stammte. Jod-131 wird in der Medizin als Kontrastmittel und zur Strahlentherapie verwendet. Außerdem entsteht es als Spaltprodukt in Atomkraftwerken. Im November 2008 schreckte ein Fernsehbeitrag Umweltkontrolleure in Sachsen-Anhalt auf. Der MDR hatte über radioaktive Abfälle aus Italien berichtet, die zu einem Unternehmen in Naundorf, einem 300-Seelen-Dorf im südlichen Teil des Bundeslandes, verschoben worden seien. Diese Firma, die aus Bauabfall Ersatzbrennstoff (EBS) herstellte, und ein benachbartes Entsorgungsunternehmen, das Altholz sortierte und aufbereitete, letztlich auch für die Verbrennung, gehörten beide Thomas Z., einem Mann aus dem Dorf.

Thomas Z. war den Behörden kein Unbekannter, wenn auch nicht in guter Erinnerung. Bei ihren Kontrollen auf dem weitläufigen Betriebsgelände, auf dem es mehrere hallenartige Gebäude, Container, Förderbänder und sogar eine Reithalle gab, hatten sie unerfreuliche Entdeckungen gemacht:»Auf dem Gelände der Sortieranlage werden Abfälle entsorgt, d.h., es werden Gruben ausgegraben und mit Abfällen aufgefüllt«, hieß es etwa in einem früheren Aktenvermerk des zuständigen Umweltamtes. Zudem waren Z.s Anlagen häufig überfrachtet, immer wieder auch mit Müll, für den er keine Genehmigung besaß. So auch am 23. April 2007, als ein Brand auf einem dieser Müllhaufen ausbrach und sich auf dem Areal ausbreitete. Fünf Feuerwehren kämpften gegen die Flammen. Ein paar Monate später türmte sich schon die nächste unerlaubte Ablagerung auf.

Thomas Z., Mitte 40, hatte seine beiden Firmen in den 1990er-Jahren gegründet. Die Hallen auf seinem Betriebsgelände dienten zu DDR-Zeiten als Werkstätten. Unter ihren Dächern waren die Werkbahnen des nahe gelegenen Kohlekraftwerks Deuben repariert worden. 60 Jahre lang war hier geschraubt und geschweißt worden. Dann kam die Wende. In Deuben wurde zwar weiter Kohle verbrannt. Der Schlot des Kraftwerks dampft heute noch am Horizont. Doch für die Werkhallen in Naundorf hatte man keine Verwendung mehr. Die übernahm dann Thomas Z., der offenbar zu einem der Großen in der Zunft der Müllschieber aufsteigen wollte. Sein insgeheim gehegter Plan: ein Müllheizkraftwerk auf der spanischen Ferieninsel Teneriffa. Wo andere Urlaub machten, wollte er eine Verbrennungsanlage bauen. Um das Vorhaben auch gegen mögliche Widerstände aus Politik, Verwaltung und Bevölkerung durchzusetzen, sollte geschmiert werden. Der Kontakt zur Unterwelt von Teneriffa war bereits geknüpft, eine Firma mit Sitz auf der Insel gegründet und ein Teilhaber mit besten Verbindungen zu anderen Müllmanagern, insbesondere in Italien, gefunden. Und jetzt, im November 2008, auch noch das: Hinweise auf radioaktiv belasteten Müll aus Italien. Thomas Z. war vieles zuzutrauen, aber auch solche illegalen Geschäfte?

Den Behörden blieb keine Wahl. Sie mussten es überprüfen. Also rückten sie am 27. November 2008 an, insgesamt acht Kontrolleure von drei Ämtern, darunter auch ein Team vom Strahlenschutz aus Halle. Die Strahlenschützer begannen gleich nach ihrer Ankunft mit den Messungen. Müllhaufen für Müllhaufen überprüften sie auf Radioaktivität. Fehlanzeige. Ihre Messgeräte lieferten keine Anhaltspunkte. »Die gemessenen Werte entsprechen dem Niveau der natürlichen Umgebungsstrahlung«, gaben die Strahlenschützer Entwarnung. Die Erleichterung war sicherlich groß. Die Verwirrung wahrscheinlich aber auch. Denn die Kontrolleure waren nicht nur auf der Suche nach radioaktivem Abfall, sondern auch nach Spuren einer großen Menge italienischen Hausmülls, die ihren Weg von der öffentlichen Entsorgungsgesellschaft im sächsischen Großpösna bei Leipzig zu den Unternehmen von Thomas Z. nach Naundorf gefunden haben sollte. Nicht genehmigt, versteht sich. Diesem Hausmüll waren dem Fernsehbericht zufolge gefährliche und radioaktiv belastete Abfälle untergemischt.

Die Firma aus Großpösna hatte tatsächlich größere Mengen Hausmüll aus Italien akquiriert. Ganz legal. Das Unternehmen, das auf italienischer Seite den Transport von Müll managte, hatte am 21. Januar 2007 von dem für Müllimporte nach Sachsen zuständigen Regierungspräsidium in Dresden die Zustimmung für die Lieferung von 50.000 Tonnen Hausmüll aus Kampanien bekommen. Ab Mai 2007 folgten noch einmal 100.000 Tonnen. Insoweit war die Verbringung nach Großpösna offiziell genehmigt. Und lukrativ: 220 Euro pro Tonne ließen sich die Italiener den Export kosten. Gesamtvolumen des Geschäfts: rund 30 Millionen Euro. Für das sächsische Unternehmen mit seiner Mega-Deponie Cröbern und ihrer riesigen MBA ein immens wichtiges Geschäft.

Aber bald kamen Zweifel auf, ob der Müll aus Italien auch sachgerecht entsorgt wurde. Schon 2007 hatte der BVSE-Funktionär Rehbock in einem Schreiben an das Bundesumweltministerium gefragt, wo der Müll denn tatsächlich geblieben sei. Die Frage beschäftigte mittlerweile auch Staatsanwaltschaften in Neapel und Rom, das BKA in Wiesbaden, das Landeskriminalamt Sachsen und seit dem MDR-Bericht im November 2008 mussten sich auch die Behörden in Sachsen-Anhalt damit herumschlagen.

KAPITEL 19

VERSCHWUNDENER FREMDABFALL

Cröbern, benannt nach dem Dorf, das sich einmal an der gleichen Stelle befand, ging 1995, zwei Jahre nach Inkrafttreten von Tasi (Technische Anleitung Siedlungsabfall), in Betrieb. Als Hausmülldeponie. Errichtet in einem ehemaligen Braunkohletagebau, bietet sie Platz für zwölf Millionen Tonnen Abfall. Eine Mega-Deponie, ausgestattet mit mehrschichtigen Oberflächen- und Basisabdichtungen, mit Wartungstunnel und Messsystemen, mit Sickerwassererfassung und -reinigung auf dem neuesten Stand der Technik. Doch für wen? Die 800.000 Menschen im Einzugsgebiet warfen zu wenig weg. Die Bevölkerungszahl nahm auch nicht zu. Beim Zweckverband Abfallwirtschaft Westsachsen (ZAW), dem Mehrheitseigner des Entsorgungsunternehmens in Großpösna, hatte man aber mit mehr gerechnet, mit mehr Menschen, die mehr wegschmeißen. So war die Deponie noch nicht einmal zur Hälfte voll, als am 1. Juni 2005 das Ablagerungsverbot für unbearbeiteten Hausmüll in Kraft trat.

Um wenigstens die Reste aus der Müllverarbeitung künftig ablagern zu können, leistete sich das Unternehmen in Sachsen eine Anlage zur mechanischen und biologischen Behandlung von Abfällen, kurz MBA. Doch auch hier hatten sich die Planer verkalkuliert: Nach Sortierung in dieser Anlage fiel jede Menge heizwertreiche Fraktion aus Plastik und anderen brennbaren Stoffen an. Die durfte jedoch nicht auf die Deponie, sondern musste als energetisch verwertbarer Abfall zu Verbrennern, »zu exorbitanten Preisen«, wie Volker O.*, langjähriger ZAW-Geschäftsleiter, später erzählte. Ihm zufolge stand die Firma in Großpösna im Frühjahr 2006 kurz vor der Insolvenz.

Die Pleite konnte nur mit Ach und Krach abgewendet werden. »Wir haben uns dann sehr stark um Fremdabfall bemüht«, so Volker O., der die Firma konsolidieren sollte und ab dem 1. April 2007 neben seinem Posten beim ZAW ihr zweiter Geschäftsführer wurde. Der andere, schon seit 2003, war Jörg E.* Beide Männer, beide um die 60, forcierten die Italien-Geschäfte, auch den Handel mit dem Kampanien-Müll.

Beim Beschaffen des »Fremdabfalls« für das Unternehmen spielten zwei Müllmakler eine zentrale Rolle. Der eine war Karl T.*, damals Geschäftsführer eines Unternehmens in Teutschenthal, Sachsen-Anhalt. Dieses Unternehmen sicherte ein ehemaliges Bergwerk in Sachsen-Anhalt gegen Einsturz, indem es die unterirdischen Hohlräume befüllte – mit gefährlichen Abfällen. 75 Jahre lang waren in Teutschenthal Kalisalze abgebaut worden. In einer Tiefe von bis zu 900 Metern entstanden kilometerlange Stollen. Platz für zwölf Millionen Tonnen Müll. Die DDR legte das Bergwerk 1982 still, ohne aber die Löcher zu stopfen. Nach der Wende fiel die Grube an die Treuhand und dann für elf Millionen Mark in die Hände dieses Unternehmens. Es investierte, weil es sich kräftige Gewinne durch die Verfüllung mit Sondermüll erhoffte. Karl T. war von Anfang an dabei. Er besorgte das Füllmaterial, unter anderem Industriemüll aus Italien. Zu diesem Zweck war 1999 eigens eine Firma im norditalienischen Vicenza gegründet worden. Ihrer Kontakte bediente sich auch das Unternehmen aus Großpösna.

Neben seinem Job als Geschäftsführer in Teutschenthal machte Karl T. als Makler noch eigene Geschäfte, ab 2004 als Chef einer Beratungsfirma, deren Dienste in Großpösna ebenfalls in Anspruch genommen wurden. Zu den Dienstleistungen gehörten neben der Vermittlung von Abfällen offenbar auch Übersetzungen. So behauptete Karl T., dass er an dem Geschäft mit dem Hausmüll aus Kampanien lediglich als Dolmetscher beteiligt gewesen sei.

Karl T. sprach fließend Italienisch. Davon konnten sich auch die italienischen Ermittler überzeugen, die wegen des anhaltenden Entsorgungsnotstands in Kampanien eine groß angelegte Abhöraktion durchführten und Telefone von Entsorgungsunternehmen, Transporteuren und staatlichen Kontrolleuren anzapften. Aus abgehörten Telefonaten wussten sie, dass der deutsche Müllmakler Karl T. Kontakt zu einer Firma in Italien, dem Lieferanten des Kampanien-Mülls, unterhielt. Bei einem Gespräch zwischen Karl T. und dem Chef dieser Firma wurden die Ermittler hellhörig. T. soll da von einer schnellen Behandlung des Mülls gesprochen haben, da es anders nicht wirtschaftlich wäre. Sein Gesprächspartner soll gesagt haben, dass alles auf die Deponie gehe. Beide Äußerungen speisten den Verdacht der Ermittler, dass der Müll nicht ordnungsgemäß entsorgt wurde.

Der andere »Fremdabfall«-Beschaffer war Martin S.*, Leiter für Akquise und Vertrieb bei dem sächsischen Entsorgungsunternehmen in Großpösna. Ein Gericht stellte Jahre später fest, dass Martin S. in der Zeit der Italien-Deals über »umfangreiche finanzielle Mittel« verfügte. Der Mann kassierte doppelt. Vom Unternehmen, bei dem er seit 1999 angestellt war, bezog er ein monatliches Gehalt. Daneben arbeitete er wie Karl T. auf eigene Rechnung und griff Provisionen ab.

Martin S. benötigte Geld, viel Geld, denn er mochte es gern üppig: Er fuhr einen Ferrari, hatte ein Büro in Großpösna und eines in Italien und wickelte seine Geschäfte über sechs Mobilfunk- und fünf Festnetznummern ab. Volker O. und Jörg E., die beiden Geschäftsführer der Firma, ließen ihn machen. Und Martin S. machte. Er fädelte für das Unternehmen die Italien-Deals ein. T. fädelte munter mit.

Karl T. wusste, mit wem sie es bei dem Kampanien-Müll zu tun hatten, da er mit dem italienischen Unternehmen schon von Teutschenthal aus Deals gemacht hatte. Da war es um Füllmaterial für die Grube Teutschenthal gegangen. »Das war ein großes Altlastenprojekt, das damals abgewickelt wurde«, wie Karl T. am 29. April 2013 im Untersuchungsausschuss des Sächsischen Landtags erzählte. »Dadurch waren mir die Personen bekannt.«

Nachdem auch die Geschäftsleitung bei Treffen in Rom und in Leipzig mit den Italienern Bekanntschaft geschlossen hatte, rollten die Transporte an. Bis zu 800 Tonnen kamen mit jedem Zug. Manchmal kamen drei Züge täglich. Die Gleise führten bis kurz vor das Anlagengelände in Großpösna bei Leipzig. Das Entladen dauerte im Schnitt dreieinhalb Stunden. Was danach mit dem Müll aus Italien passierte, das war die große Frage.

Die Ermittler in Rom vermuteten, dass der Müll ohne Aufbereitung illegal deponiert wurde. Die ersten 50.000 Tonnen waren zwar als »190501« geschlüsselt, das hieß, diese Charge war laut Papierlage schon einmal in einer Anlage behandelt worden. Danach sah sie aber gar nicht aus, als die Waggons einmal auf österreichischem Transitgebiet kontrolliert wurden.

Die Aufbereitungsanlagen in Kampanien, sie existierten zwar. Aber nur zum Schein, wie italienische Ermittler zunächst ihren deutschen Kollegen berichteten und später auch dem Untersuchungsausschuss des Sächsischen Landtags. »Die LKW mit dem Abfall sind gekommen, [die Fahrer] haben mal kurz angehalten, Kaffee getrunken, sind dann weitergefahren«, erzählte dort auch der BKA-Beamte Andreas W., dem das »Problem der Alibi-Anlagen« seltsam bekannt vorkam. »Das ist auch hier auf dem deutschen Entsorgungsmarkt ein beliebter Modus Operandi«, sagte W. bei seiner Anhörung.

Es war August 2008, als sich die Carabinieri über Interpol erstmals mit Hinweisen zum Italien-Geschäft der Firma beim Bundeskriminalamt meldeten. Im darauffolgenden Monat kam es zu einem informellen Treffen beim Landeskriminalamt Sachsen. Zu spät fürs Aufspüren des Kampanien-Mülls.

Das mussten auch die Abfallkontrolleure und Strahlenschützer feststellen, als sie am 27. November 2008 das Gelände in Naundorf mit ihren Messgeräten absuchten. Zwar bestätigte ihnen ein Mitarbeiter des Naundorfer Entsorgungsunternehmens – wie aus dem amtlichen Kontrollbericht von diesem Tage hervorgeht – den Verdacht: Thomas Z. habe tatsächlich italienischen Hausmüll übernommen. Doch die Behördenmitarbeiter konnten nichts davon finden. Die letzte Anlieferung liege schon acht Monate zurück, wie ihnen der Mitarbeiter sagte. Der Abfall befinde sich nicht mehr auf dem Gelände. Thomas Z. hatte demnach alles verschwinden lassen. Insgesamt rund 100.000 Tonnen. Zugeschustert von Martin S., dem »Fremdabfall«-Beschaffer aus Großpösna. Thomas Z. verdiente siebenstellig bei diesem Geschäft, rund 1,3 Millionen Euro, und dankte es Martin S. mit einer Beteiligung an dem Teneriffa-Projekt.

Von Thomas Z. aus verlief die Spur des Italo-Mülls in mehrere Richtungen. Etwa zum Müllheizkraftwerk der Energy from Waste GmbH in Rothensee bei Magdeburg, wo der aussortierte, gut brennbare Anteil verfeuert worden sei. Sie führte zurück nach Großpösna bei Leipzig, wo Teilmengen einer weiteren Verarbeitung unterzogen worden seien. Beides behauptete Jörg E., der langjährige Chef, bei seiner Vernehmung im Untersuchungsausschuss des Landtags von Sachsen-Anhalt. Das war im Februar 2009, drei Monate nach der Kontrolle auf dem Firmengelände in Naundorf.

Unternehmenschef Thomas Z., der auch in diesem Ausschuss vernommen wurde, nannte noch einen anderen Entsorgungsweg: Freyburg-Zeuchfeld. Dorthin habe er den mineralischen Anteil der Italien-Charge geliefert. Ausgerechnet zu dieser Deponie, dem

dunklen Loch von Ulrich K., in das auch Jürgen M. aus Braunsbedra und die R. Abfallentsorgung GmbH aus dem Münsterland ihren Dreck verschoben hatten – deklariert als »191209 – Mineralien
(Sand, Steine)« (Kapitel 10).

Fast 400.000 Tonnen Müll wurden einem Gutachten zufolge
zwischen 2006 und 2008 auf Freyburg-Zeuchfeld verklappt. Zu
den Hauptlieferanten gehörte das Unternehmen von Thomas Z.
Rund ein Viertel rechneten die Behörden dieser Firma zu, also
etwa 100.000 Tonnen. Es sprach viel dafür, dass sich darunter auch
Hausmüll aus Italien befand. Gegraben danach wurde allerdings
nie.

»Mit einer 90-prozentigen Wahrscheinlichkeit ist ein Großteil
dieser Abfälle aus Kampanien, die offiziell zur Entsorgung bei der
Firma angemeldet wurden, illegal entsorgt worden auf der Altde-
ponie Freyburg-Zeuchfeld«, sagte auch der BKA-Beamte Andreas
W. Er sagte es am 23. Mai 2013 im Untersuchungsausschuss des
Sächsischen Landtags. Das bedeutet: Auch fünf Jahre nach dem
Kampanien-Deal war nicht 100-prozentig klar, wo der Dreck be-
seitigt worden war. Ist es bis heute nicht.

Andreas W. spekulierte bei seiner Anhörung im Ausschuss auch
über mögliche kriminelle Gewinne aus dem Kampanien-Deal: Offiziell gezahlt wurden 220 Euro pro Tonne. Aus den abgehörten
Telefonaten wollten seine italienischen Kollegen erfahren haben,
dass der Dreck für sieben Euro pro Tonne deponiert werden sollte.
Abzüglich aller Transportkosten errechnete Andreas W. einen Betrag von insgesamt 9,5 Millionen Euro, der dann übrig geblieben
sein müsste. »Was wurde mit diesem Geld bezahlt?«, fragte sich
der BKA-Mann. Folgt man seiner Spekulation und zieht noch die
1,3 Millionen Euro ab, die Thomas Z. laut dem Landgericht Halle
für seine Dienste vom Unternehmen in Großpösna erhalten hatte,
bleiben noch rund acht Millionen Euro. Der Verbleib dieses Geldes
ist genauso unklar wie der des Mülls.

Die Ex-Chefs der Entsorgungsgesellschaft aus Großpösna behaupteten, der Hausmüll aus Kampanien sei ordnungsgemäß verarbeitet worden. Zunächst bei ihnen in der mechanisch-biologischen Abfallbehandlungsanlage, später wegen Kapazitätsengpässen bei Thomas Z.s Firma in Naundorf, einem zertifizierten Entsorgungsfachbetrieb mit einer modernen Anlage, wie sie betonten. Sie hatten den Italo-Müll weitergereicht – ohne die zwingend nötige Genehmigung der Behörden in Sachsen und in Sachsen-Anhalt. Dies war das einzige Vergehen, das sie einräumten. »Wir sind von einer passiven Duldung ausgegangen«, sagte Jörg E. bei seiner Vernehmung im Sächsischen Untersuchungsausschuss. »Wollen Sie uns verarschen?«, platzte es daraufhin aus dem Abgeordneten Johannes Lichdi (Grüne) heraus.

Über zwei Legislaturperioden hinweg hatte Lichdi die sächsische Landesregierung mit parlamentarischen Anfragen zu illegalen Müllgeschäften und zu Bränden bei Entsorgungsfirmen im Freistaat gelöchert. Der Untersuchungsausschuss ging maßgeblich auf die Initiative seiner Partei zurück. 2014 hatte der Politiker genug und trat nicht mehr zur Landtagswahl an. Er verabschiedete sich nicht nur aus dem Landesparlament, sondern ließ auch die Aufarbeitung der Müllskandale hinter sich. »Das hat alles nichts gebracht«, sagte er fünf Jahre später auf Nachfrage und wollte nicht weiter darüber reden. »Was soll das bringen? Dafür interessiert sich sowieso niemand.« Lichdi arbeitet heute als Rechtsanwalt und ist Stadtrat in Dresden.

Jörg E. und Volker O. sollten die Ermittlungen im Gegensatz zu Martin S. weitgehend unbeschadet überstehen. 2009 waren beide nicht mehr Geschäftsführer der öffentlichen Firma in Großpösna. Volker O. ging zunächst in Altersteilzeit, anschließend in Rente. Jörg E. wurde im Jahr 2014 Geschäftsführer eines Lobbyvereins mit 450 Mitgliedern aus Politik, Verwaltung, Wissenschaft und Wirtschaft. Im April 2017 am Rande einer Fachmesse in Leipzig von einem Journalisten auf illegale Deponien in Deutschland angesprochen, wusste er nichts zu berichten.

GEFÄHRLICHER ITALO-MÜLL

Die Geschäfte mit dem Hausmüll aus Kampanien waren ein Intermezzo. Die Lösung für große Deponiekapazitäten waren sie nicht. Das war eine andere. Sie lautete: »rifiuti pericolosi« – »gefährliche Abfälle«.

2005 nahm nicht nur die bundesweite Abfallverschiebung richtig Fahrt auf, auch die Italien-Importe legten stark zu. Zwischen 2005 und 2012 erreichten sie Rekordwerte und 2008 mit 1,6 Millionen Tonnen genehmigungspflichtiger Lieferungen ihren Höhepunkt. In dem Jahr importierte allein Sachsen mit knapp 600.000 Tonnen so viel wie heute die gesamte Bundesrepublik.

Mit dem Müll aus Italien häufte sich bei den Ermittlungsbehörden in Deutschland die Arbeit. Im November 2009 waren nach BKA-Angaben acht Verfahren in Zusammenhang mit Importen anhängig. Bis Juni 2011 hatte sich ihre Zahl fast verdoppelt. Dabei ging es überwiegend um Wirtschafts-, Finanz- und Korruptionsdelikte. So waren gleich mehrere deutsche Entsorgungsunternehmen in dunkle Geschäfte mit dem Mailänder Müllmagnaten Lorenzo D.* verstrickt, darunter auch eine Gesellschaft des Landes Rheinland-Pfalz und zwei private Unternehmen aus Sachsen.

Lorenzo D. hatte sich in Italien einen Namen als Immobilienentwickler gemacht. Er kaufte Industriebrachen auf, sanierte und verkaufte die Grundstücke anschließend als Bauland oder bebaute sie gleich selbst. Eines dieser Projekte war »Montecity« südöstlich von Mailand. Wo früher Chemie- und Stahlkonzerne köchelten, sollte ein neues Wohngebiet entstehen. Zehntausende Tonnen Boden und Steine, die mit gefährlichen Substanzen verunreinigt waren, mussten zuvor ausgebaggert und entsorgt werden. Sie gelangten unter anderem auf die Deponien der Firmen in Rheinland-Pfalz und in Sachsen. Illegal an diesem Geschäft war nicht die Ablagerung der gefährlichen Abfälle, sondern die Abrechnung.

Als Ermittler dem Weg des Geldes folgten, entdeckten sie ein ausgeklügeltes, betrügerisches System. Das funktionierte im Groben so: Lorenzo D. zahlte für die Entsorgung überhöhte Preise. Ein Teil des Geldes reichten zwischengeschaltete Makler und Berater über Firmen in Steuerparadiesen an ihn zurück. In D.s Bilanz für die Steuerbehörde tauchten die hohen Ausgaben auf, nicht aber die Rückflüsse. Mit diesen sogenannten Kick-back-Geschäften schleuste er insgesamt rund 100 Millionen Euro am italienischen Fiskus vorbei.

Auch seine Geschäftspartner kamen nicht zu kurz. Der damalige Chef der landeseigenen Deponie in Rheinland-Pfalz etwa kassierte Provisionen, die der Staatsanwaltschaft Kaiserslautern zufolge an dessen private Firma gezahlt wurden. Dieses Prinzip der Verschleierung von Geldströmen war laut einem internen BKA-Bericht »mit hoher Wahrscheinlichkeit übertragbar auf weitere Geschäfte mit gefährlichen und nicht gefährlichen Abfällen zwischen Italien und Deutschland«. Bei Lorenzo D.s Deal mit den beiden privaten Gesellschaften aus Sachsen, ermittelte die Staatsanwaltschaft Zwickau wegen Geldwäsche. Rund 1,5 Millionen Euro seien gewaschen worden, so eine Sprecherin der Staatsanwaltschaft.

Die Italien-Geschäfte des Deponie- und MBA-Betreibers in Großpösna, der sich mehrheitlich in der Hand des hiesigen Abfallzweckverbands befand, lockten auch einen alten Bekannten an. Während die Strahlenschützer in Naundorf nach dem Kampanien-Müll suchten, observierte in Großpösna Tamer Bakiner das Anlagengelände – allen anonymen Anrufen und Drohbriefen zum Trotz. Ein Dreivierteljahr nach Aufhellung des dunklen Müllgeschäfts im Jerichower Land sollte der Detektiv aus Augsburg erneut Beweise sammeln. »Material von der Zielfirma beschaffen« lautete sein Auftrag. Die Observation stand dieses Mal allerdings unter anderen Vorzeichen. Zum einen bekam Bakiner nur ein paar Tage Zeit. Zum anderen hatte das Fernsehen gerade erst über das öffentliche Unternehmen und seinen fragwürdigen Umgang mit dem Kampanien-Müll berichtet. »Dies erschwert die Arbeit der Agentur Bakiner um ein Vielfaches«, klagte Bakiner. Das Risiko, entdeckt zu werden, sei nun höher, die Firma vorsichtiger. »Wie erste Beobachtungen zeigen, finden auf dem Gelände Kontrollfahrten statt«, so der Detektiv.

Das Gelände war durch mehrere Zaunreihen gesichert. Bakiner musste einen Weg hindurch finden, wollte er auch diesen Job erledigen. Zunächst schoss er mit dem Teleobjektiv aus der Ferne Fotos, von der MBA, von zu Ballen gepresstem Plastikmüll im Zwischenlager, vom Deponieberg und von ein- und ausfahrenden Lastwagen. Bakiner fotografierte auch die Schienen vor dem Anlagengelände. In seinem Bericht vermerkte er unter diesem Foto: »Lieferungen auch mit der Bahn möglich (darüber erfolgte der Transport mit italienischem Abfall)«.

In einer der Nächte Ende November war es so weit: Die Detektive schlichen auf das Gelände. Bakiner hatte offenbar eine Lücke im Sicherheitssystem der Firma entdeckt. Im Schutz der Dunkelheit schlüpften sie hindurch, mit Taschenlampe, Rucksack und Tüten für die Abfallproben. Einer machte Fotos, ein anderer nahm die Proben. Von Plastikmüll, kleingehäckselt und flächendeckend einplaniert, von Verpackungen, die noch im Ganzen auf der Oberfläche der Deponie herumlagen, neben Spritzen und Einweghandschuhen.

Für Bakiner alles Belege, dass »Abfall mit hohen Kunststoffanteilen in großen Mengen entsorgt wird«, wie er seinem Auftraggeber meldete. Aber: kein Hausmüll aus Kampanien.

Fünf Tage lang hatten die Detektive die Firmenanlagen ausgekundschaftet und in dieser Zeit nur eine Lieferung aus Italien beobachten können, am 26. November einen Sattelzug einer Spedition beim Abladen von großen weißen Säcken, sogenannten Big Bags. Bei ihrem nächtlichen Streifzug über die Deponie sahen sie sich diese Fracht genauer an. Der Abfall war als Gefahrstoff der Klasse 9 ausgewiesen. Die Säcke hatten Risse. Ein pulverförmiges Material quoll heraus. Auch davon nahmen die Detektive Proben. »Vorbehaltlich einer chemisch-toxischen Untersuchung muss aufgrund der Klassifizierung davon ausgegangen werden, dass es sich dabei um umweltgefährdende Stoffe handelt. Ob diese dort entsorgt werden dürfen, bedarf der Überprüfung«, so Bakiner in seinem Bericht.

Sie durften, wie hochoffiziell die Regierung der Bundesrepublik Deutschland am 8. Dezember 2009 der Kommission der Europäischen Union mitteilte: »Auf der ZDC [Zentraldeponie Cröbern; d. Verf.] wurde mit Plangenehmigung vom 5.9.2007 die Errichtung eines Deponieabschnittes DK III erlaubt, der die Anforderungen und Voraussetzungen für die Ablagerung von gefährlichen Abfällen einhält.«

Bei Mülldeponien werden in Deutschland fünf verschiedene Typen unterschieden. Die Unterscheidung erfolgt in sogenannte Deponieklassen (DK). Sie reicht von Deponien der Klasse 0 für gänzlich unbelastete Steine und Böden bis zur Klasse IV für die toxischsten Reste unserer Industriegesellschaft. Bei DK IV handelt es sich um Untertagedeponien. Cröbern liegt oberirdisch. Ein Teil der Deponie war nun DK III für Sondermüll. Offenbar hatte sich das aber noch nicht bis nach Brüssel herumgesprochen.

Die Kommission hatte wegen Cröbern nämlich ein Vertragsverletzungsverfahren gegen die Bundesrepublik eingeleitet. Ihr Vorwurf: Verstoß gegen die Deponierichtlinie der EU. Ihre Grundlage: der Detektivbericht. In Umlauf gebracht von Bakiners Auftraggeber. Über Brüssel war der Bericht nach Berlin gelangt. Auch in Dresden kannte man ihn, im Landtag wurde schon darüber debattiert.

Die sächsischen Behörden, die die MBA und die Deponie in Großpösna überwachten, hatten für alles eine Erklärung. Für den Plastikmüll: Die Abfallanlagen, die die Verpackungsreste ursprünglich aufbereiten sollten, hatten gebrannt. Der Müll musste als Brandabfall auf die Deponie. Für den gefährlichen Abfall: Cröbern war seit ungefähr einem Jahr Sondermülldeponie. Somit hatte auch das pulvrige Material seine Daseinsberechtigung auf der Deponie. Zum Sondermüll war noch hinzuzufügen: Wie Volker O. später erzählte, wurde auch schon vor September 2007 gefährlicher Italien-Müll auf Cröbern abgelagert – mit Genehmigung der Behörden. »Einzelfallentscheidungen«, wie die Bundesregierung in ihrer Stellungnahme an die Kommission schrieb.

Es müssen viele Einzelfälle gewesen sein. Und es wurden immer mehr. Bereits im Jahr 2005 waren rund 135.000 Tonnen Sondermüll aus Italien nach Großpösna verfrachtet worden, 30-mal mehr als noch 2001, wie damals dem grünen Abgeordneten Johannes Lichdi auffiel. »Da ist was faul, wenn sogar die Italiener über Tausende von Kilometern ihren Problem-Müll nach Sachsen bringen«, kommentierte Lichdi diese Entwicklung.

Was womöglich faul sein könnte, das versuchte Detektiv Bakiner zu ermitteln. Er wurde auch fündig, nur maß er diesem Fund keine so große Bedeutung bei. Brisant war weniger der Müll, den er beprobte, es war ein Zettel, A4-Format. Ein amtliches Schriftstück, das zwischen den Big Bags lose auf dem Boden herumlag, ausgestellt von einer italienischen Behörde. Die Notifizierung für einen Abfalltransport zur Firma in Großpösna. Bakiner hob das Dokument auf, packte es auch in seinen Bericht mit dem Vermerk, dass es hier ebenfalls um gefährlichen Abfall ginge, das Lieferdatum von ihm noch

rot umrandet. Mehr Aufmerksamkeit schenkte er diesem Fundstück
aber nicht. Dabei lieferte es noch viel mehr, zum Beispiel Namen:
»Martin S.« stand darauf. Und der Abfallexporteur: eine Firma in
Italien. Dieses scheinbar harmlose Stück Papier belegte, mit wem
der Deponie- und MBA-Betreiber in Größpösna seine Italien-Deals
abwickelte. Was nicht darauf stand: In Italien ermittelte die Staatsanwaltschaft gegen diesen Lieferanten.

Das Unternehmen betrieb in der Kleinstadt Corridonia in Mittel-
italien eine Müllbehandlungsanlage. Es übernahm ölhaltige Rückstände aus Raffinerien, belastete Filterstäube aus Verbrennungsanlagen, kontaminierte Böden aus Sanierungsprojekten. Statt die
gefährlichen Abfälle zu behandeln und Schadstoffe unschädlich zu
machen, wurde der Dreck mit Erde vermischt und anschließend mit
gefälschten Deklarationsanalysen für 80 Euro die Tonne italienischen Deponien untergejubelt. Kassiert hatte das Unternehmen von
den Abfallerzeugern durchschnittlich 200 Euro. Ein äußerst profita-
bles Geschäft, in das auch der zuständige Kontrolleur der Provinzver-
waltung und ein Carabinieri der regionalen Polizei verstrickt waren.
All das berichteten die Ermittler aus Italien drei Jahre nach Bakiners
Observation dem Untersuchungsausschuss im Sächsischen Landtag.
Auch dass, nachdem die Lieferungen des italienischen Unternehmens wegen zu hoher Arsen-Werte von den Deponien zurückgewie-
sen worden waren, die Firma neue Entsorgungswege suchte und so
in Großpösna gelandet war.

Behilflich beim Geschäft mit den Sachsen war der Abfallmakler
Fabio V.*, den die Ermittler bei ihrer Operation »Ragnatella« (»Spin-
nennetz«) ebenfalls im Visier hatten. Wenn bei ihm Anrufe eingin-
gen, hörten sie mit. So erfuhren sie, dass auch der Anlagenbetreiber
in Großpösna mehrmals den Müll aus Corridonia wegen zu hoher
Schadstoffwerte beanstandete. Die Firma meldete es Fabio V., aber,
wie sich später herausstellte, nicht der zuständigen Behörde. Wer
mehrfach negativ auffiel, dem drohte ein Lieferstopp und damit das

Ende des Geschäfts, was auch für den Empfänger ärgerlich ist. Die Sachsen kassierten rund 120 Euro pro Tonne. Laut dem von Bakiner gefundenen Zettel sollte das italienische Unternehmen 30.000 Tonnen zur Deponie Cröbern liefern. Gesamtwert demnach: 3,6 Millionen Euro. Fabio V. vermittelte von 2006 bis 2011 mehr als 30 solcher Sondermüll-Deals zwischen Italien und Cröbern. Bei ihm in der Provinz Brescia hatte Ferrarifahrer Martin S., Leiter für Akquise und Vertrieb beim Deponiebetreiber in Großpösna, sein zweites Büro.

Italien ist nach Holland und Großbritannien drittgrößter Exporteur von notifizierungspflichtigen Abfällen in die Bundesrepublik. Dabei kommt es immer wieder zu Zwischenfällen wie am 6. November 2018: Die Thüringer Autobahnpolizei hatte auf der A9 von München Richtung Berlin den Sattelzug einer österreichischen Spedition gestoppt. Der Auflieger machte einen schlechten Eindruck, der Aufbau war defekt, die Plane eingerissen und auch die Bremsen des Hängers funktionierten nicht. Verkehrsuntauglich, so das Urteil eines Gutachters, nachdem der LKW am Autobahnkreuz Hermsdorf kurz vor Leipzig aus dem Verkehr gezogen und mehrere Tage für genaue Untersuchungen festgesetzt worden war.

Der schrottreife Zustand war nicht das Einzige, was auffiel. Auch bei der Fracht passte etwas nicht, wie die Autobahnpolizei bekannt gab: »Schon bei der oberflächlichen Sichtkontrolle wurden beigemischte und nicht für diesen Transport erlaubte Abfälle festgestellt.« Erlaubt waren gefährliche Bau- und Abbruchabfälle, auf den Papieren ein Abfallschlüssel mit Sternchen: »170603*«.

Diese Nummer aus der Abfallverzeichnisverordnung bezeichnet »Dämmmaterial, das aus gefährlichen Stoffen besteht oder solche Stoffe enthält«. Geladen waren laut Polizei aber auch Dachpappe, Holzreste, Putzschicht- und Gipsplatten, Trittschalldämmungen und Styropor. Hier wollte jemand neben dem zugelassenen Dämmmaterial noch andere Stoffe illegal entsorgen. Absender der manipu-

lierten Ladung war eine Firma aus der Nähe von Siena. Adressat –
die Deponie Cröbern in Großpösna.

2008 stellte die Wende für die Müllschieber dar. Die ersten
Kiesgruben und die dunklen Löcher von Ex-Polizist Roland V.
in Brandenburg waren aufgeflogen, das große Müll-Bermudadreieck
in Sachsen-Anhalt mit den Tongruben Möckern und Vehlitz sowie
der Deponie Freyburg-Zeuchfeld begann sich aufzulösen. Mit der
Entsorgungsfirma von Jürgen M. in Braunsbedra war eine Drehscheibe der bundesweiten Abfallverschiebung ins Visier von Ermittlern geraten. In Sachsen standen Cröbern und die vorgeschaltete
MBA der öffentlichen Betreibergesellschaft in Großpösna unter ver-
schärfter Beobachtung. Auch die Italien-Importe wurden bundesweit weniger. 2012 sanken sie erstmals wieder unter die Marke von
einer Million Tonnen. Bei der Betreiberfirma von Cröbern stürzten
sie 2014 auf den tiefsten Stand seit zehn Jahren. Nur noch 58.000
Tonnen erreichten die Deponie der Westsächsischen Entsorgungs-
und Verwertungsgesellschaft. Seitdem zieht das Geschäft wieder an.
11.200 Abfalltransporte rollen laut Autobahnpolizei täglich über das
Hermsdorfer Kreuz. Darunter zunehmend gefährlich-lukrativer Italo-Müll für Cröbern. 2016 waren es mehr als 150.000 Tonnen, 2017
rund 130.000.

ZÄHE BEWEISAUFNAHME, KURZE PROZESSE

Thorsten A., Jan F., Achim I. und Helmut Sch., die vier Männer, die die Kiesgrube Markendorf als Mülldeponie missbraucht hatten (Kapitel 5), mussten sich ab dem 28. April 2016 vor Gericht verantworten. Sie legten Geständnisse ab – und entgingen dem Gefängnis. Thorsten A. und Jan F. wurden nach neun Verhandlungstagen im Juli 2016 zu Bewährungsstrafen, Achim I. und Helmut Sch. zu Geldstrafen im vierstelligen Bereich verurteilt.

Dass jemand fürs Verklappen im Knast landet, kommt selten vor. Diesen Schluss legen Zahlen des Justizministeriums in Potsdam zumindest für Brandenburg nahe. Von 1994 bis 2015 gab es demnach exakt 778 Verurteilungen wegen illegaler Abfallentsorgung. Hinter Gitter ging es nur in neun Fällen. Zwar verhängten die Gerichte insgesamt 57-mal eine Freiheitsstrafe, setzten diese Strafe aber meistens zur Bewährung aus. Das Gros der Müllsünder kam ganz ohne Androhung von Gefängnis davon. In 90 Prozent ihrer Urteile beließen es die Richter bei einer Geldstrafe.

Ein Grund für die milden Urteile ist die lange Verfahrensdauer. Umweltdelikte genießen bei den Strafverfolgungsbehörden und der

Justiz keine Priorität. Gerichte ziehen andere Verbrechen wie Drogenhandel, Raub, Vergewaltigung, Totschlag, Mord und Terrorismus vor. Bei Markendorf dauerte es sieben Jahre von der Anklage bis zur Gerichtsverhandlung. Das lange Warten begründete der Vorsitzende Richter mit der »hohen Arbeitsbelastung« des Gerichts. Wegen Personalmangel hatte das Landgericht Potsdam den Termin für die Hauptverhandlung mehrfach verschoben. Diese »rechtsstaatswidrige Verzögerung«, so der Richter, habe zu einem »erheblichen Abschlag bei der Strafzumessung« geführt. Mit anderen Worten: Hätte sich das Gericht früher mit dem Fall befasst, hätte die Vierer-Bande mit härteren Strafen rechnen müssen.

Bei Bernd C. war das gleiche Gericht ähnlich spät dran. Die Anklage wurde 2010 erhoben, die Hauptverhandlung erst am 7. Dezember 2016 eröffnet. Auch hier winkte ein Strafnachlass – falls sich die Angeklagten zu den Vorwürfen vollumfänglich äußern würden. »Sie sollen uns sagen, was tatsächlich abgelaufen ist«, sprach der Vorsitzende Richter den Hauptangeklagten Bernd C. direkt an. C. entschied sich dafür, nichts zu sagen.

Die Staatsanwältin nahm sich einen Zeugen vor. Sie erinnerte ihn daran, dass er zur Wahrheit verpflichtet ist. Bei einer Falschaussage müsse er mit bis zu fünf Jahren Freiheitsstrafe rechnen. Ihre Worte hatten einen drohenden Unterton. Sie wollte den Mann unter Druck setzen. Er sollte der 4. Strafkammer des Landgerichts Potsdam etwas über den Abfall sagen, den er im Auftrag der Beschuldigten in die Kiesgrube gekippt haben soll.

Das war am 10. Januar 2017, Tag drei der öffentlichen Hauptverhandlung im Strafprozess gegen den Unternehmer Bernd C. und dessen ehemaligen Betriebsleiter. Ursprünglich war noch ein Dritter angeklagt. »Der Dicke«, wie ihn mehrere Zeugen nannten. Er fuhr in der Grube den Radlader, schob Sand und Kies über den Müll, konnte aber nicht mehr zur Verantwortung gezogen werden. Er war gestorben.

Rund zehn Jahre lag der Fall zurück. Auch der Gutachter, der für die Staatsanwaltschaft den Müll in der Grube untersucht hatte, lebte nicht mehr. Die Ankläger haben immerhin sein Gutachten. Erinnerungen aber verblassen, bestehen mitunter nur noch aus Fragmenten. Die Vernehmung des Zeugen glich einem Puzzlespiel, dem Teile fehlten. Bei seinen Antworten, die er zuvor schon den Richtern gegeben hatte, musste er lange überlegen und blieb gerade bei der Frage des Abfalls im Nebulösen.

»Jetzt konkret«, forderte die Staatsanwältin. Sie erhoffte sich eine belastende Aussage und wohl doch ein schnelles Ende des Prozesses. Bevor aber der Zeuge auspacken konnte, meldete sich die seit dem vorherigen Verhandlungstag von drei auf vier Rechtsanwälte angewachsene Verteidigung zu Wort. Ihrem Mandanten gehe es nicht gut, erklärte ein Anwalt aus ihrer Reihe. Mit leidendem Gesichtsausdruck beugte sich C.s ehemaliger Betriebsleiter über die Anklagebank und bestätigte den Richtern, dass er sich unwohl fühle. Daraufhin blickte der Vorsitzende zur Uhr und rief die Mittagspause aus.

Eine Pause war so ziemlich das Letzte, was die Potsdamer Staatsanwältin gebrauchen konnte. »Das ist schon ein komischer Zufall«, kommentierte sie die plötzliche Unterbrechung. Ihre Befürchtung, die Verteidigung könne die Auszeit nutzen, um den Zeugen zu beeinflussen, beeindruckte den Vorsitzenden Richter aber wenig. Er riet dem Zeugen, sich nicht mit den Angeklagten und deren Anwälten an einen Tisch zu setzen. »Das wäre problematisch«, fügte er hinzu und begab sich zur Kantine.

Misstrauisch wie die Staatsanwältin war, behielt sie den Zeugen im Auge. Sie folgte ihm durch den rechtwinkligen Gang des Gerichtsgebäudes, durch mehrere Glastüren hindurch bis zu den Treppen im Foyer, die hinab zu den Toiletten führten. Sie wartete oben. Spätestens an der Tür zur Herrentoilette wäre für sie sowieso Schluss gewesen. Dahinter passierte, was nicht passieren sollte. Der Zeuge traf auf den kränkelnden Angeklagten und auf einen der Verteidiger. Der nächste »komische Zufall«. Ob und was dort geredet wurde, wissen nur die drei Herren.

Die Staatsanwältin aus Potsdam wollte nun nichts mehr dem Zufall überlassen und verbrachte die restliche Zeit ihrer Mittagspause mit dem Zeugen im Flur des Justizgebäudes. Nach einer halben Stunde fanden sich alle wieder im Gerichtssaal ein. Die Vernehmung sollte fortgesetzt werden. Doch dem Mitangeklagten ging es noch immer schlecht. Er klagte über Magenschmerzen und Erbrechen. Der Abbruch drohte. Die Staatsanwältin witterte Verdunklungsgefahr und wollte unbedingt noch den Zeugen befragen. Doch daraus wurde nichts. Der Richter teilte ihre Bedenken nicht und vertagte die Verhandlung.

So zäh wie in Potsdam gestaltet sich oft die Beweisaufnahme, wenn es um illegale Entsorgungspraktiken geht. Die bundesweite Abfallverschiebung zog eine ganze Reihe Strafverfahren nach sich, die zum Teil bis heute bei deutschen Gerichten anhängig sind. Die zwei aufwendigsten Verfahren werden am Landgericht Stendal verhandelt. Das eine betrifft die Tongrube Möckern, das andere die Tongrube Vehlitz. In beiden Strafverfahren sind nahezu dieselben Männer angeklagt. Wegen Möckern sitzen sechs, wegen Vehlitz sieben Beschuldigte auf der Anklagebank, darunter jeweils die ehemaligen Geschäftsführer Simon H. und Johannes P. Verteidigt wird die Riege der Angeklagten von bis zu 17 Rechtsanwälten. Zwei Mammutverfahren, für die unterschiedliche Strafkammern des Gerichts zuständig sind.

Hauptbeschuldigter in beiden Prozessen ist Gert N., der Müllpate aus dem Jerichower Land. Mit einem Bein befindet sich N. bereits im Gefängnis. Wegen Bestechung des Landrats Ludwig F. verurteilte ihn das Landgericht Magdeburg im Juni 2017 zu einem Freiheitsentzug von drei Jahren und sechs Monaten. Das Urteil ist aber auch zwei Jahre nach diesem Richterspruch noch nicht rechtskräftig.

Nicht auf der Anklagebank im Landgericht Stendal zu finden ist der Hamburger Unternehmer und Pferdesport-Mäzen Hagen W. Die Staatsanwaltschaft maß dem Mitgesellschafter der mittlerweile insolventen P. Steinwerk GmbH doch keine relevante Rolle in dem Verklappungsgeschäft zu. Der Verdacht, er könnte an den Schmiergeldzahlungen für den Landrat beteiligt gewesen sein, bestätigte sich offenbar nicht. Die Staatsanwaltschaft ließ ihre Anklage in dieser Sache jedenfalls wieder fallen.

Der ehemalige Landrat selbst sitzt mittlerweile hinter Gittern. Viele Jahre hatte sich Ludwig F. einen erbitterten Kampf mit der Justiz geliefert – und schließlich verloren. Das Landgericht Magdeburg sah es als erwiesen an, dass F. die Machenschaften von Gert N. gedeckt und im Gegenzug für seine Dienste Bargeld und diverse andere Gefälligkeiten angenommen hatte. Es verurteilte ihn wegen Bestechlichkeit und Steuerhinterziehung zu zwei Jahren und zehn Monaten. Ludwig F. beteuerte stets seine Unschuld, wehrte sich juristisch gegen das Urteil. Am Ende vergeblich. Im November 2018 wies der Bundesgerichtshof seine Revision ab. Am 5. Juni 2019 trat der 65-Jährige die Haftstrafe an.

59 Verhandlungstage hatte der Korruptionsprozess gegen Landrat Ludwig F. gedauert. Das Müllverfahren gegen Bernd C. und dessen Betriebsleiter dauerte schon einen Tag länger. Inzwischen war es Juni. Juni 2019. Dutzende Zeugen sind seit dem Prozessauftakt im Dezember 2016 gehört worden. Ehemalige Mitarbeiter von C.s Sortieranlage in Brandenburg, Kraftfahrer, Gutachter, Vertreter des Bergamtes, Polizisten, die Umweltkontrolleure, die den Dreck in der Grube entdeckt hatten. Die Beweisaufnahme war aufwendig, sie war gründlich und auch zweieinhalb Jahre nach Verhandlungsbeginn noch nicht abgeschlossen.

Es ist dieser Aufwand, vor dem Gerichte häufig zurückschrecken und lieber eine Einigung mit den Müllhändlern und Grubenbetreibern der bundesweiten Abfallverschiebung suchten. Vergleichsweise schnell wurde etwa das Strafverfahren gegen Jürgen M. abgehakt. Auch er wurde erwischt, angeklagt und verurteilt. Die Verhandlung im Sommer 2014 dauerte ganze zwei Tage. Danach folgte schon das Urteil: neun Monate auf Bewährung. »Bei der Strafzumessung war zu Gunsten des Angeklagten sein uneingeschränktes Geständnis zu berücksichtigen, das eine umfangreiche und nicht unkomplizierte Beweisaufnahme erspart hat«, begründete die 3. Große Strafkammer am Landgericht Halle ihre Entscheidung. Ihr schriftliches Urteil passte auf acht Seiten.

Jürgen M. beschränkte sein »uneingeschränktes Geständnis« auf die Deponie Freyburg-Zeuchfeld. Dieses Verklappungsgeschäft gab er zu. Deponiechef Ulrich K. (Kapitel 10), der soll nicht nur davon gewusst, sondern es auch mitgeplant haben. Verurteilt wurde Jürgen M. wegen Beihilfe. »Dem Angeklagten war [...] bewusst, dass die [aus Braunsbedra] angelieferten Abfälle tatsächlich nicht auf der Deponie entsorgt werden durften und er durch die Lieferungen den gesondert Verfolgten Ulrich K. bei dem ungenehmigten Betrieb der Anlage unterstützte.« Das war alles. Nichts im Urteil deutet hin auf die Lieferungen nach Vehlitz und die damit verbundenen Zahlungen auf ein Schwarzgeldkonto in der Schweiz. Weder zu Peenemünde noch all den anderen dunklen Löchern, die Jürgen M. bediente, ein Wort. Die Fälle sind bei Umweltbehörden aktenkundig, doch spielten sie im Strafverfahren gegen ihn keine Rolle. Bei einer »umfangreichen Beweisaufnahme«, die hier gescheut wurde, wären sie womöglich zur Sprache gekommen. Offenbar hatte aber auch die Staatsanwaltschaft daran kein Interesse. Hinweise der Umweltbehörden lagen ihr nachweislich vor.

Im Strafprozess gegen Roland V., der schon zweieinhalb Jahre vorher am Landgericht Potsdam öffentlich verhandelt worden war, war der Name Jürgen M. mehrfach gefallen. Nicht verwunderlich, denn erst mit ihm und dessen Lieferungen schwang sich Ex-Polizist V. zum Müllbaron von Potsdam-Mittelmark auf. Das wurde sehr deutlich. Aber auch dazu steht im Urteil gegen Jürgen M. nichts.

Der Schwabe, der in Sachsen-Anhalt als eine Drehscheibe der bundesweiten Abfallverschiebung fungierte und Hunderttausende Tonnen Dreck über die Republik verteilte, wurde lediglich für Freyburg-Zeuchfeld belangt und blieb auf freiem Fuß.

Die Härte der Justiz bekam dagegen Roland V. zu spüren. Das Landgericht Potsdam begann drei Jahre nach seinem Auffliegen, sich mit dessen Taten zu beschäftigen und beförderte ihn nach 13 Verhandlungstagen mit Urteil vom 19. Januar 2012 hinter Gitter. Trotz Geständnis. Das Gericht stufte seine Vergehen als besonders schweren Fall einer Umweltstraftat ein und verdonnerte ihn zu einer Freiheitsstrafe von vier Jahren und drei Monaten. Die von ihm verursachten Umweltschäden seien »nur schwer reversibel«, hieß es in der Urteilsbegründung. Zudem habe Roland V. sowohl Außenstehende als auch die eigenen Mitarbeiter zu Straftaten verleitet. Wegen Beihilfe wurde sein ehemaliger Betriebsleiter gleich mitverurteilt. Im Gegensatz zu seinem einstigen Chef kam der mit einer Bewährungsstrafe davon.

Die Sachbearbeiterin, die Roland V. unter anderem mit wöchentlichen Zuwendungen zwischen 150 und 250 Euro geschmiert hatte, wurde in einem anderen Verfahren wegen Bestechlichkeit und Beihilfe zu einer Freiheitsstrafe von einem Jahr und sechs Monaten verurteilt, ebenfalls ausgesetzt zur Bewährung. Gleichzeitig verlängerte sich der Gefängnisaufenthalt von Roland V. Zum Umweltdelikt kam Bestechung hinzu. Das Gericht erhöhte seinen Freiheitsentzug auf insgesamt fünf Jahre.

Eine Geldstrafe aufgebrummt bekam die Verwaltungschefin, die die Weihnachtsfeier für das Amt Wusterwitz im Dezember 2005 von Roland V. finanzieren ließ. Das sei ein Fehler gewesen, räumte sie ein. V. sei sehr hartnäckig gewesen. Um ihn wieder loszuwerden, habe sie sich auf sein Angebot eingelassen. Verurteilt wurde sie wegen Vorteilsnahme. Geschadet hat es ihrer beruflichen Laufbahn nicht. Sie blieb noch bis 2016 im Amt.

So viel Müll, wie Roland V. in sieben dunklen Löchern verschwinden ließ, verklappte Sanne L. allein auf ihrer Betriebsstätte in Bernau bei Berlin (Kapitel 12). Die Chefin vergrub aber nicht, sie türmte auf. Bei V. landete der Dreck direkt im Grundwasser, bei ihr wuchs er zum Himmel. Nach nur vier Verhandlungstagen wurde sie dafür zu einer Freiheitsstrafe von zwei Jahren verurteilt. Die Strafe wurde wie in den meisten Fällen dieser Art zur Bewährung ausgesetzt.

Auch diesem Urteil war eine Verständigung vorausgegangen. Sanne L. sollte gestehen. Das tat sie erst im zweiten Anlauf. Zuerst versuchte sie dem Gericht eine andere Geschichte aufzutischen. Sie behauptete, dass die angehäuften Abfälle lediglich zwischengelagert, nicht entsorgt waren. Mit Erde sei der Müll, darunter viel geschreddertes Plastik, nur bedeckt worden, um entstandene Brandherde zu ersticken.

Das Landgericht Frankfurt (Oder) nahm ihr diese Version nicht ab und fühlte sich damit auch nicht mehr an die Verständigung gebunden. Gebrannt hatte es tatsächlich, eine Woche lang. Der beißende Qualm war bis ins 20 Kilometer entfernte Berlin gezogen. Das war im September 2005 gewesen. Da war das Abfalllager in Bernau schon völlig überfrachtet. Das Anhäufen hatte Methode, was Sanne L. aber nicht gleich eingestehen wollte. Jetzt drohten ein längeres Verfahren und auch ein härteres Urteil. Daraufhin räumte die Chefin Sanne L. die ihr vorgeworfenen Taten »vollumfänglich« ein. Ihr Geständnis wurde wortwörtlich im schriftlichen Urteil dokumentiert.

Gegen den Hauptverantwortlichen von Freyburg-Zeuchfeld, Deponie-Boss Ulrich K., ermittelte die Staatsanwaltschaft Halle auch wegen Bestechlichkeit. In dem schmalen Urteil gegen Jürgen M. steht außerdem über ihn, dass er »vorsätzlich« eine Abfallentsorgungsanlage ohne die erforderliche Genehmigung betrieb. Dennoch kam Ulrich K. ohne Verurteilung davon. Mit Gerichtsbeschluss vom 20. November 2014 wurden die Strafverfahren gegen ihn eingestellt.

Einzige Bedingung: eine Geldauflage in Höhe von 120.000 Euro. Das ist zwar viel Geld, dennoch keine Strafe im juristischen Sinne. Es erfolgt keine Eintragung ins Bundeszentralregister und man gilt als »nicht vorbestraft«.

Ein anderer zentraler Akteur in diesem Tatkomplex, dem ebenfalls das Gefängnis erspart blieb, war Claus-Martin H.* Seine Entsorgungsfirma aus Sachsen-Anhalt gehörte wie das Unternehmen von Jürgen M. zu den Hauptlieferanten von Freyburg-Zeuchfeld. Auch H. war angeklagt, er musste 250.000 Euro für die Einstellung zahlen. Innerhalb der vorgegebenen Frist von sechs Monaten erfüllten sowohl Claus-Martin H. als auch Ulrich K. die Auflagen des Gerichts.

Freigesprochen vom Vorwurf der Bestechlichkeit wurde der Kontrolleur aus Cottbus. Der Mann vom Bergamt war für die Kiesgruben Markendorf und die von Bernd C. zuständig. Die Staatsanwaltschaft hatte schlichtweg keine Beweise. Der Grubenchef von Markendorf bestritt den Vorwurf, der Beschuldigte sowieso. Zeugen, die eine Geldübergabe gesehen hätten, gab es nicht. Auch andere Belege blieb die Staatsanwaltschaft schuldig. Sie baute ihre Anklage allein auf Indizien auf. Doch in der Hauptverhandlung am Landgericht Potsdam zeigte sich, dass diese den Landesbeamten eher entlasteten als belasteten. Dass er – wie anfangs vermutet – 5.000 Euro Schmiergeld erhalten habe und dafür seine Beamtenkarriere samt Pensionsansprüchen aufs Spiel gesetzt haben solle, erschien der Strafkammer wenig plausibel. »Damit hätte er sich auch erpressbar gemacht«, sagte der Kammervorsitzende. Die Staatsanwaltschaft sah es am Ende genauso und plädierte selbst auf Freispruch. Frei von jeglicher Verantwortung wollte die Kammer den Tagebauaufseher aber nicht sprechen. Sie äußerte starke Zweifel daran, dass er seinen Pflichten gewissenhaft nachgekommen war. Der Vorwurf der fahrlässigen Bodenverunreinigung stand im Raum. Ein Urteil allerdings erging nicht. Das Verfahren dazu wurde gegen eine Geldauflage in Höhe von 7.500 Euro eingestellt.

DIE ERMITTLUNGSBEHÖRDEN KAPITULIEREN

In anderen Fällen gab es überhaupt keine Anklagen gegen Müllsünder. Polizeiliche Ermittlungen wurden eingestellt oder gar nicht erst richtig geführt. Beispiel Peenemünde, Usedom: Am 8. Mai 2008 lieferte das Polizeipräsidium Duisburg der zuständigen Polizeiinspektion Anklam Hinweise auf verdächtige Mülllieferungen zur Aschedeponie Peenemünde. Ein Mitarbeiter der Polizeiinspektion leitete die Informationen an das Amt für Umwelt in Stralsund weiter. Sein Schreiben lässt in Sachen Ermittlungspraxis tief blicken: »Ich habe heute mit dem Bauamtsleiter des Amtes Usedom Nord telefoniert. Er teilte mir mit, dass es schon eine Reihe von Anzeigen in dieser Sache gab, die sich als nicht stichhaltig erwiesen haben. Aus diesem Grunde sehe ich derzeit keine Anhaltspunkte für eine Straftat und übersende die Unterlagen Ihrer Behörde zur weiteren Veranlassung.«

Die Umweltbehörde veranlasste immerhin, dass der Müll aus Krefeld und später auch der aus Braunsbedra untersucht wurde. Sie stellte Überschreitungen bei entscheidenden Parametern fest und schloss weitere Lieferungen aus. Damit war dieses Kapitel auch für sie geschlossen. Die Staatsanwaltschaft Stralsund, die zwischenzeitlich Ermittlungen aufgenommen hatte, sah anschließend ebenfalls keinen Grund mehr, weiterzumachen, und stellte ein.

Mindestens 45.000 Tonnen Material vom Typ »191212«, mutmaßlich mit hohem organischem Anteil, wurden auf Usedom verklappt. Doch weder Umwelt- noch Ermittlungsbehörden in Mecklenburg-Vorpommern gingen diesem dunklen Geschäft auf den Grund.

Die sogenannte Stabsstelle Umweltkriminalität unternahm noch einen letzten Versuch. Diese bundesweit einzigartige Einrichtung zur Bekämpfung von Umweltverbrechen war im nordrhein-westfälischen Umweltministerium angesiedelt, bevor sie 2017 aufgelöst wurde. Sie befasste sich auch drei Jahre nach Einstellung der Ermittlungen noch mit der Aschedeponie Peenemünde. Sie hatte Ermittlungsakten und amtliche Unterlagen ausgewertet und kam zu dem Schluss, dass den Behörden in Mecklenburg-Vorpommern »zahlreiche Hinweise« auf »strafbare Handlungen« vorlagen. In einem neunseitigen Schreiben an die Staatsanwaltschaft Stralsund führte die Stabsstelle ihre Einschätzung näher aus und empfahl, die Ermittlungen wieder aufzunehmen. Umsonst. Es gab offenbar nicht einmal eine Rückmeldung. Alles blieb, wie es war.

Im Strafprozess um die Kiesgrube von Bernd C. wurde am 19. Oktober 2017 auch Ralf S. (Kapitel 1), der Polizist aus Osnabrück, am Landgericht Potsdam vernommen. Die Gerichtsverhandlung lief mittlerweile bald ein Jahr. S. reiste mit dem Motorrad an. In seinem Gepäck hatte er einen Beweis verstaut. Verpackt in einem Glasgefäß. Eine Probe von dem Abfalltransport, den er am 9. Februar 2007 kontrolliert hatte. Ralf S. hatte sie im Kühlschrank der Asservatenkammer der Polizeidienststelle Osnabrück aufbewahrt. Zehn lange Jahre. Im Zeugenstand stellte er das Gefäß auf einen Tisch und begann über die Kontrolle von damals zu berichten. Über die Fracht, die Deklaration als mineralischen Abfall und den Gestank. »Es roch nach Hausmüll. Als wenn man den Kopf über eine Mülltonne hält«, erinnerte er sich.

Das damals sich anschließende Ermittlungsverfahren gegen die Spedition aus dem Landkreis Vechta und gegen den Absender, die Entsorgungsfirma R. Abfallentsorgung aus dem Münsterland, schoben die Staatsanwaltschaften Potsdam, Osnabrück und Münster sich zunächst einander zu. Wer von ihnen zuständig war, hing vom Tatort ab.

Es kamen gleich mehrere Tatorte in Betracht: in Brandenburg, wo die Fracht entsorgt werden sollte, in Niedersachsen, wo sie gestoppt wurde, in Nordrhein-Westfalen, wo sie herkam. Am Ende übernahm die Staatsanwaltschaft Münster. Im Oktober 2008, anderthalb Jahre nach der LKW-Kontrolle, stellte sie ihre Ermittlungen »mangels hinreichendem Tatverdacht« ein.

Die Staatsanwaltschaft Potsdam hingegen, die neun Jahre später den Gerichtsprozess gegen Bernd C. und dessen ehemalige Mitarbeiter führte, verfügte zumindest über Informationen, die die Firma verdächtig erscheinen lassen. In ihrer Anklageschrift steht, dass die R. Abfallentsorgung GmbH Abfälle falsch deklariert habe. 7.300 Tonnen. Wenn das nicht hinreichend ist.

Am 14. September 2018 betrat Firmeninhaber Franz R. den Gerichtssaal in Potsdam. Als Zeuge. An diesem Tag, so sagte er, sehe er Bernd C. das erste Mal. Ihre Geschäfte hatten die Entsorgungsunternehmer demnach über Telefon und Faxgerät abgewickelt. Zu den Ermittlungsergebnissen der Staatsanwaltschaft Potsdam befragt, sagte Franz R.: »Warum sollen wir Abfälle verkehrt deklarieren? Wir haben einen Betrieb mit 300 Leuten. Was soll das?« Die Verteidigung hakte nochmal nach. Es war ihr Zeuge. Auf ihren Antrag hin war Franz R. überhaupt erst vorgeladen worden. »Hat es Beanstandungen gegeben, dass unzutreffend deklariert wurde?« R.: »Nein, meines Wissens nicht.« Kein Nachhaken mehr. R. hatte nichts Belastendes ausgesagt. Das war offenbar genau das, was sie sich von ihm erhofft hatten. Dabei war es amtlichen Dokumenten zufolge doch gerade ihr Mandant gewesen, der Lieferungen des Unternehmens von Franz R. beanstandet hatte, und zwar im März 2007, als die Umweltkontrolleure ihn in der Grube überrascht hatten.

Auch in Sachsen-Anhalt war jemand mit der »Qualität« der angelieferten Abfälle nicht einverstanden gewesen: Ulrich K., Chef der dunklen Deponie Freyburg-Zeuchfeld (Kapitel 10). Wegen »Unzuverlässigkeit« hatte Ulrich K. der Firma aus dem Münsterland sogar weitere Lieferungen untersagt. All das war lange her. Vielleicht erinnerte sich Franz R. deswegen nicht. Verjährt, sofern es sich überhaupt um ein strafbares Delikt handelte, war es zudem auch. Er hätte nichts zu befürchten gehabt.

Obwohl Spediteure, Müllmakler und Zwischenhändler an der bundesweiten Verschiebung von Abfällen in dunkle Löcher mitwirkten und mitverdienten, blieben sie von Ermittlungen und rechtlichen Konsequenzen weitgehend verschont. Im Tatkomplex Markendorf etwa gelang es zwar der Staatsanwaltschaft Potsdam, die Zulieferer zu ermitteln. Sie klagte auch an, aber nur die, die in ihren Zuständigkeitsbereich fielen.

Das Verfahren gegen das Unternehmen aus dem niedersächsischen Nienburg wurde an die Staatsanwaltschaft Verden abgegeben – und dort eingestellt. Das Verfahren gegen einen Makler aus dem Sauerland, der Geschäfte mit der Kiesgrube von Bernd C. vermittelt hatte, ging an die Staatsanwaltschaft Arnsberg über. Dort ist heute kein solches Verfahren mehr bekannt. Sobald es über Kreis-, Länder- und somit Zuständigkeitsgrenzen hinausging, gerieten Ermittlungen ins Stocken. So verlief auch die Strafverfolgung bei den Italien-Deals größtenteils ergebnislos. Hier ging es über Staatsgrenzen hinweg.

Als sich die italienischen Ermittler im September 2008 mit ihrem Verdacht zum Kampanien-Geschäft des Deponie- und MBA-Betreibers in Großpösna an das Bundeskriminalamt wandten, da war es schon zu spät. Der Deal war gelaufen, der Müll transferiert und verschwunden, das Geld auch. Es existierten zwar noch zwei weitere Notifizierungen für Zehntausende Tonnen Müll aus Italien. Doch zur Lieferung konnte es gar nicht mehr kommen. Die italienische Polizei hatte deren Geschäft schon Monate zuvor zerschlagen. Bei einer Razzia im April 2008 hatte sie die mutmaßlichen Drahtzieher in Italien festgenommen, insgesamt 25 Personen. Von ihnen konnte kein Gramm mehr über die Alpen gelangen. Das plötzliche Versiegen ihrer Quelle wird den Maklern Karl T. und Martin S. wohl kaum entgangen sein. Sie dürften früher vom Ende dieses Deals erfahren haben, als Kriminalämter und Staatsanwaltschaften in Deutschland von seiner Existenz. Die Hinweise der italienischen Kollegen hätten früher kommen müssen, wie auch der BKA-Beamte Andreas W. im Untersuchungsausschuss des Sächsischen Landtags anmerkte: »Es wäre natürlich auch aus unserer Blickrichtung – aus deutscher Blickrichtung – taktisch besser gewesen, wenn die uns früher unterrichtet hätten; wenn also quasi das ganze Tatgeschehen noch am Laufen gewesen wäre – auch die Transporte nach Deutschland.«

So aber konnten deutsche Ermittler nur noch hinterher ermitteln. Mit mäßigem Erfolg. Das einzige Urteil, das im Zusammenhang mit dem Kampanien-Müll erging, richtete sich gegen Martin S., Müllmakler und ehemaliger Vertriebsleiter in Großpösna. Laut dem Landgericht Halle war er die entscheidende Person bei der illegalen Verschiebung der Abfälle zu Thomas Z.s Unternehmen in Sachsen-Anhalt. »Er besaß bei der Entscheidung über die Vergabe von Aufträgen einen beachtlichen Einfluss auf die Geschäftsführung und wusste dies auch. Seiner Empfehlung, soweit er nicht alleine entschied, wurde seitens der Geschäftsleitung regelmäßig gefolgt«, hieß es in der schriftlichen Urteilsbegründung des Gerichts.

Martin S. empfahl für den Hausmüll aus Italien die Firma von Thomas Z. – obwohl es genug Gründe gegen den Müllschieber aus Naundorf gab. So schrieb die Notifizierung für den grenzüberschreitenden Abfalltransport ausdrücklich eine Verarbeitung des

Mülls in der MBA-Anlage in Großpösna in Sachsen vor. Ein Weitertransport nach Sachsen-Anhalt hätte einer neuen Genehmigung bedurft. Thomas Z. genoss bei den dortigen Behörden aber nicht gerade den besten Ruf. Außerdem verfügte er zwar über die Technik, um die Abfälle mechanisch zu behandeln, also zu sortieren und zu schreddern. Für eine biologische Behandlung war seine Anlage aber nicht hinreichend ausgestattet. Eine Zustimmung der Behörden wäre daher keineswegs gewiss gewesen. Das Genehmigungsverfahren hätte zusätzlich Zeit gekostet und das ganze Geschäft womöglich gefährdet.

Dass sich Martin S. dennoch für das Unternehmen von Thomas Z. aussprach, »unter Missachtung etwaiger Mitbewerber«, wie die 13. Große Strafkammer des Landgerichts Halle betonte, hatte mit dem geplanten Müllheizkraftwerk auf Teneriffa zu tun. Nach ihrer Überzeugung verlangte Martin S. von Thomas Z. als Gegenleistung für seine Empfehlung eine Beteiligung an dem Projekt. So soll es dann auch gekommen sein. Thomas Z. erhielt den Auftrag und machte Müllmakler Martin S. daraufhin zum Teilhaber der Projektgesellschaft auf der spanischen Ferieninsel. Wert der Unternehmensanteile: 100.000 Euro.

Der Verdacht, dass der Dreck aus Italien mit hoher Wahrscheinlichkeit illegal verscharrt wurde, laut BKA-Mann Andreas W. auf Freyburg-Zeuchfeld, und dies, wie zumindest italienische Ermittler vermuteten, von vorherein so geplant gewesen war, blieb in diesem Verfahren außen vor. Grundannahme der Strafkammer war vielmehr, dass fachgerecht entsorgt wurde. Sie verurteilte Martin S. im September 2017 wegen Bestechlichkeit im geschäftlichen Verkehr und wegen Steuerhinterziehung zu zwei Jahren Haft. Weil die Strafe zur Bewährung ausgesetzt wurde, verließ der Müllmakler das Gericht als freier Mann. Thomas Z., der ihn bestochen haben soll, konnte nicht mehr belangt werden. Er war 2012 gestorben. Die Müllverbrennungsanlage auf Teneriffa wurde nie gebaut.

Für Volker O. und Jörg E., die damals die Geschäfte des öffentlichen Deponie- und Anlagenbereibers in Großpösna führten, ging die Sache straffrei aus. Die Staatsanwaltschaft Leipzig warf ihnen zwar vor, den Müll aus Kampanien »entgegen der Genehmigungslage« und »unter Verschleierung des tatsächlichen Abfallempfängers« weitergeleitet und dadurch »der behördlichen Kontrolle bewusst entzogen« zu haben. Dieses Strafverfahren wurde aber nach Zahlung von Geldauflagen im Jahr 2011 eingestellt. Eingestellt wurde auch das Ermittlungsverfahren gegen Volker O. und Jörg E. bezüglich der scheinbehandelten Abfälle der Firma aus dem italienischen Corridonia. Die Staatsanwaltschaft konnte ihnen kein strafrechtlich relevantes Vergehen nachweisen.

Mangels »hinreichenden Tatverdachts« ermittelten die Leipziger Staatsanwälte auch in einem anderen Fall nicht weiter. Dabei ging es um den Verdacht, dass Abfälle einer Firma aus Ferno bei Mailand zwischen Oktober und Dezember 2010 ohne die nötige Genehmigung nach Cröbern gebracht und dort deponiert worden waren.

Lorenzo D. (Kapitel 20), der Millionenbetrüger aus Mailand, wurde 2009 in Italien verhaftet. Ermittlungen gegen seine Geschäftspartner in Deutschland führten zur Aufdeckung von Finanzdelikten. Die strafrechtlichen Konsequenzen blieben überschaubar. Der Chef der landeseigenen Deponie in Rheinland-Pfalz wurde zu einer Bewährungsstrafe verurteilt. Für Verantwortliche der beiden sächsischen Unternehmen, die mit Lorenzo D.s Firmenreich Geschäfte getätigt hatten, ging es glimpflicher aus. Die Staatsanwaltschaft Zwickau konnte nach Aussage ihrer Sprecherin zwar Geldwäsche feststellen, aber die Tat niemandem eindeutig zuordnen. Sie verdächtigte insgesamt neun Personen, darunter Geschäftsführer und eine Prokuristin. Bei drei Verdächtigen stellte sie die Verfahren mangels Tatnachweis, bei den anderen sechs gegen Geldauflage ein. Auch der öffentliche Anlagenbetreiber in Großpösna zählte Lorenzo D. zu seinen Lieferanten. Von 2007 bis 2009 sind insgesamt drei Notifizierungen für gefährliche Abfälle von einer Firma von D. zur Deponie Cröbern im Leipziger Südraum dokumentiert, aber kein Ermittlungsverfahren.

DAS GIFTIGE ERBE

Ein Wunder schien wahr geworden: Im Juni 2006 wurde die Deponie Altbensdorf wieder der Natur übergeben. Der Entsorgungsunternehmer Roland V. hatte sie zuvor zehn Monate lang auf eigene Kosten rekultiviert. Die Müllablagerungen waren abgedeckt und begrünt worden. Augenscheinlich genau so wie in der vertraglichen Vereinbarung mit dem zuständigen Amt Wusterwitz geregelt. Alles sah so aus, wie es sein sollte. Auch der Teich im Randbereich der alten Kippe war erhalten geblieben und das Amt wie vereinbart von Ausgaben verschont. Feierlich verkündete die Amtsdirektorin in einem Schreiben vom 12. Juni 2006: »Wir freuen uns und dürfen sicherlich zu Recht stolz darauf sein, der Natur einen kleinen Raum mit einem sehr schön angelegten Feuchtbiotop zurückgeben zu können.«

Als zwei Jahre später die Ermittler der Einsatzgruppe »Umwelt« aus dem Polizeipräsidium Potsdam zur Spurensicherung in Altbensdorf anrückten, bot sich ihnen ein trostloser Anblick. Die Natur litt. Rund um die Deponie gingen die Bäume ein. Die Ermittler vermuteten einen Zusammenhang mit den verklappten Abfällen. Experten bestätigten diese Vermutung. Ihre Untersuchungen ergaben eine »erhebliche Entwicklung von Deponiegas«. Das Gemisch aus Kohlendioxid, Methan und Schwefelwasserstoff war nicht das einzige Problem, das der Natur zusetzte.

Der Dreck lag direkt in wasserführenden Schichten. Das stellten schon die Umweltpolizisten aus Potsdam fest, als sie mit ihren Schürfen zu dem vergrabenen Müll vorstießen. Roland V. hatte selbst den Bereich vollgestopft, den er durch Abdeckung der Deponie eigentlich schützen sollte. Damit bestand nicht nur mehr die Gefahr, sondern mittlerweile die Gewissheit, dass Schadstoffe ins Grundwasser gelangten. Sie lagen ja nun mittendrin. Vor allem bei Schwermetallen überstiegen die gemessenen die zulässigen Werte um ein Vielfaches. Damit bestand erneut Sanierungsbedarf, dringender denn je. Geschätzte Kosten: neun Millionen Euro. Gift für die Gemeindekasse. Aus dem Wunder war ein Alptraum geworden.

Bis heute rotten die Hinterlassenschaften des Müllbarons von Potsdam-Mittelmark vor sich hin und verschmutzen die Umwelt. Neben Altbensdorf auch in Wollin, in Schlamau, in Rogäsen. Auch in Zitz starben Bäume ab, Kiefern, Birken und Robinien. Das Grundwasser wies laut amtlichen Unterlagen »eine starke Graufärbung und einen müllartigen Geruch« auf. In Schlunkendorf soll der Dreck bald ausgebuddelt werden. Giftige und krebserregende Schwermetalle, Mineralölkohlenwasserstoffe, polyzyklische aromatische Kohlenwasserstoffe und aromatische Kohlenwasserstoffe haben Boden und Grundwasser »nachhaltig geschädigt«, wie es behördlichen Dokumenten zufolge heißt. Das nächste Trinkwasserschutzgebiet liege zwar weit genug weg. Aber: »Eine Nutzung von Privatbrunnen (Gartenbrunnen) im ca. 1 km südwestlich gelegenen Schlunkendorf-Kietz ist nicht auszuschließen.«

33,8 Millionen Euro würde es kosten, den Dreck aus Bernd C.s brandenburgischer Grube wieder herauszuholen und ordnungsgemäß zu entsorgen. Auch dort ist das Grundwasser belastet. Das geht aus dem offiziellen Bericht zum Grundwasser-Monitoring hervor. Und so sagte es im März 2017 auch der Gutachter, der den

Bericht verfasst hat, im Strafprozess gegen Bernd C. aus. »Es liegt eine konkrete Gefährdung vor«, bezeugte er in Saal 6 am Landgericht Potsdam. Die Anklage baute auf die Expertise des Gutachters. Die 4. Strafkammer des Gerichts schätzte den diplomierten Geologen und Leiter eines Ingenieurbüros als Sachverständigen. Doch nicht alle wollten ihm glauben.

Die Verteidigung lehnte den Gutachter ab und versuchte mit Befangenheitsanträgen, ihn aus dem Verfahren zu drängen. Widerspruch kam aber noch von ganz anderer, völlig unerwarteter Stelle. Von ganz oben, von der Landesregierung in Potsdam. »Ich sehe nicht ausdrücklich eine Gefährdung«, sagte Wirtschaftsminister Albrecht Gerber (SPD), als ihn Anfang April 2017 im brandenburgischen Landtag die Grünen mit dem Fall konfrontierten. Im Jahr zuvor hatte sich Landesumweltminister Jörg Vogelsänger (ebenfalls SPD) weit aus dem Fenster gelehnt und behauptet, dass von den illegalen Abfalllagern, die sich in Zuständigkeit des Landes befinden, keine Gefahr für die Umwelt ausgehe.

Zwischen beide Aussagen platzte der Bericht zum Grundwasser-Monitoring und warf auf die Behauptung Vogelsängers ein neues Licht. Chemische Stoffe wie Bor, polyzyklische aromatische Kohlenwasserstoffe (PAK) und Phenole wurden in hohen Konzentrationen gemessen. Die Qualität des Grundwassers habe sich »erheblich verschlechtert«, hieß es in dem Bericht. Und weiter: »Es ist davon auszugehen, dass noch über längere Zeiträume ein Schadstoffnachweis in den vorhandenen Grundwassermessstellen erfolgen wird.«

Der Befund klang eindeutig, doch Albrecht Gerber, als Wirtschaftsminister oberster Aufseher über die Tagebaue im Land Brandenburg, beschwichtigte. Er sehe lediglich die »Notwendigkeit für weitere Untersuchungen, um dann zu prüfen, ob es eine Gefährdung gibt«. Umweltminister Jörg Vogelsänger äußerte sich gar nicht.

Dass die Anwälte von Bernd C. die Ergebnisse in Zweifel ziehen würden, war zu erwarten, doch warum Wirtschaftsminister Gerber sich öffentlich von der fachlichen Einschätzung distanzierte, erschloss sich auf den ersten Blick nicht. Zumal der Gutachter nicht etwa für die Staatsanwaltschaft oder das Gericht das Monitoring auswertete, sondern im Auftrag des Landesamtes für Bergbau, Geologie und Rohstoffe, eine dem Wirtschaftsministerium unterstellte Behörde.

Bei genauerem Hinsehen kann man vermuten, warum der Wirtschaftsminister auf Distanz ging – und der Umweltminister schwieg. Hätte Gerber die Grundwasserverschmutzung bestätigt, hätte er nicht nur seinen Genossen und Kabinettskollegen in eine unangenehme Situation gebracht, sondern auch einräumen müssen, dass der Müll herausgeholt oder die Grube zumindest saniert werden muss.

Das große Aufräumen würde sehr teuer werden und den Tagebaubetreiber, das Unternehmen von Bernd C., aller Voraussicht nach in die Insolvenz befördern. Dann bliebe das Land auf dem dunklen Loch und somit auf den Sanierungskosten sitzen. So wie die Gemeinden im Landkreis Potsdam-Mittelmark auf den Hinterlassenschaften des Müllbarons Roland V.

Legt man den von Umweltminister Vogelsänger selbst genannten Berechnungsschlüssel von rund 100 Euro pro Tonne zugrunde, würde es fast eine halbe Milliarde Euro kosten, alle noch existierenden illegalen Abfalllager und Deponien in Brandenburg aus der Welt zu schaffen. Bis die schwarzen Müllkippen saniert werden, werden noch viele Jahre vergehen. Oder es geschieht gar nichts. Das ist scheinbar die von offizieller Seite favorisierte Lösung, denn es ist die billigste.

Das betrifft auch Bernd C.s Grube. Dieses Problem verschob Gerber in eine ferne Zukunft. Er kündigte an, vier weitere Messstellen zu errichten, um das »tatsächliche Ausmaß der Grundwasserbeeinträchtigung zu erfassen«. Die ganze Sache wird seitdem auf unabsehbare Zeit verschleppt. Oder wie Gerber im April 2017 selbst sagte: »Eine Neubewertung einer möglichen Grundwassergefährdung ist derzeit zeitlich nicht einzuschätzen.« 16 Monate später trat Albrecht Gerber aus privaten Gründen von seinem Amt als Wirtschaftsminister von Brandenburg zurück. Eine »Neubewertung« gibt es bis heute nicht. In den Tongruben Möckern und Vehlitz bleibt der Dreck, wo er ist. Das ist längst beschlossene Sache. Trotz Gefahren wie Gasaustritt und Gewässerverunreinigung. Um sie abzuwehren, hat das Land eine Menge Geld in die Sanierung gesteckt. Es wurde gebohrt, beprobt, vermessen und analysiert. Lecks im Deponiekörper, aus denen kontaminiertes Wasser sickerte, wurden mit Beton verschlossen. Bereits seit 2009 wird ausströmendes Gas abgesaugt und über Gasfackeln verbrannt. Seitdem ist auch der Gestank weniger geworden. In diese und andere »Gefahrenabwehrmaßnahmen« flossen bis Ende 2018 rund 23 Millionen Euro. Möckern gilt mittlerweile als saniert. Vehlitz ist noch nicht fertig. Das größte aller dunklen Löcher schluckte erst jede Menge Müll und verschlingt nun haufenweise Geld. Die Grube muss noch abgedeckt werden. Bis auch hier die Sicherung abgeschlossen ist, werden noch ein paar Jahre vergehen und weitere Millionen verbrannt. Die Gesamtkosten für beide Gruben werden sich am Ende wohl auf rund 50 Millionen Euro aufsummiert haben und den Großteil des Geldes werden Steuerzahler aufbringen müssen. Von den Verursachern hingegen ist nicht mit einem Schadensersatz zu rechnen. Das Unternehmen, das die Sortier- und Aufbereitungsanlage in Rietzel betrieb, hat gleich nach Auffliegen von Vehlitz Konkurs angemeldet. Die P. Steinwerk GmbH flüchtete sich nur ein halbes Jahr später in die Insolvenz. Das Land könnte die Sanierungskosten zwar bei den Insolvenzverwaltern geltend machen, doch viel wird voraussichtlich auch dort nicht zu holen sein.

Aufatmen kann man schon mal bei der Märkischen Entsorgungs-anlagen-Betriebsgesellschaft (MEAB) in Potsdam. Staatsanwaltlichen

Ermittlungen zufolge lieferte die MEAB, die den Ländern Berlin und Brandenburg zu gleichen Teilen gehört, zwischen 2005 und 2008 insgesamt rund 190.000 Tonnen »191212« ins Jerichower Land. Der Versuch, die Lieferanten von Rietzel, Vehlitz und Möckern zur Verantwortung zu ziehen, wie es das Abfallrecht eigentlich vorsieht, gilt aber bereits als gescheitert. Dazu müsse der Abfall in den Tongruben einzelnen Anlieferern genau zugeordnet werden können, hieß es auf Nachfrage. »Dies ist aus heutiger Sicht nahezu unmöglich«, so ein Sprecher des Wirtschaftsministeriums im April 2019.

Bei Veolia ließ die Landesregierung nicht so leicht locker. Der französische Konzern, der im Juli 2007 die Sulo-Gruppe und damit auch die Mehrheit an der Entsorgungsfirma in Rietzel übernommen hatte, beteiligte sich mit 7,5 Millionen Euro an den Sanierungskosten. Allerdings nicht ohne Gegenleistung. Konzern und Land hatten einen Vergleich geschlossen, wie das Wirtschaftsministerium im März 2016 der Öffentlichkeit mitteilte. Zum genauen Inhalt dieser Vereinbarung herrscht bis heute Stillschweigen. Klar war nur: Sämtliche in Zusammenhang mit Möckern und Vehlitz anhängigen Verwaltungs- und Gerichtsverfahren zwischen dem Land Sachsen-Anhalt und Veolia wurden als erledigt betrachtet. »Mit dem Vergleich werden langjährige und kostenintensive Rechtsstreitigkeiten im beiderseitigen Interesse vermieden«, so das Ministerium.

Was sich nach einem guten Deal für das Land anhört, ist in Wahrheit ein fauler Kompromiss. Um den Dreck bergen und fachgerecht entsorgen zu können, wäre schätzungsweise das Zehnfache nötig gewesen.

Von der Idee des Rückbaus der illegalen Deponien verabschiedete man sich frühzeitig. Zu gefährlich, warnte etwa das Landesbergamt am 3. November 2010 anlässlich einer Informationsveranstaltung in Vehlitz: »Zum einen könnte kein wirksamer Emissionsschutz vor entweichenden Schadgasen aus dem dann offenen Abfallkörper gewährleistet werden. Zum anderen wären die notwendigen Arbeitsschutzmaßnahmen unzumutbar für die Beschäftigten, weil diese nur mit außenluftunabhängigen Atemgeräten sowie explosionsgeschützten Arbeitsgeräten und Maschinen arbeiten könnten.«

Den Einwohnern von Vehlitz muss bei diesen Worten der Atem gestockt haben. Ihr Dorf liegt nur zwei Kilometer Luftlinie von der Grube entfernt. Über Jahre hinweg waren sie Gestank und Staub ausgesetzt. Auf einmal galt die Freisetzung von Emissionen als »unverhältnismäßiges Risiko«. Das Vergraben stellte nach Ansicht des Bergamtes lange Zeit kein Problem dar. Fürs Ausbaggern müsste die Grube aber »eingehaust und mit Frischluft versorgt werden«. So hätte sich die Gefahr eindämmen lassen. Technisch ist das möglich. Was dann aber explodiert wäre, wären die Kosten gewesen. 100 Millionen Euro hätten nicht gereicht.

Der Müllschieber Thomas Z. aus Naundorf starb am 9. August 2012 im Alter von nur 51 Jahren. »Seine Frau hat mir gesagt, er hat auf der Couch gelegen und war tot«, erzählte jemand, der Z. und seine Familie gut kannte. Mit Z. starb auch das Teneriffa-Projekt. Er hinterließ eine Ehefrau und eine Tochter, einen Bruder und eine Geliebte. Aber niemand wollte seine Firmen in Naundorf weiterführen. Die Mitarbeiter suchten das Weite. Die Betriebsstätte verwaiste, Tausende Tonnen Müll blieben herrenlos zurück – und brannten. So ist es mit vielen illegalen Abfallbergen. Früher oder später gehen sie in Flammen auf.

In den Abendstunden des 22. November 2011 ereignete sich auf der Autobahn 9 zwischen Leipzig und Berlin eine Massenkarambolage. Schon seit Stunden herrschte starker Nebel, zusätzlich beeinträchtigte »temporäre Rauchentwicklung« die Sicht. Den ganzen Tag über wies die Polizei auf die Gefahr hin. In den Verkehrsnachrichten lief die Warnung rauf und runter. Vergebens. Gegen 19.30 Uhr krachten 16 Autos und acht Lastwagen ineinander. Der Rauch kam von einer brennenden Lagerhalle unweit der Autobahn, bei der Ortschaft Neuendorf, wo sich in der Nacht zuvor ein illegales Abfalllager entzündet hatte. Bis zur Wende waren dort Kartoffeln sortiert worden. Dann kam eine Firma und wollte Müll trennen, angeblich, war aber plötzlich pleite und der Geschäftsführer über alle Berge. Die Abfallberge aber blieben.

Bereits zweieinhalb Jahre vor dem Unfall hatten Gutachter vor der Brandgefahr auf der illegalen Deponie gewarnt. Die »zeitnahe Entfernung des Abfalls« sei »von oberster Priorität«, schrieben sie im April 2009 an die Landesregierung in Potsdam. Nichts geschah.

Der Wind trieb den gelb-grauen Qualm zur Autobahn. Bei der Massenkarambolage starben zwei Menschen, neun wurden schwer verletzt.

In Naundorf brannte es nicht nur einmal. Auch nicht nur ein zweites Mal. Allein im Jahr 2014 rückte die Freiwillige Feuerwehr der nahe gelegenen Stadt Teuchern zu sechs Einsätzen aus. Einsatzdauer bis zu vier Tage. 2015 schien zunächst alles überstanden. Die Behörden hatten offenbar ein Einsehen, ließen Müllberge abtragen und wegfahren. Ein privater Sicherheitsdienst bewachte das Gelände.

Irgendwann waren nicht nur die Wachleute plötzlich verschwunden, auch die Lastwagen blieben fern. Dabei lagen noch mindestens 1.500 Tonnen brandgefährlicher Müll da, ein wildes Gemisch aus Plastik, Gummi und Holz. Aber Geld war offenbar keines mehr da. Jedenfalls waren weder das Land Sachsen-Anhalt noch der Burgenlandkreis bereit, den restlichen Dreck zu entsorgen beziehungsweise dafür zu bezahlen. Und so ging es im selben Jahr wieder los. Bis Ende 2016 kamen mindestens 30 Brände hinzu.

Jahrelang LKW-Lärm und Staub, jetzt ein Feuer nach dem anderen. Nicht nur für die Anwohner eine anhaltende Zumutung. Auch die Feuerwehr hatte »die Schnauze voll«, wie der Stadtwehrleiter am 28. November 2016 in einem Schreiben an die zuständigen Stellen schimpfte. Der letzte Brand war da gerade zwei Tage her. Der Feuerwehrchef klagte über Verschleiß an Personal und Material: »Sicher werden unsere Einsatzkräfte auch weiterhin eine klasse Arbeit in

Naundorf leisten, aber zu welchem Preis und auf wessen Knochen?« Müllschieber Thomas Z. war mittlerweile seit dreieinhalb Jahren tot, doch sein schmutziges Werk belastete weiter die Menschen. »Unser Worst-Case wäre in diesem Fall doch, stellt euch vor es brennt und keiner geht hin!« Mit diesem Drohszenario schloss der Feuerwehrmann seinen Brief. Gleich am nächsten Tag brannte es wieder. Die Feuerwehr – sie fuhr hin. Zum Glück, denn die Bedrohung war dieses Mal größer denn je.

Brandbekämpfung in Abfallanlagen gehört mittlerweile zum alltäglichen Geschäft von Feuerwehren. Naundorf war ein Extremfall. Dennoch: Fast jeden Tag brennt irgendwo in Deutschland ein Müllberg, steigen tiefschwarze Rauchwolken aus einem Recyclingbetrieb auf, werden giftige Schadstoffe freigesetzt. Welche Schadstoffe in die Luft gelangen und somit auch in die Atemwege von Menschen, hängt von mehreren Faktoren wie der Art des Abfalls und der Brandtemperatur ab.

Typische Brandgase sind Kohlenmonoxid und Kohlendioxid. In hoher Konzentration können sie bei Menschen zu akuter Atemnot, zu Herz-Kreislauf-Beschwerden sowie zu Problemen mit dem Zentralnervensystem und dem Stoffwechsel führen. Andere Substanzen schlagen auf die Augen, die Haut und die Atemwege, ziehen mitunter Reizungen und Verätzungen nach sich. Im schlimmsten Fall kann die Lunge geschädigt werden. Anwohnern empfiehlt die Feuerwehr daher immer: »Türen und Fenster geschlossen halten.« Besonders heikle Stoffe, die bei Müllbränden entstehen können, sind Benzol und Dioxin. Beides krebserregend. Dennoch heißt es nach erfolgreicher Brandbekämpfung meistens: Für die Bevölkerung habe keine Gefahr bestanden.

Die Ermittlung von Brandursachen ist schwierig. In vielen Fällen bleibt die Ursache unbekannt, wie eine Studie aus Nordrhein-Westfalen belegt. Im Auftrag des Landesumweltministeriums werteten die Autoren Zahlen und Ermittlungsergebnisse aus dreieinhalb Jahren aus. Ihr Ergebnis: Lediglich für 24 von insgesamt 94 Fällen in NRW konnte die Brandursache gesichert festgestellt werden. Oftmals handelte es sich um technische Defekte in den Anlagen. Dreimal steckte nachweislich Brandstiftung dahinter. Das entscheidende Resultat aber war, dass den Brandermittlern meistens nichts anderes übrig blieb, als zu raten.»In diesem Zusammenhang wird auch darauf hingewiesen, dass selbst in Fällen, in denen Unterlagen zu einer gutachterlichen Brandursachenermittlung vorlagen, die Brandursache aufgrund der hohen Temperaturen und des enormen Schadensausmaßes häufig zwar eingegrenzt, aber nicht mehr zweifelsfrei bestimmt werden konnte«, heißt es in der Studie.

In rund ein Drittel aller Fälle tippten die Ermittler in NRW auf Selbstentzündung. Diese Einstufung erfolgt laut Studie nach dem »Ausschlussprinzip«, sprich wenn alle anderen Brandursachen ausgeschlossen werden können. Erst dann gehen Brandermittler davon aus, dass sich, ausgelöst durch biologische oder chemische Prozesse, ein Wärmenest im Müllberg gebildet haben könnte, was schließlich zum Feuerausbruch führte. Als Quelle von Selbstentzündungen gelten auch falsch entsorgte Abfälle, allen voran ausgediente Lithium-Ionen-Akkumulatoren, die selbst am Ende ihres Batterielebens noch genug Power haben, um einen Großbrand auszulösen. Die alten Akkus landen fatalerweise oft im Hausmüll statt im Recycling.

In Naundorf schwankte die Einschätzung zwischen Selbstentzündung und Brandstiftung. Vieles sprach für Letzteres: das frei zugängliche Gelände, der offen lagernde, gut brennbare Müll, nicht zuletzt die Vielzahl der Brände. Ein Täter wurde allerdings nie gefasst.

Am 29. November 2016, nur einen Tag nach dem aufrüttelnden Brief des Feuerwehrchefs, erreichte die Brandserie in Naundorf ihren gefährlichen Höhepunkt. 65 Einsatzkräfte sperrten das Gelände von Thomas Z. ehemaliger Firma weiträumig ab. Erneut war Feuer ausgebrochen. Dieses Mal sorgte man sich nicht nur wegen der Flammen. Die Luft war verpestet. Die Feuerwehr stellte Blausäure im Rauchgas fest. »Die Konzentration übertraf zeitweise die Grenzwerte für Einsätze um das Sechsfache«, sagte der Einsatzleiter dem Vertreter der örtlichen Tageszeitung.

Bei den Behörden schrillten die Alarmglocken. »Blausäure ist ein schnell tödliches Atemgift«, warnten sie im internen Schriftverkehr. Am Tag des Brandes trieb der Wind den Rauch von den Wohnhäusern weg. Beim nächsten Mal müsste vielleicht evakuiert werden. Außerdem sei »eine Belastung der nördlich und südlich an das Anlagengelände angrenzenden landwirtschaftlich genutzten Flächen mit den gemessenen giftigen Stoffen nicht ausgeschlossen«. Trotz dieser Befürchtungen tat sich immer noch nichts. Erst sechs Monate und elf Brände später konnte die Landesbehörde verkünden: »Beräumung und Entsorgung auf dem Gelände in Naundorf abgeschlossen.« Die Wahrheit ist: Reste vom Verklappungsgeschäft des Thomas Z. modern dort noch heute vor sich hin.

VERFLUCHTER SCHLAMM

Die große Welle der bundesweiten Abfallverschiebung war scheinbar abgeebbt. Die meisten Fälle, die das BKA in seiner internen Sonderauswertung erfasste, hatten sich zwischen 2005 und 2009 ereignet. Danach nahm die registrierte Zahl stark ab. Betrogen und verklappt wurde aber auch schon davor. Und auch danach ging es weiter. An den Rahmenbedingungen, den Kontrolldefiziten und den potenziell hohen Gewinnmargen hatte sich nichts geändert. Selbst die Kriminalisten in Wiesbaden rechneten damit, dass nach wie vor erhebliche Mengen an Abfall dem regulären Entsorgungssystem entzogen wurden. Es sei weiterhin von einem bundesweiten Kriminalitätsphänomen auszugehen, schrieben sie in ihrem Bericht von 2012 – und stellten die gesonderte Auswertung dieses Phänomens anschließend ein. Tatsächlich sind längst weitere dunkle Verklappungsgeschäfte ans Licht gekommen. Die Akteure allerdings, das waren andere. Und der Dreck auch. Er war noch giftiger, wie sich bei einem zertifizierten Entsorgungsfachbetrieb in Süddeutschland zeigte.

Der schlimmste Schmutz ist weg und doch noch nicht ganz verschwunden. Jahrzehntelang moderte er im heutigen Naturschutzgebiet »Radolfzeller Aach« in Baden-Württemberg vor sich hin. Zwischen den Gemeinden Moos, Überlingen am Ried und Bohlingen, zwischen ausgedehnten, artenreichen Nasswiesen mit floristischen Schönheiten und einer reichen Vogelwelt. Was hier in der zweiten Hälfte des 20. Jahrhunderts passierte, war alles genehmigt, alles legal. Das war anerkannte Abfallentsorgung: Große Löcher wurden gegraben, das erste im Jahr 1959, und befüllt – mit Schlämmen, die wegmussten. So kamen diese »Feuchtgebiete« auch zu ihrem Namen: Bohlinger Schlammteiche.

Wie Abfall nicht gleich Abfall ist, so ist auch Schlamm nicht gleich Schlamm. Die Palette ist breit und nahezu die ganze Bandbreite landete im Naturparadies: Ölschlämme und Emulsionen aus der Herstellung von Aluminium, organische und anorganische Abfallstoffe der Nahrungsmittelindustrie, galvanische Schlämme und Schleifschlämme aus der Metallverarbeitung, Schlämme aus Benzin- und Ölabscheidern von Autowerkstätten sowie Schlämme aus privaten Klärgruben und öffentlichen Abwasserwerken.

Nach sieben Jahren war das erste Loch voll. 11.500 Kubikmeter. Ein zweites wurde aufgemacht, später noch ein drittes. Vor allem Klärschlamm wurde in diese abgekippt. 1975 war dann aber Schluss. Die Stadt Radolfzell, der die randvollen Deponieteiche mittlerweile gehörten, stellte die Verfüllung ein – und ein Schild auf:»Schlammteich. Betreten für Unbefugte verboten. Lebensgefahr«. Deutschland war um eine Altlast reicher.

In den 1980er-Jahren wurden die Teiche entwässert und anschließend der Natur überlassen. Auf der Oberfläche breiteten sich schilfartiges Röhricht, seltene Feldhecken und Gehölze aus. Ein Biotop und Lebensraum für das bedrohte Schwarzkehlchen entstanden. Im Untergrund aber, da brodelte es.

Es brodelte so vor sich hin. 1999 trat das Bundesbodenschutzgesetz in Kraft. Erst jetzt begann man sich hier wie an vielen anderen Orten der Republik auch mit seiner Altlast zu befassen. Das Ergebnis: im Boden, im Grundwasser, im Wasser der umliegenden Gräben, selbst in Pflanzen und in Luftschichten knapp über dem Boden – überall stießen Probennehmer auf sehr hohe, teils viel zu hohe Konzentrationen von umwelt- und gesundheitsgefährdenden Stoffen. LHKW, MKW, BTEX, PAK, Phenole, Dioxine, Chlorid und Arsen. Von allem war etwas dabei.

Das mit Abstand größte Problem stellte der Teich mit den Industrieschlämmen dar. Hier wurden sämtliche Grenzwerte gesprengt. Nach Einschätzung von Experten würde es 10.000 bis 100.000 Jahre dauern, bis sich auch die letzten Schadstoffe aufgelöst hätten. Nach vielen Diskussionen, nach einem misslungenen Versuch, das Problem anderweitig in den Griff zu bekommen, waren sich alle einig: Der Dreck aus diesem Teich musste geborgen werden. Doch wer sollte das bezahlen? Im Raum standen Kosten in Höhe von zehn Millionen Euro.

Als Eigentümerin war die Stadt Radolfzell in der Pflicht. Der Landtagsabgeordnete Siegfried Lehmann (Grüne), in Radolfzell zu Hause, setzte sich beim Land dafür ein, dass die Stadt diese Summe nicht allein stemmen musste. Das Land sprang mit Fördermitteln aus einem Altlastenfonds zur Seite und übernahm den größten Teil.

Im Sommer 2010 war es dann auch endlich geschafft. Das Naturparadies von dem giftigen Dreckteich befreit und der Schlamm ein zweites Mal entsorgt. Selbstverständlich nach Recht und Gesetz, wie Baden-Württembergs damalige Umweltministerin Tanja Gönner (CDU) auf Nachfrage dem Abgeordneten Lehmann schriftlich mitteilte: »Sowohl bei der Planung der Sanierungsmaßnahme als auch bei der Durchführung selbst ist ein besonderes Augenmerk darauf gerichtet worden, dass die Entsorgung des ausgehobenen Materials im Einklang mit den abfallrechtlichen Bestimmungen vorgenommen wird.«

Mit knapp acht Millionen Euro fiel die Sanierung sogar günstiger aus als erwartet. Gönner verriet dem neugierigen Lehmann auch noch, dass der Weg der gefährlichen Abfälle »an Hand von Entsorgungsnachweisen und Begleitscheinen« durch die Sonderabfallagentur, an der das Land Baden-Württemberg als Gesellschafter beteiligt ist, überwacht wurde. »Damit war eine umfassende, den Vorschriften entsprechende Überwachung der Abfallentsorgung sichergestellt«, so die Ministerin.

Alles schien perfekt – bis zu einer Razzia im Jahr 2012 bei einem bayerischen Unternehmen. Die Firma hatte im großen Stil belasteten Gleisschotter, unter anderem mit Resten des Pflanzenschutzmittels Glyphosat, schadstoffreichen Bauschutt, unter anderem reich an Quecksilber, und andere gefährliche Abfälle, darunter auch Schlämme, angenommen, deren Behandlung vorgetäuscht und den Dreck weitergereicht.

Allein in Bayern bezogen 30 Gruben, Deponien und Bauprojekte Material des Unternehmens. Insgesamt 1,5 Millionen Tonnen. Auch in Nordrhein-Westfalen, Sachsen-Anhalt, Sachsen und Thüringen fanden sich Abnehmer.

Zum Ausmaß dieses Verklappungsgeschäfts gab es sehr unterschiedliche Einschätzungen. Nicht das gesamte Material sei »kontaminiert« und für die jeweilige Ablagerung ungeeignet gewesen, betonte zuletzt im Jahr 2016 das bayerische Umweltministerium in seiner Antwort auf eine parlamentarische Anfrage. Das Landgericht München II kam in seinem Gerichtsurteil gegen Unternehmenschef Maximilian K.* und drei seiner ehemaligen Angestellten auf rund 100.000 Tonnen. Die Anklage ging von 435.000 Tonnen aus. K. wurde wegen illegaler Müllentsorgung, Betrug und unerlaubten Besitzes einer halbautomatischen Pistole zu vier Jahren Knast verurteilt.

Unter dem Müll, den er nachweislich nicht behandelte, waren auch rund 5.000 Tonnen Schlamm aus den Bohlinger Giftteichen. Die von Umweltministerin Gönner gepriesene »umfassende Überwachung« hatte nicht funktioniert. Im Gegensatz zum großen Rest landete die »weiche Paste« (Gericht) jedoch nicht in einer Grube oder auf einer Deponie, sondern blieb neben Gleisschotter aus Italien und Bodenaushub einer Immobilienfirma aus München auf dem Betriebsgelände des Unternehmens in Altötting liegen. Sechs Jahrzehnte war es mittlerweile her, dass das Schlammgemisch einst als Abfall anfiel. Endgültig entsorgt war es immer noch nicht. Nachdem die Firma hochging, wollte niemand anderes die Verantwortung übernehmen. Deswegen muss sich nun auch noch ein Verwaltungsgericht mit dem Dreck befassen. Es entscheidet, wer ihn beseitigen muss. Ein drittes und hoffentlich letztes Mal.

GIFTMÜLL AUF ABWEGEN

Am 23. Januar 2018 endete einer der mutmaßlich größten deutschen Giftmüllskandale – mit einer Geldstrafe. Ein in vielerlei Hinsicht exemplarischer Fall.

Zu seinen Kunden gehörten Firmen mit klangvollen Namen. Der Luftfahrtkonzern EADS war darunter, der Leuchtmittelproduzent Osram, der Energieversorger Mainova, AEG und die Audi AG. Alles Unternehmen, die nicht nur Flugzeuge, Glühbirnen, Strom, Waschmaschinen oder Autos erzeugen, sondern als unerwünschte Nebenprodukte auch gefährlichen Abfall.

Diese und viele weitere Industriefirmen nahmen deshalb die Dienste eines sächsischen Giftmüllentsorgers in Anspruch. Sein Preis war auch unschlagbar: knapp 70 Euro pro Tonne. Ein Spottpreis, verglichen mit dem, was eine Untertagedeponie verlangte. Unter 100 Euro war dort nichts zu machen.

Der Entsorger zog den Dreck geradezu an. Schlacken, Schlämme, Teere, gebrauchte Katalysatoren, Säuren, zerkleinerte Leuchtstoffröhren, Bremsbelegstäube. Auch die toxischen Reste aus der Abgasreinigung von Müllverbrennungsöfen gelangten in rauen Mengen nach Sachsen, wo das Unternehmen seit dem Jahr 1999 eine sogenannte Abfallimmobilisierungsanlage betrieb. Mit dieser Anlage, so das Versprechen der beiden Geschäftsführer Klaus-Jürgen W.* und Georg F.*, konnten sie gefährlichen Müll in harmlosen Abfall umwandeln und anschließend auf normalen Deponien einlagern.

Es war der perfekte Deal. Alle Seiten profitierten: die Abfallerzeuger, weil sie einen preiswerten Entsorgungsweg gefunden hatten; der Entsorger, weil das Geschäft florierte; die Deponiebetreiber in Thüringen, Sachsen, Sachsen-Anhalt und Bayern, weil sie ihre riesigen Löcher befüllen konnten. Eine Win-win-Situation. Ein Märchen.

Der Ärger begann, als die Chefs nicht genug kriegen konnten. Sie schleusten immer mehr Abfall durch ihre Anlage. Erst 120.000, dann 140.000 und schließlich 160.000 Tonnen im Jahr, was etwa 6.400 LKW-Ladungen entspricht. Alles mit Erlaubnis der Behörden, aber gegen den Willen mancher Bewohner in einem nahe gelegenen Neubaugebiet. Die fingen an, sich über den zunehmenden Verkehr zu beschweren, blieben bei den Ämtern aber ohne Erfolg.

Die Firma wollte den Mülldurchsatz sogar auf 200.000 Tonnen erhöhen. Eine Provokation. Der Gegenwind wurde stärker. Der lokale Bürgerverein »Sauberes Delitzscher Land« und die Deutsche Umwelthilfe (DUH) aus Berlin schalteten sich ein. Jetzt war jemand alarmiert, der die Anlage kritischer beäugte als die zuständigen Behörden.

Die DUH unternahm beispielsweise eigene Untersuchungen. 2009 ergaben Bodenproben, dass die Umgebung der Anlage – sie befand sich am Rande des Dorfes zwischen einem Wohnhaus und einer Apfelbaumplantage – mit Schwermetallen belastet war. Blei und Cadmium überschritten die für Wohngebiete erlaubten Grenzwerte um das 20-Fache. Im darauffolgenden Jahr legte der Bürgerverein nach und erstattete Anzeige bei der Staatsanwaltschaft Leipzig. Sein Verdacht: Der Industriemüll werde gar nicht behandelt, sondern nur zum Schein durch die Anlage gefahren und anschließend direkt auf Deponien entsorgt.

Die Firma stand am Pranger, ihr Stern begann zu sinken. Das Landeskriminalamt unternahm 2011 eine Razzia, durchsuchte Büros und Häuser. 2012 dann die Anklage und das Aus für das sächsische Unternehmen. Rund 700 Tonnen Sondermüll, die in einer Halle auf dem Betriebsgelände verblieben, warten seitdem auf ihre Entsorgung.

Angeklagt wurden drei Männer. Neben den beiden geschäftsführenden Gesellschaftern Klaus-Jürgen W. und Georg F. noch ein leitender Mitarbeiter. Auf der Anklagebank fünf Jahre später nahm aber nur Georg F. Platz. Die Verfahren gegen die beiden anderen Beschuldigten wurden gegen Zahlung einer Geldauflage eingestellt. Auch Georg F. erhielt dieses Angebot. Für 20.000 Euro hätte er einen Schlussstrich ziehen können. Der promovierte und mittlerweile 73-jährige Chemiker lehnte ab und gab zum Verfahrensauftakt am 10. Januar 2017 eine ausführliche Erklärung ab.

Georg F. wolle die öffentliche Verhandlung nutzen, um sich zu rehabilitieren, hatte sein Anwalt zuvor erklärt. Georg F. ließ sich von zwei Anwälten verteidigen. Der zweite war ein erfahrener Kölner Abfallrechts-Experte, der schon so manchen Entsorgungsunternehmer »rausgeboxt« hat. »Ich habe mir nichts vorzuwerfen«, sagte sein Mandant und schaltete den Polylux ein.

»Fachliche Kompetenz« war die erste Folie überschrieben. Es war sein Lebenslauf, den Georg F. auf die Wand in Saal 217 des Landgerichts Leipzig projizierte. Seine Grundschulzeit, 20 Jahre Chemiekombinat Bitterfeld und 40 Patente wies er unter anderem darauf aus. Dann folgte ein stundenlanges Referat über den Anlagenbetrieb, über die eigene Kompetenz und die Inkompetenz der anderen. Zu den anderen zählte Georg F. die Staatsanwaltschaft und ihren Sachverständigen. Der Staatsanwältin empfahl er den Blick ins Kreislaufwirtschaftsgesetz und ihrem Gutachter, einem emeritierten Abfallwirtschaftsprofessor, warf er mangelnde Expertise und ein fehlerhaftes Gutachten vor.

Mit der Anlage, so referierte Georg F., habe er Schadstoffe binden und unschädlich machen können. Dazu sei der Müll mit chemischen Zusätzen und Wasser versetzt worden. Herausgekommen sei ein Material, das sich sogar als Baustoff auf Deponien verwerten ließ. »Die Schadstoffe sind nach der Behandlung stabil und können nicht durch Sickerwasser gelöst werden«, behauptete er und berief sich auch auf wissenschaftliche Untersuchungen der Universität Halle.

Verfahren sogenannter Abfallimmobilisierung beziehungsweise -Stabilisierung waren und sind in der Fachwelt aber alles andere als unumstritten, vor allem hinsichtlich ihrer Langzeitwirkungen. Mit dem Anwalt aufseiten der Verteidigung und dem Experten als Gutachter der Staatsanwaltschaft saßen sich Befürworter und Kritiker in dem Leipziger Strafprozess direkt gegenüber. Der Vorsitzende Richter wollte aber keinen wissenschaftlichen Disput im Gerichtssaal und hielt damit die Kernfrage dieses Müllskandals aus dem Verfahren heraus.

Die Anlage war zur Immobilisierung genehmigt. Damit hatte es sich. Für die Urteilsfindung sei lediglich wichtig, erläuterte der Richter, ob sich der Angeklagte an die Bedingungen dieser Genehmigung hielt oder nicht.

So klammerte sich die Staatsanwaltschaft an die Tatvorwürfe, die ihr greifbar schienen. Beispielsweise die Durchsatzmenge. Der Gutachter der Staatsanwaltschaft hatte Berechnungen zur Menge der Abfälle angestellt, die den Standort erreichten und wieder verließen. Denn, so ein Vorwurf: Das Unternehmen soll trotz stetiger Ausweitung der erlaubten Durchsatzmenge diese immer wieder überschritten haben.

Für das Jahr 2008, auf das sich der Experte in seinem Gutachten konzentrierte, kam er zu dem Schluss: »Die Kapazitäten wurden um 31 Prozent überschritten.« Was hieß das für die Behandlung des Abfalls, für seine Verwandlung von gefährlich zu ungefährlich? »Die Lagerkapazitäten haben nicht ausgereicht, um die Mengen zu bewältigen. Der Müll wurde durchgereicht«, so der Experte der Staatsanwaltschaft.

Seine Schlussfolgerung passte zu dem, was ehemalige Mitarbeiter der Firma im Zeugenstand berichteten: dass Abfälle nach ihrer Ankunft in Pohritzsch gleich wieder auf Container verladen und zur Deponie abgefahren wurden. Ganz ohne Behandlung. Die Verteidigung monierte, einige Zeugen seien von »Belastungseifer« getrieben – Staatsanwaltschaft und Gericht glaubten ihnen.

Die Ex-Mitarbeiter erzählten weiter, dass sie Totenköpfe und andere Gefahrensymbole, die auf Big Bags und auf Fässern angebracht waren, übersprühen oder übermalen mussten. Die Behältnisse seien gebraucht, es sei nicht immer das drin gewesen, was draufstand, erklärte der Angeklagte das verdächtige Vorgehen. Die Arbeiter waren der Ansicht, dass hier etwas vertuscht werden sollte. Sie machten heimlich Handyfotos im Betrieb. Sie brannten die Bilder auf eine CD und beschrifteten die Scheibe mit den zynischen Worten: »Bio-Schreck – der Umwelt zuliebe«.

Vergiftet war offenbar nicht nur der Müll, sondern auch das Arbeitsklima. »Wenn einer von uns entlassen wird, wollten wir die Bombe platzen lassen«, sagte ein ehemaliger Mitarbeiter vor Gericht. Entlassen wurde nicht, auch nicht, wenn Mitarbeiter auf dem Betriebsgelände rauchten, tranken und pöbelten. Die »Bombe« ist dennoch geplatzt, aber aus anderen Gründen.

Als der Bürgerverein und die DUH nicht lockerließen, zogen die zuständigen Behörden los. Sie überrumpelten das Unternehmen und die von ihm belieferten Deponien mit unangekündigten Kontrollen und Probennahmen, etwa in der Grube Lockwitz bei Dresden, auf der Deponie Freiheit III in Sachsen-Anhalt und auf Cröbern bei Leipzig. Mal stießen sie auf überhöhte Cadmium-Werte im angeblich stabilisierten und vermeintlich ungefährlichen Abfall. Dann war der Bleigehalt zu hoch. Ein andermal enthielten die angelieferten Big Bags nicht das, was auf den Lieferpapieren ausgewiesen war. All das ist aktenkundig und von Zeugen aus den Behörden im Gerichtssaal bestätigt worden.

Es handele sich lediglich um Einzelfälle, versuchte die Verteidigung zu relativieren. Für das Landgericht Leipzig aber stand nach der Beweisaufnahme fest, dass Georg F. in vielen Fällen Müll nur unzureichend oder gar nicht behandelt hat.

Überzeugen ließ sich das Gericht auch von dem Vorwurf, dass der Angeklagte bei Probennahme, Analyse und Deklaration des Abfalls Manipulationen vorgenommen habe. Eindeutige Beweise fehlten zwar, dafür gab es aber eine Reihe von Indizien. Dazu zählte etwa eine Unterschrift auf Analyseprotokollen des sächsischen Unternehmens. Sie stammte von ein- und demselben Mitarbeiter des Betriebs. Er habe aber nichts unterschrieben, behauptete der Mann. Und tatsächlich: Das Gericht stellte fest, dass die Unterschrift einmal gescannt und vielfach eingefügt worden war. Zusätzlich waren auf Protokollen nachträglich Veränderungen vorgenommen worden. Diese Veränderungen trugen die Handschrift des Angeklagten. »Allein das zeigt, dass es hier nicht« mit rechten Dingen zugegangen ist«, resümierte der Richter in seiner mündlichen Urteilsbegründung.

Wie viel Müll in den Jahren 2007 bis 2011 – das war der strafrelevante Zeitraum, um den es vor Gericht einzig und allein ging – unzureichend oder gar nicht behandelt, anschließend falsch deklariert und damit illegal auf ungeeigneten Deponien entsorgt wurde, blieb letztlich aber unklar und ist es noch heute. In ihrer Anklageschrift ging die Staatsanwaltschaft von mehreren hunderttausend Tonnen aus. Im Plädoyer sprach sie nur noch von 11.000 Tonnen. Das Gericht wollte sich auf keine Zahl festlegen. Bis auf das Gutachten des emeritierten Abfallwirtschaftsprofessors wurden auch keine weiteren Anstrengungen unternommen, der Sache näher auf den Grund zu gehen.

Stattdessen widmete sich das Gericht noch den Abfalltransporten zu dem Entsorgungsunternehmen nach Sachsen, die ein Zeuge als

»fahrende Bomben« bezeichnete. Dabei handelte es sich um Schlacken aus der Metallurgie, die, als sie das Betriebsgelände des Entsorgers erreichten, noch glühten. Die heiße Fracht stammte von einem Metallunternehmen aus dem sächsischen Freiberg. »Der Angeklagte hätte die Annahme dieser Abfälle verweigern müssen«, sagte die Staatsanwaltschaft. Doch Georg F. nahm, was kam, und lagerte es unter freiem Himmel auf seinem Betriebsgelände ab. Die Behörden ahndeten diesen Verstoß mit einem Bußgeld in Höhe von 125 Euro, was sowohl Staatsanwaltschaft als auch Gericht als völlig unzureichend bewerteten. Zumal es nicht nur einmal vorkam. Georg F. selbst räumte fünf Vorfälle ein. »Ach, fünfmal die Woche«, entgegnete ein ehemaliger Mitarbeiter im Zeugenstand empört. Das Gericht kam aufgrund verschiedener Zeugenaussagen zu dem Schluss, dass es mehr als 300 Tonnen gewesen sein müssen, umgerechnet mindestens zwölf LKW-Ladungen. Gelöscht wurde die Glut im Übrigen mit einem anderen Abfall, mit Schlämmen.

Mehr belastbare Ergebnisse haben die jahrelangen Ermittlungen der Staatsanwaltschaft Leipzig offenbar nicht zutage gefördert. Auf keiner Deponie, die das Unternehmen von Georg F. beliefert hatte, wurde der Müll wieder herausgeholt. Daraus schloss die Staatsanwaltschaft, dass keine Gefahr für die Umwelt bestehen könne, und verwarf den eigenen Anklagepunkt, Georg F. habe Umweltgefahren billigend in Kauf genommen. Dass der Ausbau des Abfalls teuer gewesen wäre und niemand dafür bezahlen wollte, wurde als Grund nicht in Erwägung gezogen.

Auch ihren Vorwurf, Georg F. habe aus Geldgier gehandelt, ließ die Staatsanwaltschaft fallen, obwohl F. stattliche Gewinne aus dem Müllgeschäft für sich erzielte. Eine Finanzexpertin des Landeskriminalamtes Sachsen, die dessen Konten durchleuchtete, kam auf insgesamt 690.000 Euro. Allein für Georg F. Sein Mitgesellschafter, der ursprünglich auch Mitangeklagter war, erhielt ebenso viel.

Georg F. verschob einen Teil seines Vermögens auf die Konten seiner Töchter und Schwiegersöhne. Mal 25.000 Euro hierhin, mal 100.000 Euro dorthin. Für seine Gattin eröffnete er außerdem ein Depot und parkte dort rund 40.000 Euro. Doch die fürstlichen Zuwendungen für die Familie waren längst nicht alles. In den fünf Jahren, die die Buchprüferin des LKA untersuchte, sind mehr als 300.000 Euro allein an Bargeld von den Privatkonten der Eheleute C. abgeflossen. Das macht durchschnittlich 5.000 Euro pro Monat. Außerdem hatte die LKA-Expertin »einen umfangreichen Wertpapierhandel festgestellt«. So soll Georg F. seit 2007 bis Ende 2011 mehr als 1,3 Millionen Euro in Wertpapiere investiert haben.

Doch all das reichte der Staatsanwaltschaft nicht. Neben Gewinnsucht zog sie auch noch andere Motive für die nachgewiesenen Giftmülldelikte in Betracht, etwa »Druck von Vertragspartnern« und »Kapazitätsengpässe«. Kein Umweltschaden, kein klares Motiv – beides sollte sich mildernd auf das Urteil auswirken.

Als »dilettantisch« und »schlampig« kritisierte die Verteidigung das Vorgehen der Ermittlungsbehörden: Zeugen seien nach dem Zufallsprinzip ausgewählt worden, außerdem habe man das Abfallwirtschaftsprogramm des Unternehmens nicht ausgewertet. »Nur über dieses Programm ließen sich alle Stoffströme eindeutig zuordnen und auswerten.« Die Vorwürfe blieben im gesamten Prozess unwidersprochen. Mit Blick auf die glühenden Schlacke-Lieferungen fragte die Verteidigung schließlich: »Warum wurden keine Fahrer vernommen?«

Keine Fahrer, keine Spediteure und auch keine Abfallerzeuger, die über Art und Menge des Mülls hätten Auskunft geben können. Verglichen mit den Ermittlungen zu Bernd C.s Grube in Brandenburg offenbarte dieses Verfahren tatsächlich viele Schwachpunkte. Darauf deutete auch schon das Angebot der Staatsanwaltschaft Leipzig hin, es gegen Geldauflage einzustellen. In dem brandenburgischen Kiessandtagebau wurden vorwiegend Siedlungsabfälle verklappt. Die Gerichtsverhandlung dauerte im Juni 2019 bereits 60 Tage an.

Im Fall des sächsischen Unternehmens war mangels weiterer Zeugen und Beweise nach nur zehn Verhandlungstagen Schluss. Dabei ging es bei den fragwürdigen Entsorgungspraktiken dieser Firma um viel gefährlicheren Dreck. Wurde tatsächlich, wie von der DUH behauptet, Müll aus Weißrussland geliefert? Viele Fragen wurden gar nicht behandelt oder blieben offen. Die Verteidigung betonte mehrfach, dass es keine Abfalltransporte aus Italien gegeben habe. Vorliegende Dokumente sagen etwas anderes. »Giftige Stoffe«, so ein Notifizierungsformular aus dem Jahr 2005, sollten von einem Unternehmen in Italien nach Sachsen verbracht werden. Insgesamt 30.000 Tonnen. Auf einem anderen Papier über Eingänge stehen nicht nur namhafte deutsche Unternehmen, sondern auch Firmen aus dem Ausland. Darunter ein italienischer Entsorger, der im Jahr 2008 exakt 556,42 Tonnen gefährlichen Abfall geliefert hat. Die Staatsanwaltschaft ging darauf jedoch mit keinem Wort ein.

Dass »nur« eine Hauptwachtmeisterin die Ermittlungen leitete und kein Kommissar, stieß bei den Anwälten von Georg F. ebenfalls auf Kritik: »Vermutlich wollte sich niemand mit dem Fall befassen, weil die Sache kompliziert ist«, stichelten sie. Vermutlich lagen sie damit nicht mal falsch. Jedenfalls gab es auch hier keinen entschiedenen Widerspruch.

Die Komplexität des Abfallgeschäfts mit seinen wirtschaftlichen, rechtlichen und vor allem auch technisch-naturwissenschaftlichen Besonderheiten ist wie eine Nebelwand, die Polizisten, Staatsanwälte und Richter ohne Vorkenntnisse kaum durchdringen und hinter der sich die Müllmafia nur allzu gern versteckt.

Die Gegenseite vorzuführen, sie zu diskreditieren – das war offensichtlich das Mittel der Wahl, um einen Freispruch für Georg F. zu erwirken. Wie ein roter Faden zog sich diese Strategie durch die Verhandlung – vom Vortrag des Angeklagten über die Vernehmung seiner ehemaligen Mitarbeiter bis zum Plädoyer der Anwälte.

Am Ende war auch von der Anklage gegen Georg F., Ex-Chef der Giftmüllfirma in Sachsen, nicht mehr viel übrig geblieben. Es reichte aber für einen Schuldspruch. Das Gericht verurteilte ihn wegen »vorsätzlichen unerlaubten Betreibens einer Anlage«. Dafür drohten ihm bis zu drei Jahre Haft. Georg F. kam aber, wie schon viele Müllsünder vor ihm, mit einer Geldstrafe davon.

QUECKSILBER-SPEZIALISTEN

Auch bei einer Firma aus Essen ging es um ein vermeintlich innovatives Verfahren in der Umwelt- und Entsorgungstechnik. Und auch bei diesem Unternehmen, das Quecksilber aus alten Leuchtstoffröhren, aus Schlämmen der Gas- und der Chemieindustrie zurückgewann, ging es nicht mit rechten Dingen zu.

Quecksilber ist gefährlich und begehrt. Es kommt in der Natur vor, fällt aber auch bei industriellen Prozessen an. Vulkane spucken es aus, Kohlekraftwerke auch. Es ist das einzige Metall, das unter Normaltemperatur flüssig ist: »flüssiges Silber«. Quecksilber (Hg) steckt in Batterien und in Energiesparlampen, in Relais und Leiterplatten. Es ist ein Rohstoff – und ein Gift.

Die größten Verursacher der globalen Quecksilber-Emissionen sind Energiekonzerne, die Kohlekraftwerke betreiben. Die zweite große Quelle sind viele kleine Goldwäscher in Asien, Afrika und Südamerika, die durch Erhitzen das edle mittels des giftigen Metalls aus Erz herauslösen. Quecksilber ist flüchtig und legt in der Atmosphäre große Entfernungen zurück. So gelangt es auch in die entlegensten Winkel der Erde.

Die Siedetemperatur von Quecksilber liegt bei 357 Grad. Doch schon bei Zimmertemperatur werden Dämpfe freigesetzt, die von

Menschen über Lunge und Schleimhäute aufgenommen werden. Quecksilber ist hochgiftig und in der Umwelt nur schwer abbaubar. Es kann allergische Reaktionen, Störungen des zentralen Nervensystems, Schädigungen der Hirnfunktion, des Erbguts und des Fortpflanzungssystems hervorrufen. Die Europäische Union hat Quecksilber als »globale Bedrohung« bezeichnet und den Handel stark eingeschränkt.

Seit dem 15. März 2011 darf das silbrig schwappende Metall nicht mehr aus der EU exportiert werden und muss innerhalb ihrer Grenzen entsorgt werden. Damit ging dem Essener Unternehmen, einem deutschen Quecksilber-Spezialisten, der recyceltes Quecksilber bis dato in alle Welt vermarktet hatte, der Absatzmarkt verloren. Doch im Unternehmen tüftelte man längst an einer neuen Geschäftsidee, schließlich kam das Handelsverbot nicht von heute auf morgen. Es hatte sich durch eine EU-Verordnung bereits drei Jahre zuvor angekündigt.

Diese Zeit nutzten die Chefs, um ein innovatives, weltweit einzigartiges Verfahren zur Entsorgung von Quecksilber zu entwickeln. Dieses Verfahren basiert auf chemischen Prozessen und einer Mischanlage, die das giftige Quecksilber unter Vakuum und bei hohen Temperaturen mit Schwefel verrührt. Das Ergebnis: weniger giftiges Quecksilbersulfid. Aus Hg wurde HgS, ein Material, das sich – verpackt in Stahlfässern – als Versatz untertage einlagern ließ. Die Bedrohung, die die EU erkannte, war damit zumindest ein stückweit gebannt. So weit die Theorie.

Am 24. September 2011 eröffnete das Unternehmen sein neues Werk in Dorsten, am Nordrand des Ruhrgebiets gelegen, öffentlichkeitswirksam mit politischer Prominenz. Der damalige Bundesumweltminister Norbert Röttgen (CDU) war gekommen. Und auch Stephan Holthoff-Pförtner, Medienunternehmer und Verleger der *Westdeutschen Allgemeinen Zeitung* (*WAZ*), der bestimmenden regionalen Tageszeitung, war da. Holthoff-Pförtner (ebenfalls

CDU), heute nordrhein-westfälischer Minister für Bundes- und Europaangelegenheiten, hatte mit in den Standort investiert. Ein Foto in der *WAZ* von diesem Tag zeigt die beiden Politiker, wie sie in Anzügen zusammen mit den Geschäftsführern des Esseners Quecksilber-Spezialisten posieren. Eine gelungene Inszenierung der Firmenchefs. Im Hintergrund großflächig ihre Werbung: »Der Umwelt zuliebe Energiesparlampen nutzen und richtig entsorgen«. Umweltminister Röttgen lobte das Unternehmen als Paradebeispiel für die wachsende Bedeutung der Recyclingbranche, schrieb die *WAZ*.

Und in der Tat: Der Gewinn betrug satte 22 Millionen Euro. So viel strichen die Chefs Tobias J.* und Kurt L.* ein. Aber nicht mit dem Recycling von alten Lampen. Und auch nicht mit ihrer neuartigen Mischanlage. Die ging nie wirklich in Betrieb, allenfalls mal zu repräsentativen Zwecken. Behörden, Kunden, Politiker, Investoren, Medien – ihnen allen wurde nur ein Schauspiel geboten. Statt zu behandeln, setzten die Chefs in Wahrheit den lukrativen Quecksilber-Handel fort. Trotz Exportverbots verschoben sie in den nächsten Jahren insgesamt rund 1.000 Tonnen reines Quecksilber ins Ausland. Marktwert: 50.000 Euro. Pro Tonne.

Die Drehscheibe ihres Geschäfts befand sich in der Schweiz. Dort war der Handel mit Quecksilber legal und ist es noch. Gesichert in Spezialbehältern und versteckt unter einer Lage Erde schmuggelten sie die schwarze Ware auf Lastwagen über die Grenze. Zunächst zu einer Recyclingfirma ins Berner Oberland. Diese war aber nur eine Zwischenstation. Von dort vertrieb eine andere Schweizer Firma das Quecksilber rund um den Globus. Reste wurden später in Lagern in Singapur und in der Türkei ausfindig gemacht.

Auch über Zwischenhändler in Griechenland und in den Niederlanden brachten die Essener Chefs das hochtoxische Schwermetall weltweit in Umlauf. Die Verkaufserlöse wurden zwischen allen Beteiligten aufgeteilt. Der Anteil von Kurt L. und Tobias J. floss verschleiert über fingierte Rechnungen, Darlehen und Drittfirmen an sie zurück. Um den Schein des innovativen und vorzeigbaren Unternehmens zu wahren, fälschten sie auch Betriebstagebücher, Lieferscheine und Bilanzen. Die Fässer für die Untertagelagerung in einem alten Bergwerk in Thüringen befüllten sie mit roter Asche von Tennisplätzen. Das gleiche Rot wie Quecksilbersulfid, das eigentlich darin entsorgt werden sollte. Sollten die stählernen Behälter für eine Kontrolle geöffnet werden, würde der Betrug nicht sofort ins Auge fallen. Genauer sah offenbar niemand hin.

In einem anderen Fall, 2011 in einem ehemaligen Salzbergwerk in Sachsen-Anhalt, fiel erst nach 45 Lieferungen auf, dass etwas nicht stimmte. Die Fracht stammte nicht von dem Essener Unternehmen. Es gab noch mehr Firmen, die nach dem Exportverbot der EU andere, mitunter illegale Entsorgungswege für ihre quecksilberhaltigen Abfälle suchten. Zwar war jede Lieferung durch den Betreiber des Versatzbergwerks beprobt worden, doch nur alle 500 Tonnen wurde die Probe auch in einem Labor analysiert. Das ist kein Skandal, sondern Standard in Deutschland.

Im Ergebnis wies das angelieferte Material einen zu hohen Quecksilbergehalt aus und war für die Verwertung als Bergversatz ungeeignet. Es handelte sich faktisch um Sondermüll, dessen Entsorgung für den Lieferanten ungefähr zehnmal teurer gewesen wäre. Als daraufhin auch die zurückgestellten Proben untersucht wurden, war der Befund immer der gleiche: zu viel Quecksilber. Ein Annahmestopp wurde verhängt. 958 Tonnen waren da bereits eingelagert. »Unwiederbringlich«, wie es in einem Bericht des LKA Sachsen-Anhalt vom 27. September 2012 heißt.

Zurück zur Firma nach Essen mit ihrem neuen Werk in Dorsten. Wenn Laboranten jemals den Inhalt ihrer Fässer untersucht hätten, würden sie über den »Behandlungserfolg« gestaunt haben: Der Gehalt an Quecksilber in der zinnoberroten Ladung war gleich null.

Die Vorstellung, dass die Kontrolleure wegen der Harmlosigkeit der Lieferung Alarm geschlagen haben könnten, entbehrt nicht einer gewissen Komik und Ironie. Vermutlich passierte aber einfach nichts. Wahrscheinlich wäre der Quecksilber-Schmuggel auch nie ans Licht gekommen, wenn nicht jemand in Deutschland geplaudert hätte, der in einem anderen Strafverfahren als Beschuldigter von Ermittlern verhört wurde. Womöglich versuchte derjenige mit Hinweisen auf die krummen Geschäfte der Essener seine Haut zu retten. Wie auch immer. Die Staatsanwaltschaft Bochum nahm im April 2014 die Fährte auf. Sie ermittelte gegen mehr als zwei Dutzend Personen, zapfte 17 Telefonanschlüsse an, sicherte Beweise, klärte den Fall schließlich auf und klagte mehrere Beteiligte an. Nur deshalb lässt sich die Geschichte dieses schmutzigen Deals heute überhaupt erzählen, basierend auf Unterlagen von Ermittlern, Berichten von Medien und Gerichtsurteilen.

Kurt L. und Tobias J. zeigten sich geständig. Um eine mehrjährige Gefängnisstrafe kamen die beiden Hauptverantwortlichen aber nicht herum. Das Landgericht Essen verurteilte sie im Dezember 2016 zu drei Jahren und sechs Monaten beziehungsweise drei Jahren und neun Monaten Haft. Außerdem wurden Geld und Vermögenswerte in Millionenhöhe abgeschöpft.

Von den verschobenen 1.000 Tonnen wurden etwas mehr als 200 zurück nach Deutschland gebracht. Kosten der Rückholaktion: 1,3 Millionen Euro. Vorgestreckt vom Steuerzahler. Das Land NRW fordert das Geld von Kurt L. und Tobias J. zurück. Die restlichen 800 Tonnen sind verschollen, womöglich verdampft bei Goldwäschern in Asien, Afrika und Südamerika.

DIE SCHMUTZIGEN DEALS GEHEN WEITER

Als hätten sie nur auf diesen Tag gewartet, Männer wie Gert N., Jürgen M. und Ulrich K. Kaum war der Startschuss für die neue, saubere, revolutionäre deutsche Abfall-Republik ertönt und die Deponierung von unbehandelten Haus- und Gewerbemüll verboten, legten sie los. Und zwar in einem Tempo und mit einem Organisationsgrad, dass daraus eigentlich nur ein Schluss gezogen werden kann: Es war alles von vornherein auf Verklappen ausgelegt.

Müllpate Gert N. im Jerichower Land etwa hatte die weitreichende Genehmigung zur Verfüllung des Tagebaus Vehlitz frühzeitig im März 2004 in der Tasche. Dazu auch einen 100.000-Tonnen-Vertrag mit einem Entsorgungsriesen – mit Wirkung zum 1. Juni 2005, dem Tag, an dem das Deponieverbot in Kraft trat. Der Berliner Entsorgungsunternehmer Jan F. machte mit Bernd C. bereits vor diesem Datum Geschäfte. C. besaß schon eine Grube und seine Sortieranlage in unmittelbarer Nähe stand kurz vor ihrer Inbetriebnahme. Jan F. und sein Kompagnon Helmut Sch. suchten zwar noch nach einem eigenen Loch, sollten ein Dreivierteljahr später aber fündig werden.

Die R. Abfallentsorgung GmbH aus dem Münsterland hortete die Abfälle bei sich. »Auf dem Betriebsgelände ist offensichtlich eine Restmülldeponie entstanden«, beschwerten sich Lokalpolitiker in einem Schreiben vom 8. Juni 2005 an den Umweltausschuss der Kommune. Die Halde aus Plastik-, Styropor-, Holz-, Teppich- und Keramikresten überrage den Begrenzungswall der Betriebsstätte. Die Entsorgungsfirma hatte offenbar massenhaft angenommen, aber nicht weggefahren. Das holte sie jetzt nach.

Um möglichst viel Material bewegen zu können, baute der schwäbische Mülljongleur Jürgen M. seine Anlage in Braunsbedra aus. Spätestens als Simon H., Geschäftsführer der P. Steinwerk GmbH, im August 2005 Roland V. in Brandenburg einen Besuch abstattete, entschloss sich der Ex-Polizist, ins Verklappungsgeschäft einzusteigen und die sanierungsbedürftigen Müllkippen in Potsdam-Mittelmark illegal weiterzubetreiben. Mit Ulrich K., Deponiechef in Freyburg-Zeuchfeld, gab es Zugriff auf noch mehr dunkle Kapazitäten.

All das passierte nicht zufällig, sondern baute auf Absprachen, alten Seilschaften und neuen Verbindungen auf – und nicht zuletzt auch auf der Erfahrung, dass man vonseiten des Staates wenig zu befürchten hatte. Die dünne Personaldecke bei den Überwachungsbehörden und die laxe Kontrollpraxis waren kein Geheimnis. Die Ämter, sie ordneten an. Kontrollieren aber musste sich die Branche im Grunde selbst. Selbst Abfälle schlüsseln, selbst Anlieferungen überprüfen, selbst Proben nehmen, wenn vorhanden im eigenen Labor analysieren oder einen externen Gutachter beauftragen. An diesem Prinzip hat sich bis heute nichts geändert.

Verfügungen und Auflagen zu umgehen, das war und ist nicht schwierig: Abfälle vermischen, falsch deklarieren. Lieferscheine manipulieren, Proben nehmen, die harmlos, aber nicht repräsentativ sind, Laborergebnisse und Bilanzen fälschen. Das haben auch schon Generationen an Müllschiebern zuvor gemacht. Wissen und Knowhow wurden weitergegeben. Nur selten musste im Stile italienischer

Müllmafiosi auch noch mit Schmiergeld oder Drohungen nachgeholfen werden. Das Risiko, entdeckt zu werden, war ohnehin schon gering. Durch die Tricks und Täuschungen wurde es auf ein Minimum reduziert.

Sollte ein schmutziger Deal dennoch auffliegen, flüchteten sich die Verantwortlichen in die Insolvenz. Auch das hatte sie die Vergangenheit gelehrt. Dutzende illegale Abfalllager in Brandenburg wurden deshalb auch nach Jahren nicht geräumt. Ihre Entsorgung verschlingt Millionen. Geld, das niemand bezahlen will. Der Schaden für die Natur ist in Euro kaum zu ermessen. Die Verursacher hingegen kamen weitgehend unbeschadet davon. In vielen Fällen wurden sie weder finanziell noch strafrechtlich zur Verantwortung gezogen. Fiel doch mal ein Urteil, dann fiel es meistens milde aus. Angesichts der hohen Gewinne, die die bundesweite Abfallverschiebung in Aussicht stellte, ein Risiko, das viele bereit waren, einzugehen.

Mit der Tasi von 1993 sollte eine Müllrevolution entfacht werden. Nichts sollte mehr weggeschmissen, alles verwertet werden. In den darauffolgenden Jahren waren Milliarden Euro in modernste Verbrennungs-, Sortier- und Aufbereitungsanlagen geflossen. 2005 stand alles bereit. Und dann – bot das Deponieverbot der Müllmafia eine fast schon historische Chance auf den ganz großen Reibach. Auf der einen Seite suchten Millionen Tonnen Abfall nach neuen Entsorgungswegen. Das betraf vornehmlich Haus- und Gewerbemüll. Die ordnungsgemäße Verwertung dieser Abfälle war so teuer, dass ihre Verschiebung in dunkle Kanäle sich zu einem äußerst lukrativen Geschäft entwickelte. Und wo man gerade dabei war, verschob man Bau- und Abbruchabfälle und anderen Dreck gleich noch mit.

Zugleich existierten nach wie vor enorme freie Kapazitäten an Deponien in Deutschland, die nun keinen Hausmüll mehr ablagern durften. Dieser Umstand heizte den Import von gefährlichen Abfällen aus Italien an, inklusive unsauberer Lieferungen, verschleierter Geldflüsse und Geschäftspartnern, die im Visier von Carabinieri und italienischen Staatsanwälten standen.

Auch die Giftmüllentsorger aus Sachsen und Bayern (Kapitel 24, 25) zielten mit ihren Geschäftsmodellen auf Deponien ab. Ähnlich wie manch italienischer Lieferant gaben sie vor, gefährlichen in harmlosen Müll umwandeln und daher problemlos ablagern zu können. Ihr Müll war zwar ein anderer, er stammte größtenteils aus der Industrie. Die Rahmenbedingungen, die das Verklappen begünstigten, waren aber vergleichbar mit der bundesweiten Abfallverschiebung von 2005 bis 2010.

Dass sich diese Bedingungen auch in den Jahren danach nicht großartig gebessert haben, zeigte der Fall der Quecksilber-Spezialisten aus Essen. Selbst bei hochtoxischen Materialien war es ein Leichtes, Behörden und andere Kontrollinstanzen über die wahren Machenschaften zu täuschen. Auch an der deutschen Außengrenze fiel der illegale Quecksilber-Handel nicht auf.

Deutschland will ein Exportverbot für unsortierten Plastikmüll. Diese Meldung sorgte Ende April 2019 für Schlagzeilen. Keine zwei Wochen später verkündete Bundesumweltministerin Svenja Schulze (SPD): »Fragwürdige Plastikmüll-Exporte können wir jetzt stoppen.« Die Vertreter von mehr als 180 Staaten hatten sich bei Verhandlungen in Genf auf schärfere Regeln für den internationalen Handel geeinigt. Von einem Meilenstein war die Rede.

Den Stein ins Rollen gebracht hatte ausgerechnet China. Die Volksrepublik hatte anderthalb Jahre zuvor die Einfuhr von Abfällen stark gedrosselt und damit ein mittelschweres Beben auf den globalen Abfallmärkten ausgelöst. Jahrzehntelang war China ein verlässlicher Abnehmer gewesen. Zum Beispiel für rund 800.000 Tonnen Altplastik aus Deutschland. Doch nun hatte die Regierung in Peking genug von den Überresten anderer Nationen. Unternehmen, die bislang ins Reich der Mitte exportierten, mussten sich neue Entsorgungswege für ihren Müll suchen. Es dauerte auch nicht lange, bis sie welche gefunden hatten. In Malaysia tauchte ein Teil ihres Mülls wieder auf. Auf illegalen Deponien.

Jede Menge Verpackungsmüll aus der westlichen Hemisphäre, aus Großbritannien, den USA, Kanada und Neuseeland, aus Belgien, Spanien, Österreich, der Schweiz und – aus Deutschland. Abgelagert unter Palmen, abgefackelt unter freiem Himmel, versenkt in Flüssen. Als diese Bilder im Frühjahr 2019 die Bundesrepublik erreichten, war die Empörung groß. Berichte über Müllteppiche im Meer, über vermüllte Strände und über Wale, die an kiloweise Plastikmüll im Magen verenden, schlugen schon hohe Wellen. Bislang hatte sich die Bundesregierung mit Stellungnahmen und Forderungen zurückgehalten. Die Vorstellung, dass Müll aus deutschen Wertstofftonnen Tausende Kilometer zurücklegt, um letztlich in Asien verklappt zu werden, ließ sie ihre Zurückhaltung aufgeben. »Dass Plastikabfälle aus Deutschland in Staaten wie Malaysia die Umwelt verschmutzen, ist zwar sicher nicht die Regel, aber wenn es doch passiert, ein unerträglicher Zustand«, sagte Umweltministerin Schulze. Deutschland müsse seinen Müll selbst sortieren und recyceln, so die Ministerin weiter und kündigte zum Auftakt der Genfer Verhandlungen an, den Export einschränken zu wollen. Kurz danach war die Sache beschlossen.

Fortan können laut Bundesumweltministerium nur noch sortenreine Plastikabfälle und »so gut wie störstofffreie Mischungen« aus Polypropylen, Polyethylen und PET, die nachweislich zum Recycling bestimmt sind, mit anderen Ländern frei gehandelt werden. Dagegen dürfen »gefährliche Kunststoffe« und solche, die sich kaum recyceln lassen, nur mit Zustimmung der Export- und Importstaaten ausgeführt werden. Schulze: »Die zuständigen Landesbehörden und der deutsche Zoll können in Zukunft verhindern, dass solche Abfälle auf ungesicherten Deponien und am Ende im Meer landen.« Die neuen Vorgaben böten dafür eine verbesserte Grundlage.

Mit schärferen Regeln ist es jedoch nicht getan, wie die Müllskandale der Vergangenheit schon oft genug gezeigt haben. Trotz Deponieverbot wurden über Jahre hinweg Millionen Tonnen Müll ohne die zwingend gesetzlich vorgeschriebene Vorbehandlung in Deutschland abgelagert. Die »zuständigen Landesbehörden« haben die bundesweite Abfallverschiebung in Tagebaue und auf alte Deponien nicht verhindern können. Mit dem Bundesbodenschutzgesetz von 1999 und der 2005 in Kraft getretenen Ablagerungsverordnung hatte der Gesetzgeber auch hier die wesentlichen Grundlagen geschaffen, und Grauzonen im Bereich des Bergrechts hatte das Tongrubenurteil des Bundesverfassungsgerichts ausgeräumt.

Woran es haperte, waren Ermittlungseifer und ausreichend kompetentes Personal in den Behörden. So stellte die Kriminalpolizei »in bestimmten Tatkomplexen konkrete Vollzugsdefizite« fest, wie es in der internen Auswertung des BKA von September 2012 hieß. Zu diesen Defiziten zählten eine »rein administrativ ausgerichtete Kontrolle« von Entsorgungsvorgängen. Trotz rechtlicher Befugnisse stellten unangekündigte Betriebskontrollen die Ausnahme dar.

So waren es auch weniger die zuständigen Behörden, die Licht in die dunklen Löcher brachten. Bei Vehlitz und Möckern war es der Detektiv Tamer Bakiner. Bei Markendorf packte einer der Beteiligten aus. Auf Freyburg-Zeuchfeld musste erst ein Fernsehteam auflaufen. Die Hinweise zu den Italien-Deals kamen von Carabinieri. Nicht auf dem Betriebsgelände der Entsorgungsfirma aus Bayern fiel auf, dass die Behandlungsanlage nur zum Schein betrieben wurde. Es waren externe Probennehmer in einer Kiesgrube, die das Ende dieses Verklappungsgeschäfts einläuteten – nachdem schon mindestens 100.000 Tonnen scheinbehandelte Abfälle verscharrt worden waren. Nicht etwa dem Zoll gingen die Quecksilber-Spezialisten ins Netz. Der illegale Export des giftigen Schwermetalls wurde von einem Tatverdächtigen aus einem anderen Ermittlungsverfahren verraten. Bei Bernd C. gab es zwar schon länger anonyme Hinweise auf fragwürdige Entsorgungspraktiken, doch erst die LKW-Kontrolle durch den Autobahnpolizisten Ralf S. setzte die Behörden auf die Spur. Dem hartnäckigen Einsatz der Kontrolleurin Steffi K. bei der Firma von Jürgen M. in Braunsbedra ging ebenfalls ein Abfalltransport voraus, der in Hessen aufgeflogen war.

Die Regeln in Deutschland für den Umgang mit Müll zählen zu den strengsten Abfallgesetzen weltweit. Sie sollen Menschen, Natur und Umwelt schützen. Ohne Kontrollen sind diese Gesetze jedoch nicht viel wert.

Bei dem bayerischen Unternehmen (Kapitel 24), das unter anderem Schlämme aus den Bohlinger Giftteichen entsorgen sollte, wurde »nur in geringem Umfang und nicht mit besonderer Gründlichkeit« kontrolliert, wie das Landgericht München II in seinem Urteil gegen die Verantwortlichen der Firma festhielt. Als Grund für die laxen Kontrollen führte das Gericht unter anderem eine »hohe Arbeitsbelastung« beim zuständigen Landratsamt an, was auch für andere Fälle gelten dürfte. Fatal hier: Mit Empfehlung des Bayerischen Staatsministeriums für Umwelt, Gesundheit und Verbraucherschutz wurden die Betriebskontrollen dann komplett eingestellt. Das Ministerium wies in einem Schreiben vom 2. Juli 2007 die bayerischen Landratsämter an, die Kontrolle von zertifizierten Entsorgungsfachbetrieben auf eine reine Papierkontrolle zu beschränken. Das Unternehmen mit seiner Betriebsstätte in Altötting war zertifiziert. »Die Qualifikation als Entsorgungsfachbetrieb erwarb ein Betrieb jedoch ebenfalls aufgrund einer reinen papiermäßigen Kontrolle. Die tatsächlichen Verhältnisse vor Ort wurden hingegen nicht kontrolliert«, stellte das Landgericht in seinem schriftlichen Urteil von 2015 weiter fest und lieferte damit indirekt auch eine Antwort auf die Frage, wie Hausmüll und andere Abfälle aus Bayern unbemerkt in dunklen Kanälen Richtung Ostdeutschland verschwinden konnten.

Rund drei Jahre zuvor hatte schon das Bundeskriminalamt in seiner Sonderauswertung dem Thema »Entsorgungsfachbetriebe« immerhin ein Unterkapitel gewidmet. Denn in 34 von 59 Fällen bestand der Verdacht einer Tatbeteiligung von Entsorgungsfachbetrieben. Daraus schlussfolgerte das BKA: »Die aus dem Zertifikat abgeleiteten Erwartungen hinsichtlich der Qualität und Zuverlässigkeit eines Entsorgungsunternehmens ging in zwei Drittel der ausgewerteten Tatkomplexe fehl.« Das galt nachweislich für die Firma von Ex-Polizist Roland V. Auch das Unternehmen des schwäbischen Mülljongleurs Jürgen M. war zertifiziert. Die R. Abfallentsorgung GmbH aus dem Münsterland ist es heute noch. Viele mehr ließen sich nennen. Später waren auch die Quecksilber-Schmuggler aus Essen als zertifizierter Entsorgungsfachbetrieb unterwegs. Dabei hatte das BKA noch empfohlen, das Prüfsystem selbst einmal einer Prüfung zu unterziehen: »Die weitere Entwicklung der Entsorgungsfachbetriebe-Zertifizierung sollte kritisch beobachtet werden. Die Erlangung eines Zertifikats darf für Entsorgungsunternehmen mit kriminellen Absichten kein Anreiz zur Schaffung günstiger Tatgelegenheiten sein.«

Das Zertifizierungsverfahren wird durch die sogenannte Entsorgungsfachbetriebeverordnung geregelt. Die ist schon 1996 in Kraft getreten. Die Verordnung stellt bestimmte Anforderungen an Personal, Ausstattung und Führung eines Betriebs. Ob diese Anforderungen erfüllt werden, prüft eine externe Organisation wie die Dekra oder der TÜV. Wer diese Überprüfung besteht, darf sich Entsorgungsfachbetrieb nennen. Damit verbunden sind offenbar Privilegien, die die Bedeutung dieser Verordnung aushöhlen. Es handelt sich dann um ein Regelwerk, das tatsächlich keinen Wert zu haben scheint. Oder allenfalls für die Müllschieber, um den schönen Schein zu wahren.

»Es ist sehr oft der Fall, dass Abfälle zum Recycling importiert werden, aber wir nicht wirklich wissen, was tatsächlich ins Land kommt.« Diese Worte könnten von der Umweltministerin Malaysias stammen. Ausgesprochen hat sie aber der Regierungschef eines EU-Landes, Polens Ministerpräsident Mateusz Morawiecki. Es war Ende Mai 2018, ein Jahr vor Malaysia. Da brannten in Polen die

Müllberge. Alte Reifen im südpolnischen Trzebin, Sperrmüll in War-schau, eine schwarze Halde im zentralpolnischen Zgierz mit rund 50.000 Tonnen Dreck, darunter auch wieder Müll aus Deutschland. Das Werk krimineller Banden, die mit illegalen Müllimporten das schnelle Geld verdienten, wie die polnische Regierung vermutete. 70 Brände habe es allein in den ersten fünf Monaten gegeben. Im Jahr zuvor seien es 150 insgesamt gewesen. »Wir werden die Müllmafia verjagen«, sagte Regierungschef Morawiecki und kündigte an, den Inlandsgeheimdienst mit der Jagd zu beauftragen.

Seit Jahren wird im großen Stil Müll aus Deutschland illegal nach Polen exportiert. Das ist in der Branche ein offenes Geheimnis, wie das Branchenmagazin *Euwid* nach der Ankündigung Morawieckis berichtete. Der Zaubertrick: »Meist werden Abfallgemische oder ru-dimentär aufbereitete Abfälle als Kunststoffabfälle deklariert« – und können als vermeintlich aufbereitetes und verwertbares Material die Grenze ohne Auflagen passieren. Aufs Jahr hochgerechnet, so *Euwid* Bezug nehmend auf »Marktteilnehmer«, sollen zeitweise rund 500.000 Tonnen über die Grenze gekarrt worden sein. Zuletzt zwar deutlich weniger, aber immer noch 200.000 bis 300.000 Tonnen.

In diesen Fällen wird innerhalb der EU verschoben, und zerti-fizierte Entsorgungsfachbetriebe mischen dabei wieder einmal mit, wie ein Umweltermittler auf Nachfrage bestätigte. Doch der große Aufschrei blieb aus. Auch Bundesumweltministerin Schulze äußerte sich zu diesen »fragwürdigen Plastikmüll-Exporten« bislang nicht, jedenfalls nicht öffentlich.

Das Bundeskriminalamt und andere Experten hatten mit dem Beitritt Polens sowie anderer osteuropäischer Staaten zur EU mit ei-ner Abfallverschiebung in diese Länder bereits nach dem Deponie-verbot 2005 gerechnet. Damals lagen sie falsch und die dunklen Lö-cher viel näher. Mittlerweile, die innerdeutsche Abfallverschiebung wurde eingedämmt, hat sich ihre Prognose, wenn auch mit mehr als zehn Jahren Verspätung, doch noch bewahrheitet.

Die illegalen Exporte nach Polen sind auch der Sonderabfall-gesellschaft Brandenburg/Berlin (SBB) nicht verborgen geblieben. »Derartige Verbringungen erfüllen den Tatbestand der illegalen Ab-fallverbringung und werden zur Strafanzeige gebracht«, richtete sich die SBB im August 2018 warnend an die Branche. Nicht nur China, auch andere Staaten seien nicht bereit, alles abzunehmen, dessen wir uns entledigen möchten, hieß es in einem auf ihrer Internetseite ver-öffentlichten Schreiben. Und weiter: »Dass der ein oder andere es dennoch versucht, zeigen Kontrollen von Fahrzeugen, die Richtung Polen unterwegs sind.« Wie viele es versuchten, ließ die SBB offen. Gar nicht erst wissen wird die halbstaatliche Gesellschaft, die neben der Sondermüllentsorgung für Berlin und Brandenburg auch den in-ternationalen Müllverkehr der beiden Länder organisiert und kont-rolliert, wie viele mit ihrem Versuch durchgekommen sind. Den Zah-len nach zu urteilen, die das Branchenmagazin *Euwid* veröffentlichte, viele. Umgerechnet zwischen 8.000 und 12.000 Transporte jährlich.

Mit rund 260 Kilometern befindet sich der längste Teil der deut-schen Grenze zu Polen auf dem Gebiet Brandenburgs. Dem Bundes-land kommt demnach wieder eine Schlüsselposition zu. Wie schon bei der bundesweiten Abfallverschiebung. Heute als Ausgangspunkt krimineller Müllgeschäfte und als Transitland. Damals vor allem auch als Ziel, was die Landesregierung in Potsdam schon wieder ver-gessen hatte. »Wir haben es hier fast ausschließlich mit Altfällen aus der Nachwendezeit zu tun«, sagte Umweltminister Jörg Vogelsän-ger im April 2016 über die mehr als 120 illegalen Abfalllager und schwarzen Deponien im eigenen Land.

Vogelsänger, seit 2010 Minister, hatte sich mit dem Thema offen-bar nicht ernsthaft befasst. Als Gründe für »illegale Abfallansamm-lungen« führte er »untaugliche Geschäftsmodelle, die Unfähigkeit der Anlagenbetreiber, gepaart mit Unkenntnis des Umweltrechts« an — »aber auch: kriminelle Energie«. Damit hatte er nicht ganz Un-recht, spielte aber auch die Machenschaften der Müllmafia herunter. Im selben Monat legte der SPD-Politiker im Umweltausschuss des Landtags eine Liste mit illegalen Mülldepots vor. Diese Liste stammte aus dem Jahr 2010. Sie war schon damals nicht vollständig. Nun, sechs Jahre später, war sie es noch weniger. Sie wies riesige Lücken auf. So kam etwa die mit fast 400.000 Tonnen größte illegale Deponie des Landes, die die Firma von Sanne L. ab 2006 in der Stadt Bernau aufgetürmt hatte, nicht vor. Ein eindeutiges Indiz dafür, dass sich die Landesregierung nicht eingehender mit diesen Problemen befasst hatte. Die Abfallberge von Bernau gehören mit fast 38 Millionen Euro geschätzten Entsorgungskosten zu den teuersten Hinterlassenschaften der Müllmafia.

Die bundesweite Verschiebung von Millionen Tonnen Dreck in ausgebeutete Sand- und Kiesgruben war auch noch nicht lang her. Rund 30 Tatkomplexe verortete das Bundeskriminalamt allein in Brandenburg. Davon fand sich aber kein einziger Fall in der Liste des Ministeriums in Potsdam. Als wäre das alles nicht passiert. Die Verschiebung setzte mit dem Deponieverbot 2005 ein. Da kann man nicht mehr von »Nachwendezeit« sprechen. Die Wende lag da schon 15 Jahre zurück. Treffender ist: In den 1990er-Jahren wurde verklappt, in den 2000ern noch mehr und in den 2010er-Jahren verschwindet der Müll weiterhin in dunklen Kanälen.

Mittlerweile ist Brandenburgs Landesregierung, zumindest was die Zahl der bekannten illegalen Abfalllager und Deponien angeht, auf dem Laufenden, spricht aber von »Einzelfällen«. Mehr als 120 Einzelfälle? Ein paar »Schwarze Schafe« wie in jeder Branche, so ungefähr lautete auch das Fazit der Regierungen von Sachsen und Sachsen-Anhalt, nachdem sich mit ihren Müllmissständen parlamentarische Untersuchungsausschüsse befasst hatten. Es war offenkundig: Die Politiker wollten nicht die gesamte Abfallwirtschaft über einen Kamm scheren. Das wäre auch nicht gerechtfertigt.

Aber man darf die »Einzelfälle« nicht isoliert betrachten. Wenn man das tut, verkennt man die Gefahr. Die gut organisierten Netzwerke. Die Vielzahl der Unternehmen, die darin verstrickt sind. Man übersieht Parallelen zwischen den vielen Fällen oder auch personelle Kontinuitäten. Dass manche Müllverbrecher Wiederholungstäter sind. So wird es nicht gelingen, die mafiösen Strukturen, die auch in andere kriminelle Milieus hineinreichen, zu zerschlagen. Für das Bundeskriminalamt war ein dunkles Loch kein Einzelfall, sondern immer ein Tatkomplex.

Genauso wenig ist es gerechtfertigt, von einem ostdeutschen Müllskandal zu sprechen. Allein schon deshalb nicht, weil vor allem auch »westdeutscher Müll« verklappt wurde. Das Beispiel mit den Ölpellets in der Tongrube bei Schermbeck, Nordrhein-Westfalen, zeigt zudem, dass auch andere Bundesländer anfällig sind. Besonders deutlich wurde dies bei dem Unternehmen aus Bayern, das die Abfälle nur zum Schein behandelt hatte. Das BKA hatte diese Firma in seiner internen Sonderauswertung zur bundesweiten Abfallverschiebung gar nicht auf dem Schirm. Es ist davon auszugehen, dass in den Akten von Umwelt- und Ermittlungsbehörden noch viele weitere Fälle schlummern. Der größte Teil illegaler Entsorgungspraktiken wird laut dem Bund deutscher Kriminalbeamter aber gar nicht aufgedeckt. Die Dunkelziffer liege schätzungsweise bei 90 Prozent.

Weniger Abfall produzieren – das wäre wohl das effektivste Mittel im Kampf gegen die deutsche Müllmafia. Den Dealern ihren Stoff wegnehmen. Ihre sprudelnden Geldquellen trockenlegen. Doch davon entfernt sich Deutschland immer mehr. Die Bundesregierung hat zwar schon 2013 ein Abfallvermeidungsprogramm aufgelegt. Vermeidung steht auch im Kreislaufwirtschaftsgesetz und in der Abfallhierarchie der Europäischen Union ganz oben. Doch auf der Prioritätenliste der Deutschen eher ziemlich weit unten. Sie produzieren weiter hemmungslos Müll. Etwa 220 Kilogramm Verpackungsmüll pro Kopf und Jahr, fast 30 Kilo Elektroschrott und rund 620 Kilo Siedlungsmüll sind im internationalen Vergleich Spitzenwerte. Ohne Deponieverbot für unbehandelten Hausmüll, ohne

Recycling und Müllverbrennung würden die Müllberge in die Wolken wachsen.

E-Schrott gehört zu den am schnellsten wachsenden Abfallströmen. Denn wir sind geradezu süchtig nach Elektroware und kaufen sie wie verrückt. Allein für Unterhaltungselektronik geben die Deutschen jedes Jahr mehr als 25 Milliarden Euro aus. Nach einer Schätzung des Branchenverbandes Bitkom verfügt der deutsche Durchschnittshaushalt über mehr als 50 elektrische und elektronische Geräte. Hinzu kommt: Die Zeit, in der wir die Geräte nutzen, wird kürzer. Neue Produkte werden immer schneller zu Müll.

Dem Röhrenfernseher hielten wir früher zwölf Jahre und länger die Treue. Beim Flachbildschirm – das zeigt eine Studie des Umweltbundesamtes über die Nutzungsdauer von Produkten – ist schon nach fünf Jahren Schluss. Dann ist der alte entweder defekt oder out. Anderen Geräten ergeht es ähnlich. Das Notebook hat spätestens nach fünf, das Mobiltelefon oft schon nach zwei Jahren ausgedient. Dann muss die nächste Generation her. Auch Kühlschränke, Waschmaschinen und andere sogenannte Haushaltsgroßgeräte werden heutzutage immer schneller von neueren Modellen abgelöst und landen damit immer zügiger auf dem Schrottplatz.

Der rasant wachsende Müllberg stellt uns vor ein Entsorgungsproblem. Denn in dem E-Schrott befinden sich Stoffe, die die Umwelt verschmutzen und Menschen vergiften können. Mit der Richtlinie zur Beschränkung der Verwendung bestimmter gefährlicher Stoffe in Elektro- und Elektronikgeräten, der sogenannten RoHS-Richtlinie, hat die Europäische Union die Verwendung von Gefahrstoffen zwar stark eingeschränkt, doch Altbestände fallen immer noch reichlich an. Zum Beispiel Quecksilber in Leuchtstoffröhren, PCB in Kondensatoren, Cadmium in Akkumulatoren, Blei in Lötverbindungen und Bildröhren, Weichmacher in PVC und anderen Kunststoffen. Der berühmt-berüchtigte Ozonkiller FCKW darf bereits seit 1995 nicht mehr für neue Kühlgeräte genutzt werden. Von den rund drei Millionen Kühlschränken und Gefriertruhen, die jedes Jahr in Deutschland entsorgt werden, stammt immer noch knapp die Hälfte aus der Zeit vor dem Verbot und ist mit FCKW belastet.

Zu den Sünden von einst kommen neue Problemfälle. Zum Beispiel sogenannte polyzyklische aromatische Kohlenwasserstoffe, kurz PAK. PAK wurden in Tastaturen, Computermäusen, USB-Kabeln und Ohrhörern nachgewiesen. Die Gefahr bei diesen Stoffen: Einige PAK sind krebserregend und können sich im Boden ablagern. Um den Müllschiebern die Grundlage ihres Geschäfts zu entziehen, bräuchten wir Produkte, die frei von Schadstoffen und einfach zu recyceln sind, die gar nicht erst zu Abfall werden, weil ihre Bestandteile ohne aufwendige Behandlung direkt wieder in den Wirtschaftskreislauf zurückgeführt werden können.

Deponieverbot heißt auch nicht, dass keine neuen Deponien mehr in Deutschland entstehen. Das Verbot gilt für unbehandelten Hausmüll. Bauwirtschaft und Industrie benötigen aber weiter Platz für ihren Unrat – für Schutt von Baustellen, Asche aus Kraftwerken, Schlacke aus Stahlwerken, Sande aus Gießereien und Schlamm aus Klärwerken. Allein in Brandenburg befinden sich deswegen aktuell zwei Dutzend Deponieprojekte in Planung.

Es ist zweifellos erstrebenswert, Müll zu vermeiden. Doch als Mittel gegen organisierte Verklappungsgeschäfte taugt dieses Konzept nicht. Reparaturinitiativen, die alte Geräte wieder zum Laufen bringen, und Läden, die auf Verpackungen verzichten, wecken zwar die leise Hoffnung, dass mehr Menschen weniger wegschmeißen. Aktuell fällt aber noch massenhaft Müll an. Bis zu einer echten Kreislaufwirtschaft ist es noch ein langer Weg. Verklappt wird jetzt. Die Namen von Firmen und Mülljongleuren mögen sich ändern. Die schmutzigen Deals aber gehen weiter. Deswegen sind jetzt Lösungen gefragt.

Abfallkriminalität zählt zu den sogenannten Kontrolldelikten. Nur durch Kontrollen kann das Verbrechen überhaupt erst festgestellt werden. Ohne Kontrollen bleibt es unbemerkt. Daher ist klar:

Es muss mehr und besser kontrolliert werden. Behörden müssen in die Betriebe gehen und ganz genau hinsehen. Nicht nur alle paar Jahre oder einmal im Jahr, sondern am besten mehrmals jährlich. Die Kontrolldichte muss sich erhöhen. Kontrollen müssen proaktiv erfolgen, nicht erst nach anonymen Hinweisen auf verdächtige Handlungen. Dann aber erst recht.

Was für Betriebe gilt, trifft auch auf den Transportweg zu. Wer illegale Abfallverschiebung bekämpfen will, muss die Ladung von Frachtschiffen, Güterzügen und Lastwagen stärker kontrollieren. Die Bezirksregierung Münster, die nach eigenen Angaben im europaweiten Vergleich »sehr hohe Kontrollzahlen« vorweisen kann, war von Januar bis Juli 2018 an 26 Tagen auf der Straße im Einsatz und kontrollierte in dieser Zeit insgesamt 523 Lastwagen, 237 davon allein bei einer Großkontrolle zusammen mit anderen Behörden. Gemessen an den Tausenden von Abfalltransporten, die täglich über eine Autobahn rattern, sind diese Zahlen eher gering. Anderswo sieht es nicht besser aus. Bei den Abfalltransportkontrollen ist noch viel Luft nach oben. Zumal sie den ersten Hinweis liefern können auf ein größeres Verklappungsgeschäft.

Polizisten und Behördenmitarbeiter müssen in die Lage versetzt werden, Umweltstraftaten überhaupt als solche zu erkennen und zur Anzeige zu bringen. Das heißt: Investitionen in Ausbildung und mehr Personal sind angesichts der komplexen Materie unumgänglich, will man die schmutzigen Deals eindämmen. Lieber jetzt Geld in die Hand nehmen und Müllverbrechen frühzeitig abwehren, als später die teuren Hinterlassenschaften der Müllmafia beseitigen zu müssen. Beispielsweise ist es wichtig, dass Ermittler wissen, wie sie Abfall beproben müssen, um beweiskräftiges Material zu erlangen. Hier ein Fehler und die Strafverfolgung scheitert. Die Anwälte der Müllmafia suchen nur nach solchen Fehlern.

Aufgestockt und speziell geschult werden muss auch bei Gerichten und Staatsanwaltschaften. Um Müllverbrecher zweifelsfrei überführen und Verfahren zügiger abschließen zu können – ohne einstellen zu müssen. Dann ist sicher auch mit härteren Strafen und einem größeren Abschreckungseffekt zu rechnen.

Verbesserungsbedarf besteht auch bei der Zusammenarbeit zwischen den verschiedenen Genehmigungs-, Kontroll- und Strafverfolgungsbehörden. Auch über Zuständigkeitsgebiete hinaus. Doch mehr als unregelmäßige Treffen gibt es bislang kaum. Es fehlt eine offizielle Struktur, die Mitarbeiter, ihre Erfahrungen und Erkenntnisse zusammenführt. Bislang kämpft jedes Bundesland, jeder Kreis, jede Stadt, jede Behörde für sich. Eine Strategie gegen Abfallkriminalität sucht man auf Bundesebene vergebens. Die braucht es aber. Die deutsche Müllmafia lässt sich nicht an der Kreis- oder Landesgrenze stoppen. Sie agiert bundesweit und über nationale Grenzen hinaus. Es wird Zeit, ihren Machenschaften entschlossen entgegenzutreten. Sonst bezahlen unsere Kinder die Zeche.

ANHANG

Ausgewählte Quellen und Literatur

Agentur Detektive Bakiner: Intensive und umfangreiche Ermittlungen in einer umwelt- und strafrechtlichen Angelegenheit, Ermittlungsergebnis, 3.12.2008

Arcadis Consult GmbH: Ehemalige Flämingsortieranlage in Neuendorf. Gutachten zur Grundwassersituation, 17.4.2009

Aust, Stefan/Ammann, Thomas: Der geplünderte Staat. Geheime Geschäfte von Politik und Wirtschaft. 80 Min., arte, 2014

Autobahnpolizeiinspektion Thüringen: Pressemitteilung: Illegale Abfälle auf Schrott-Laster über die A9, 9.11.2018

Baerens, Matthias/von Arnswald, Ulrich: Die Müll-Connection. Entsorger und ihre Geschäfte, München 1993

Bakiner, Tamer: Der Wahrheitsjäger. Andere richtig einschätzen – Lügen durchschauen – Erkenntnisse nutzen. Ein Top-Ermittler verrät seine besten Methoden, München 2015

Berliner Morgenpost: Müllkontrolleur steht in Cottbus vor Gericht, 4.3.2009

Bezirksregierung Münster: Abfallkontrolle: 237 Lkw-Transporte an zwei Tagen kontrolliert. Pressemitteilung, 12.7.2018

Billig, Michael: Illegaler Müll auf Landesdeponie, in: *pnn.de,* 20.6.2017, https://www.pnn.de/brandenburg/illegaler-muell-auf-landesdeponie/21339814.html (abgerufen 1.7.2019)

Billig, Michael: Müllparadies Brandenburg, in: *Correctiv.org,* 2.3.2016, https://correctiv.org/artikel/2016/03/02/muellparadies-brandenburg (abgerufen 1.6.2019)

Billig, Michael: Zeitspiel mit Schadstoffen, in: *Potsdamer Neueste Nachrichten,* 25.7.2017

Bitkom/Deloitte: Die Zukunft der Consumer Technology – 2016. Marktentwicklung, Schlüsseltrends, Mediennutzung, Konsumentenverhalten, Neue Technologien, Bitkom 2016

Bütler, Daniel: Die Quecksilber-Connection: in: *Der Beobachter* 21/2014

Bütler, Daniel: Quecksilber: Schweizer Geschäfte mit Gift, in: *beobachter.ch,* 9.5.2017, https://www.beobachter.ch/umwelt/quecksilber-schweizer-geschaft-mit-gift (abgerufen 14.6.2019)

Bundesgerichtshof: Beschluss vom 19.12.2018, Az 4 StR 58/18

Bundeskriminalamt: Abfallwirtschaftskriminalität im Zusammenhang mit der EU-Osterweiterung. Eine exploratorische und rechtsdogmatische Studie, 2008

Bundeskriminalamt: Organisierte Kriminalität. Bundeslagebild 2008, Wiesbaden

Bundeskriminalamt: Organisierte Kriminalität. Bundeslagebild 2010, Wiesbaden

Bundeskriminalamt: Polizeiliche Kriminalstatistik 2008. Bundesrepublik Deutschland, 56. Ausgabe, Wiesbaden

Bundeskriminalamt: Sonderauswertung zur bundesweiten Abfallverschiebung im Zusammenhang mit der Rekultivierung von Bergbaufolgeflächen, Abgrabungen und Deponien, 18.9.2012

Bundesministerium für Umwelt, Naturschutz und nukleare Sicherheit: Abfallwirtschaft in Deutschland 2018. Fakten, Daten, Grafiken, März 2018

Bundesministerium für Umwelt, Naturschutz und nukleare Sicherheit: Verbot der Mülldeponierung tritt pünktlich in Kraft. Pressemitteilung Nr. 313/04, 27.10.2004

Bundesministerium für Umwelt, Naturschutz und nukleare Sicherheit: Kapazitäten für Hausmüllentsorgung reichen aus. Pressemitteilung Nr. 201/05, 21.7.2005

Bundesministerium für Umwelt, Naturschutz und nukleare Sicherheit: Svenja Schulze:»Fragwürdige Plastikmüll-Exporte können wir jetzt stoppen«, Pressemitteilung Nr. 067/19, 11.5.2019

Butte, Carmen: Dreckige Geschäfte, Dokumentarfilm, 44 Min., 2010

Consulting und Engineering GmbH: Bericht zur Gefährdungsabschätzung für den Tontagebau Sallgast SW1, Berlin, 1.2.1016

Dauer, Michael: Das jähe Ende eines Müllbarons, in: *manager magazin*, 12.6.2002

Der Spiegel: Rache des Berges, 3/1997

Deussing, Christian: Ein Haufen Schmutz, in: *Süddeutsche Zeitung*, 13.8.2014

Dünschel, Diana: 44 Kilometer Gleise sind wieder in Schuss, in: *Mitteldeutsche Zeitung*, 20.4.2007

Eichler, Hagen: Müll-Skandal: Wie ein schwäbischer Detektiv die Machenschaften aufdeckte, in: *Mitteldeutsche Zeitung*, 15.8.2017

Ellrich, Franziska: Rundumschlag im Prozess, in: *Volksstimme*, 20.9.2016

Ellrich, Franziska: Tongrubenprozess: Wer sind die Angeklagten im Müllskandal?, in: *Volksstimme*, 4.9.2015

Euwid: Entsorgungsunternehmen klagen über Abfallverbringung in Tongruben, 14/2007

Euwid: Entsorgungsunternehmen klagen über Abfallverbringung in Tongruben, 14/2007

Euwid: Polen geht gegen Abfallimporte vor, 30.5.2018, https://www.euwid-recycling.de/news/international/einzelansicht/Artikel/polen-geht-gegen-abfallimporte-vor.html (abgerufen am 19.6.2019)

Fasel, Andreas: Wie das Löbbert-Imperium aufgebaut war, in: *Welt am Sonntag*, 20.3.2005

Faz.net: Bundesregierung fordert Exportverbot von unsortiertem Plastikmüll, 29.4.2019, https://www.faz.net/aktuell/wirtschaft/bundesregierung-fordert-exportverbot-fuer-unsortierten-plastikmuell-16162480.html (abgerufen 19.6.2019)

Fochler, Dirk: EEW – Marktführer in der Abfallverbrennung, in: *Helmstedter Nachrichten*, 20.2.2018

Friedrich, Andreas: Deponie Cröbern: Giftstoffe im Italien-Müll waren Entsorgungsgesellschaft bekannt, in: *Leipziger Volkszeitung*, 21.1.2011

Ginzel, Arndt/Kraushaar, Martin/Rohde, Christian: Giftig und gefährlich – Schiebereien der Müll-Mafia, Manuskript, ZDF »Frontal 21«, gesendet am 3.12.2013

Greenpeace Malaysia: The recycling myth. Malaysia and the broken global recycling system, 27.11.2018

Halbach, Andreas/Rahms, Heiko/Rohde, Christian: Illegale Müllentsorgung, ZDF »Frontal 21«, gesendet am 11.3.2008, https://www.zdf.de/politik/frontal-21/illegale-muellentsorgung-106.html (abgerufen 15.6.2019)

Halbach, Andreas/Rohde, Christian: Gift im Müll – Behörden schauten weg, Manuskript, ZDF »Frontal 21«, gesendet am 1.4.2008

HPC AG: Dokumentation Altlastensanierung »Bohlinger Schlammteiche« Singen-Bohlingen, Landkreis Konstanz, 2011

Kissmann, Christopher: Der Aufdecker des Müllskandals, in: *Volkstimme*, 30.4.2015

Klawitter, Niels: Wie der Ölkonzern BP jahrelang mit einer Lüge durchkam, in: *Der Spiegel* 18/2018

Knauer, Sebastian: Das große Baggern, in: *Der Spiegel* 26/2005

Kommission der Europäischen Gemeinschaften: Aufforderungsschreiben Vertragsverletzung-Nr. 2009/4422 an Seine Exzellenz Herrn Frank-Walter Steinmeier, Bundesminister des Auswärtigen, 8.10.2009

Kranert, Hendrik: Müllskandal. Minister setzt Umweltfirma unter Druck, in: *Volkstimme*, 26.1.2010

Krause, Katy: Millionen-Villa von Hamburger Promi wird zwangsversteigert, in: *Hamburger Abendblatt*, 31.3.2016

Kunkis, Veiko: Gesetz begünstigte illegale Müllkippe, in: *Berliner Zeitung*, 21.5.1999

Kwasniewski, Nicolai: Europa versagt bei der Elektroschrott-Entsorgung, in: *Spiegel Online*, 30.8.2015, https://www.spiegel.de/wirtschaft/elektroschrott-europa-versagt-bei-der-entsorgung-a-1050448.html (abgerufen 24.7.2019)

Lähns, Thomas: Schauspiel für den Kontrolleur, in: *Tagesspiegel*, 6.10.2011

Länderarbeitsgemeinschaft Abfall (LAGA): Die geordnete Ablagerung von Abfällen. Deponie-Merkblatt, Stand 1. September 1979

Landesamt für Geologie und Bergwesen Sachsen-Anhalt: Bürgerinformations-veranstaltung des LAGB in Vehlitz: Umfangreiche Sicherungsmaßnahmen für den Tontagebau Vehlitz, Pressemitteilung, 3.11.2010

Landesamt für Natur, Umwelt und Verbraucherschutz Nordrhein-Westfalen (Hrsg.): Brandereignisse in Abfallbehandlungsanlagen. Abschlussbericht und Schlussfolgerungen der Landesregierung, Recklinghausen 2016

Landesverwaltungsamt Sachsen-Anhalt: Aktenbestand bezügl. Deponie Freyburg-Zeuchfeld, Akteneinsicht 16.3.2017

Landesverwaltungsamt Sachsen-Anhalt: Pressemitteilung: Beräumung und Entsorgung auf dem Gelände in Naundorf abgeschlossen, 21.6.2017

Landgericht Bochum: Urteil vom 2.10.2018, Az II-2 KLs -35, Js 232/14 – 1/17

Landgericht Essen: Urteil vom 21.12.2016, Az 35 KLs 35, Js 162/13-26/16

Landgericht Frankfurt (Oder): Urteil vom 11.11.2015, Az 23 KLs 23/15, Js 35497/09

Landgericht Halle: Urteil vom 7.7.2014, Az 3 KLs 974, Js 4858/08 (15/13)

Landgericht Halle: Urteil vom 29.9.2917, Az 13 KLs 11/17, Js 12356/09

Landgericht Magdeburg: Urteil vom 23.6.2017, Az 24 KLs 491, Js 18043/09 (3/14)

Landgericht München II: Urteil vom 19.10.2015, Gz W 5 KLs 70 Js 40053/12

Landgericht Münster: Urteil vom 4.2.2011 Az 12 KLs 6 Js 413/97 (3/08)

Landgericht Potsdam: Beschluss vom 10.4.2018, Az 24 KLs 22/14, 222 Js 12803/09

Landgericht Potsdam: Urteil vom 19.1.2012, Az 21 KLs 1/09, 430 Js 61885/08

Landgericht Potsdam: Urteil vom 7.6.2013, Az 22 KLs 13/12, 365 Js 8785/10

Landgericht Potsdam: Urteil vom 16.12.2013, Az 27 Ns 200/10, 365 Js 22743/08

Landgericht Potsdam: Urteil vom 28.7.2016, Az 21 KLs 1/16, 430 Js 49303/08

Landkreis Potsdam-Mittelmark: Aktenbestand bezügl. Deponie Altbensdorf, Akteneinsicht 3.10.2017 und 19.12.2018

Landtag Brandenburg: Antwort der Landesregierung auf eine Kleine Anfrage der Abgeordneten Danny Eichelbaum, Ludwig Burkardt und Dieter Dombrowski der CDU-Fraktion: Umweltstraftaten in Brandenburg, Drucksache 6/1136, 20.4.2015

Landtag Brandenburg: Antwort der Landesregierung auf eine Kleine Anfrage der Abgeordneten Iris Schülzke, fraktionslos: Zwischenlager für DSD-Müll in Hennersdorf – wie geht es weiter, Drucksache 6/9441, 2.10.2018

Landtag Brandenburg: Antwort der Landesregierung auf eine Kleine Anfrage der Abgeordneten Iris Schülzke, fraktionslos: Nachfragen zum Zwischenlager DSD-Müll in Hennersdorf, Drucksache 6/11325, 12.6.2019

Landtag Brandenburg: Antwort der Landesregierung auf eine Kleine Anfrage des Abgeordneten Benjamin Raschke, Fraktion Bündnis 90/Die Grünen: Illegale Mülldeponien in Brandenburg, Drucksache 6/4044, 13.6.2016

Landtag von Sachsen-Anhalt: Bericht des Elften Parlamentarischen Untersuchungsausschusses, Drucksache 5/30889, 26.1.2011

Lehmann, Siegfried: Abgeordneten-Brief an Frau Ministerin Tanja Gönner. Entsorgung der Altlasten der Bohlinger Schlammteiche, 29.8.2010

Lier, Axel: Anschläge auf zwei Filialen von Autohaus-Besitzer, in: *Die Welt*, 11.10.2005

Mattioli, Sandro: Dreckige Geschäfte, in: *Kontext: Wochenzeitung*, Ausgabe 23/2011

Mattioli, Sandro/Palladino, Andrea: Die Müll-Mafia. Das kriminelle Netzwerk in Europa, München 2011

Meyer, Simon: Die Entwicklungslinien des Rechts der Abfallentsorgung im Spannungsfeld von Wettbewerb und hoheitlicher Lenkung, Frankfurt a.M. u.a. 2010

Ministerium für Ländliche Entwicklung, Umwelt und Landwirtschaft des Landes Brandenburg: Pressemitteilung: Vogelsänger zu Altfällen der Abfallwirtschaft: Weitere Beräumung illegaler Abfalllager wichtiges Ziel, 6.4.2016, https://mlul. brandenburg.de/cms/detail.php/bb1.c.304679.de (abgerufen 12.5.2019)

Ministerium für Umwelt, Landwirtschaft, Natur- und Verbraucherschutz des Landes Nordrhein-Westfalen, Stabsstelle Umweltkriminalität: Akte IV-01-36-05, Akteneinsicht 4.6.2018

Ministerium für Umwelt, Landwirtschaft, Natur- und Verbraucherschutz des Landes Nordrhein-Westfalen, Stabsstelle Umweltkriminalität: Akte IV-01-09-08, Akteneinsicht 5.6.2018

Ministerium für Umwelt, Landwirtschaft, Natur- und Verbraucherschutz des Landes Nordrhein-Westfalen, Stabsstelle Umweltkriminalität: Akte IV-02-11-08, Akteneinsicht 6.6.2018

Ministerium für Umwelt, Landwirtschaft, Natur- und Verbraucherschutz des Landes Nordrhein-Westfalen, Stabsstelle Umweltkriminalität: Akte IV-02-27-10, Akteneinsicht 4.6.2018

Ministerium für Umwelt, Landwirtschaft, Natur- und Verbraucherschutz des Landes Nordrhein-Westfalen, Stabsstelle Umweltkriminalität: Akte IV-02-54-10, Akteneinsicht 4.6.2018

Ministerium für Umwelt, Landwirtschaft, Natur- und Verbraucherschutz des Landes Nordrhein-Westfalen, Stabsstelle Umweltkriminalität: Akte IV-02-15-13, Akteneinsicht 5.6.2018

Ministerium für Umwelt, Landwirtschaft, Natur- und Verbraucherschutz des Landes Nordrhein-Westfalen, Stabsstelle Umweltkriminalität: Akte IV-02-04-14, Akteneinsicht 6.6.2018

Ministerium für Umwelt, Landwirtschaft, Natur- und Verbraucherschutz des Landes Nordrhein-Westfalen, Stabsstelle Umweltkriminalität: Akte IV-02-03-16, Akteneinsicht 6.6.2018

Ministerium für Umwelt, Naturschutz und Verkehr des Landes Baden-Württemberg, Schreiben an den Abgeordneten Siegfried Lehmann, Entsorgung der Altlasten der Bohlinger Schlammteiche, 25.9.2010

Ministerium für Wissenschaft und Wirtschaft des Landes Sachsen-Anhalt: Pressemitteilung: Tontagebaue in Vehlitz und Möckern. Vergleichsverhandlungen zwischen Land und Veolia abgeschlossen, 8.3.2016

Mitteldeutsche Zeitung: »Landrat: In Wieskau besteht keine Gefahr«, 17.6.2008

moz.de: Millionen aus illegalen Müllgeschäften für ein feines Leben, 13.12.2011, https://www.moz.de/nachrichten/brandenburg/artikel-ansicht/ dg/0/1/1000464/ (abgerufen 10.6.2019)

Müller-Soares, Joachim: Müllreport Ostdeutschland, in: *Capital* 14/2008

Naber, Nils/Billig, Michael: Illegale Praktiken eines Müllunternehmens, NDR »Panorama 3«, gesendet am 13.12.2017

Pfeiffer, Hans N.: Die Giftmüll-Mafia. Europas ökologischer Selbstmord, Berlin 2014

Polizeiinspektion Brandenburg: Pressemitteilung der Direktion West: Massenunfall auf der BAB 9; zwei Todesopfer und neun Verletzte, 23.11.2011

Polizeipräsidium Land Brandenburg/Fachdirektion Landeskriminalamt: Umweltkriminalität. Lagebild 2012

Prognos AG: Analyse und Darstellung der durch die TA Siedlungsabfall und die Ablagerungsverordnung ausgelösten Investitionen sowie Arbeitsplatzeffekte, erstellt im Auftrag des Umweltbundesamtes, 2005

Regierung der Bundesrepublik Deutschland: Mitteilung an die Kommission der Europäischen Union: Vertragsverletzungsverfahren gegen die Bundesrepublik Deutschland, Verfahren Nr. 2009/4422, 8.12.2009

Sächsischer Landtag: Antrag der Fraktion Bündnis 90/Die Grünen, Thema: Abfallimporte nach Sachsen, Drucksache 4/6173, 21.8.2006

Sächsischer Landtag: Antwort von Staatsminister Frank Kupfer auf eine Kleine Anfrage des Abgeordneten Johannes Lichdi, Fraktion Bündnis 90/Die Grünen, Thema: Abfallimporte nach Cröbern, Drucksache 5/12979, 19.11.2013

Sächsischer Landtag: Antwort von Staatsminister Frank Kupfer auf eine Kleine Anfrage des Abgeordneten Johannes Lichdi, Fraktion Bündnis 90/Die Grünen, Thema: Illegale Aktivitäten beim Abfallhandel, Drucksache 5/12978, 19.11.2013

Sächsischer Landtag: Antwort von Staatsminister Frank Kupfer auf eine Kleine Anfrage des Abgeordneten Volkmar Zschocke, Fraktion Bündnis 90/Die Grünen, Thema: Abfallimporte auf die Deponie Cröbern (Landkreis Leipzig), Drucksache 6/12616, 29.3.2018

Sächsischer Landtag: Antwort von Staatsminister Frank Kupfer auf eine Kleine Anfrage des Abgeordneten Volkmar Zschocke, Fraktion Bündnis 90/Die Grünen, Thema: Illegale Abfalltransporte über die Autobahn, Drucksache 6/15518, 2.1.2019

Sächsischer Landtag: Bericht des 1. Untersuchungsausschusses der 5. Wahlperiode zum Dringlichen Antrag von 29 Abgeordneten der Fraktion Die Linke und 9 Abgeordneten der Fraktion Bündnis 90/Die Grünen zur Einsetzung eines Untersuchungsausschusses, Drucksache 5/2155, 19.5.2014

SBB Sonderabfallgesellschaft Brandenburg/Berlin mbH: Mit Kunststoff- und Bauabfällen ins Ausland (z.B. nach Polen)? Aber nur unter bestimmten Voraussetzungen!, 16.8.2018, https://www.sbb-mbh.de/fileadmin/media/publikationen/merkblaetter/entsorgungsmoeglichkeiten-in-polen-2018.pdf (abgerufen 21.6.2019)

Schnurbus, Winfried: Deutscher Müll für alle Welt. Die dunklen Geschäfte der Müllschieber. Mit einem Beitrag von Andreas Bernstorff/Greenpeace, München 1993

Still, Hans: Schabenplage: Recyclingfirma lagert zu viel Material, in: *Märkische Oderzeitung*, 25./26.6.2005

Spiegel Online: Erhöhte Radioaktivität. Behörden fahnden nach unbekannter Jod-131-Quelle, 11.11.2011, https://www.spiegel.de/wissenschaft/technik/erhoehte-radioaktivitaet-behoerden-fahnden-nach-unbekannter-jod-131-quelle-a-797269.html (abgerufen 10.6.2019)

Tag24.de: Brandserie: Jetzt jagt der Geheimdienst die Müll-Mafia, 29.5.2018, https://www.tag24.de/nachrichten/polen-muell-mafia-braende-feuer-muellkippen-geheimdienst-abw-ermittlungen-warschau-morawiecki-611248 (abgerufen 19.06.2019)

tagesspiegel.de: Bernau: Großbrand auf Müllhalde, 10.9.2005, https://www.tagesspiegel.de/berlin/bernau-grossbrand-auf-muellhalde/641098.html (abgerufen 1.6.2019)

Umweltbundesamt (Hrsg.): Einfluss der Nutzungsdauer von Produkten auf ihre Umweltwirkung: Schaffung einer Informationsgrundlage und Entwicklung von Strategien gegen »Obsoleszenz«, Dessau-Roßlau, Februar 2016

Upi Umweltprojekt Ingenieurgesellschaft mbH: Risiko- und Gefährdungsabschätzung für die Deponie Freyburg-Zeuchfeld, erstellt im Auftrag der Abfallwirtschaft Sachsen-Anhalt Süd, Juni 2009

Verband der Pferdezüchter Mecklenburg-Vorpommern: Verbandsinformationen vom 11. Januar 2012

Volksstimme.de: Brand im Genthiner Autohaus. Bewährung wegen Beihilfe, 10.9.2011, https://www.volksstimme.de/nachrichten/lokal/genthin/441626_Brand-im-Genthiner-Autohaus-Bewaehrung-wegen-Beihilfe.html (abgerufen 13.6.2019)

ZDF »Planet e.«: Sondermüllimporte. Interview mit Sebastian Fiedler, Bund Deutscher Kriminalbeamter, 8.4.2018, https://www.zdf.de/dokumentation/planet-e/planet-e-sondermuellimporte-100.html (abgerufen 10.5.2019)

Zentner, Birger: Ulrich wieder Vorsitzender der Kreis-CDU, in: *Naumburger Tageblatt*, 25.1.2009

Zentner, Birger: Feuerwehr muss wegen Blausäure mit ABC-Kräften ausrücken, in: *Mitteldeutsche Zeitung*, 30.11.2016